KB125897

한반도 동맹구조와 한국의 신대외전략

Alliance Structure in the Korean Peninsula and South Korea's New Foreign Strategy

이 도서의 국립중앙도서관 출판시도서목록(CIP)은 e-CIP홈페이지(http://www.nl.go.kr/ecip)에서
이용하실 수 있습니다. (CIP제어번호: 2011001688)

한반도 동맹구조와 한국의 신대외전략

Alliance Structure in the Korean Peninsula and South Korea's New Foreign Strategy

김동성 지음
경기개발연구원 엮음

한울
아카데미

한반도는 지정학적 특성으로 인해 전통적으로 동북아시아 주요 국가들의 각축장이었다. 한반도는 대륙세력에게는 일본과 대양으로 뻗어나기 위한 발판이었으며 해양세력에게는 유라시아대륙으로의 진출을 위한 교두보였다. 전략적 요충지로서의 한반도의 지정학적 중요성은 오늘날에 들어서는 더욱 증대했다. 즉, 한반도는 미국, 중국, 일본, 러시아 등 세계 4대 강국들의 세력권이 한데 접하는 결절점(key strategic node)에 자리 잡고 있다.

이에 따라 한반도는 한국과 북한을 둘러싸고 강대국들 간의 세력균형과 견제가 가장 첨예하게 벌어지는 곳이 되었다. 한반도를 둘러싼 강대국들의 세력이 상호 균형점(equilibrium)을 찾을 때에 한반도는 '평화와 안정'을 가질 수 있고, 균형점을 이탈할 때에 한반도는 '전쟁과 위기'의 국면에 마주칠 수밖에 없다. 또한 역으로 한반도에서의 변화는 강대국들의 세력균형에 중대한 변화를 초래할 수밖에 없고 이는 동북아시아에서의 역내질서를 근본적으로 수정하게 되는 계기가 될 수밖에 없다.

이 책은 한반도의 동맹구조를 분석하고 한국의 안보와 번영 그리고 한반도 통일을 위한 대외전략을 제시하고 있다. 한반도에서의 긴장이 다시금 격화되고 있는 현 시점에서 볼 때, 이 책은 매우 유용하면서도 시의 적절한 대외전략 방향을 제시하고 있다. 이 책이 한반도의 평화와 안정 그리고 우리 민족의 숙원인 한반도 통일에의 여정에 작으나마 도움이 되기를 바라며 연구를 수행한 김동성 선임연구위원과 자문위원들에게 감사를 드린다.

2011년 3월

경기개발연구원장 홍순영

추천사

　1990년대 탈냉전과 사회주의권의 붕괴 이후 미국만이 초강대국으로 홀로 남은 1극체제가 형성되었다. 그 원인은 미국의 국력과 헤게모니가 성장해서가 아니라, 소련의 몰락으로 인해 미국에 견줄 만한 초강대국이 당분간 없어졌기 때문이었다. 그러나 21세기를 맞은 미국은 이미 쇠퇴기에 처한 제국의 면모를 여실하게 보여주기 시작했다.

　2001년 9·11 사태는 미국이 주도하는 세계질서에 대한 주변세력의 불만을 극단적으로 보여준 재앙적 테러였다. 세계경찰을 자임하며 일방주의적 외교안보정책을 편 부시 행정부는 테러에 대해 정치적·외교적 해결보다 대규모 군사작전으로 맞섰다. 미국은 이라크와 아프가니스탄에서 고전하는 가운데 2008년 금융위기를 맞았다. 이제 미국경제는 달러화의 무제한 발권을 통해서만 연명할 수 있게 되었다. 미국은 세계경제의 부흥을 공동으로 주도할 파트너를 찾게 되었고, 결국 세계의 경제성장을 견인하고 있을 뿐 아니라 가장 많은 현금동원 능력을 가진 신흥공업국 중국을 G-2라는 이름으로 초청하지 않을 수 없었다.

　물론 중국은 국력의 총량적 지표에서 아직 미국에 대등한 2대 초강대국이 아니다. GDP로 볼 때 중국은 2010년에 이르러서야 일본을 앞서게 되었을 뿐이다. 물가를 감안한 구매력평가환율(PPP)로 비교하더라도 미국에 대한 중국의 상대적 경제력은 과거 냉전기의 소련의 경제규모에 미치지 못한다. 군사력으로 보자면 중국은 미국에 비해 더욱 열세인바, 핵 및 재래식 능력에서 '합리적 방어충분성(reasonable defense sufficiency)' 정도만을 지녔다고 수 있다. 중국은 아직 개발도상국이며 세계자본주의체제 틀 안에서 미국을 비롯한 서방국가들과 협력하며 성장을 지속하고자 한다.

그러나 미국의 상대적 국력쇠퇴와 중국의 예상을 뒤엎는 급격하고도 지속적인 국력상승이 초래할 '힘의 전이(power transition)' 전망, 권위주의적 정치체제, 과거 서구 제국주의 침탈에 대한 중국의 도전적 민족주의, 그리고 제국을 경영했던 역사적 유산 등을 고려할 때, 중국이 미국 헤게모니에 대한 도전국가로 등장할 개연성은 상당히 높다. 정치현실주의자들(political realists)은 중국 정부나 인민이 원하든 원하지 않던, 지금의 국력상승 추이가 계속될 경우 머지않은 장래에 중국의 대미 도전이 일어날 것으로 예측한다. 특히 동북아, 그리고 미국과 중국을 각기 동맹국으로 하는 남북한이 첨예하고 대립하고 있는 한반도가 미중 대결의 주무대가 될 가능성은 다분히 높다.

한반도는 지정학적으로 대륙세력과 해양세력의 각축장이 되어왔고 오늘날에도 미·중·일·러 세계 4대 강국들이 주위에 포진하고 있다. 동북아의 힘의 판도에 따라 한반도의 안정이나 위기가 초래될 수 있다. 또한 역으로 한반도의 위기나 변화는 강대국 개입을 초래하여 동북아 세력균형에 중대한 변화를 가져오는 계기가 될 것이다. 그러나 한국의 미래를 19세기 후반 조선의 운명에 비유하는 일부의 견해는 적절하지 않다. 당시에는 조선의 종주국 청이 몰락하고 있었음에 비해 오늘날 한국의 후견국 미국은 비록 힘과 위신이 약화되고 있기는 하나 아직 초강대국이다. 더욱 중요한 것은 한국이 경제력과 군사력 양 측면에서 비약적으로 성장했을 뿐만 아니라 정치와 문화에서도 큰 발전을 이룩했다는 사실이다. 한국은 열강의 '힘의 균형' 정치에 끌려 다니지 않고 능동적으로 한반도의 변화를 이끌어갈 수 있는 저력을 갖추게 되었다는 것이다.

김동성 박사의 『한반도 동맹구조와 한국의 신대외전략』은 치밀한 논리적·실증적인 분석을 통해 체계적으로 한국의 생존·번영의 전략을 구상한 노작이다. 이 책의 중심 화두는 우리가 강대국 힘의 정치에 수동적으로 '대응'만 할 것이 아니라, 우리의 대외전략을 능동적으로 바꾸어야 한다는 것이다. 그동안 우리 정부나 학계 모두 무의식적으로 '대응책'이라는 말을 얼마나 많이 사용해왔던가? 김동성 박사는 나아가 한국이 더 이상 한반도의 분단관리에 안주하는 '현상유지(status quo) 국가'가 아니라 분단이라는 현상을 타파하는 (평화지향적) '수정주의(revisionist) 국가'가 되어야 한다고 역설한다.

김동성 박사의 외교안보전략 처방은 '결미친중협일교아포북(結美親中協日交俄包北)'이라는 십자전략(十字戰略)에 요약되어 있다. 미국과 동맹 유지, 중국과 화친, 일본과 협력, 러시아와 교류, 그리고 북한 포용이다. 그러나 이 책의 처방은 단순히 바람직한 목표나 전략을 한데 묶어 나열한 덕담에 그치지 않는다. 필자는 먼저 동맹전략을 논리적으로 설명하고 남북한의 대미 및 대중 동맹구조를 실증적으로 분석했다. 또한 대중 동맹정책의 목표 및 전략의 상충성과 양립가능성을 평가하기 위해 예컨대 디트머(Lowell Dittmer)의 '3자 관계(triangular relationship)' 논의와 같은 게임이론의 시각을 창의적으로 원용하여 한미중(韓美中) 3자 관계와 남북중(南北中) 3자 관계를 분석하고, 이에 의거하여 한국이 취할 전략적 대안을 논리적으로 그리고 설득력 있게 도출했다.

이 책이 2010년의 천안함 및 연평도 사태 이후 '미중관계와 한반도의 평화안보'에 대한 관심이 더욱 높아진 현시점에서 출간된 것은 실로 의의가 크다. 미국과 중국이 각기 남북한을 편들며 대립각을 세워 한반도의 긴장이 다시금 고조된 현실의 이면에는 남북한, 특히 한국이 주체가 아니라 객체로 물러났다는 아쉬움도 남는다. 그러나 한국이 미중 역학관계의 구조를 바꿀 수는 없더라도, 한미관계와 한중관계 그리고 나아가 한반도에서의 미중협력관계에서는 얼마든지 주도권을 발휘하거나 나름의 역할을 수행할 수 있다. 길게는 한반도의 평화와 통일, 가깝게는 남북관계의 관리야말로 한국이 미중 및 기타 열강에 대해 전개할 능동적인 외교정책의 목표이자 또한 자원인 것이다.

이 연구는 바로 우리의 노력에 따라 능동적으로 유연성 있는 대미·대중 관계를 관리할 수 있다는 것과 이를 위한 실천적인 방안을 제시함으로써 한국외교안보에 대한 학술적·정책적 논의의 수준을 한 단계 드높인 노작이다. 이 책이 기로에 선 한국외교안보에 대해 매우 시의적절하고도 신선한 길잡이가 될 것임에 틀림없다. 연구자들뿐 아니라 정책결정 및 실무에 종사하는 분들, 그리고 평화통일을 염원하는 많은 시민과 학생들에게도 필독을 권하는 바이다. 끝으로, 연구를 수행한 김동성 박사에게 치하의 말씀을 드린다.

2011년 3월

북한대학원대학교 교수 · 2009년도 한국국제정치학회 회장

함택영

🍮 머리말

 한반도의 가장 큰 과제는 남북통일이며 이는 반드시 한국 주도의 자유민주주의적 통일이어야 한다. 가장 바람직한 남북통일의 시나리오는 북한이 개혁·개방을 거쳐서 한국사회와의 사회적·경제적 격차를 상당부분 해소한 이후 남북한 당국과 양 지역 주민들의 합의를 거쳐서 남북한의 통합을 이루는 것이다.

 그러나 현재의 북한체제가 지속되는 한 북한사회의 개혁·개방은 기대하기 어려운 일이며, 설사 일부 개혁·개방이 이루어진다 하더라도 북한 정치경제의 구조적 모순으로 인해 주목할 만한 경제성장은 불가능하다. 결국 북한 주민들의 정치적·사회적·경제적 곤궁함은 지속되고 한국사회와의 격차는 더욱 벌어질 뿐이다.

 이에 따라, 북한 주민들의 자발적 선택에 의해 한국 주도의 한반도 통합을 추진하는 것이 차선적 대안으로 떠오를 수밖에 없으며 그 시기는 빠를수록 바람직하다. 그렇다면 북한 주민들의 남한 선택을 전제할 때, 현 북한 정권과 체제의 붕괴는 한반도 통일을 위해서는 거쳐야 될 경로이다.

 그러나 북한 정권과 체제는 여전히 존속하고 있다. 북한의 현 정치적·경제적 난관을 고려할 때 북한 정권과 체제의 존속은 중국의 후견적 역할이 없다면 불가능할 것이다. 그렇다면 중국은 왜 북한을 지원하고 있을까? 중국이 북한을 포기하는 경우는 없을까? 더 나아가 중국이 북한을 포기하도록 하는 방안은 없을까?* 독일 통일의 경우 소련의 동독 포기가 결정적인 역할을 했음을 고려할 때, 중국의 북한 포기 유도는 한반도의 통일을 위해 매우 중요한 전략이 아닐 수 없다.

그러나 중국과 북한 간의 관계는 순망치한(脣亡齒寒)이라는 말로 표현 되듯이 서로 떨어질 수 없는 혈맹의 관계이며 이 관계를 부정하는 것은 동북아 외교안보구조의 본질을 이해하지 못하는 것이라는 비판이 제기 될 수 있다. 즉, 북중 동맹관계는 동북아 외교안보구조의 상수이지 변수 가 아니라는 주장이다.

그러나 무정부 상태의 국제정치에서는 국가 간 관계의 상수는 존재하 지 않는다는 것이 일반적이고 또 경험적인 명제라고 할 수 있다. 상수 (constants)는 존재하지 않고 다만 지속되는 변수(enduring variables)와 일반 변수(variables)만이 존재할 뿐이다. 따라서 북중 동맹관계도 오랜 기간 지 속되었고 앞으로도 상당 기간 존재하겠지만 '지속되는 변수'의 경우처럼 결국은 변화할 수밖에 없는 변수라는 시각의 도입이 필요하다.

이와 더불어 한국의 대외전략은 보다 능동적일 필요가 있다. 한 국가의 대외전략은 크게 수동적 전략(passive strategy)과 능동적 전략(active strategy) 으로 구분할 수 있다. 수동적 전략은 기존의 질서와 구조를 주어진 것으로 간주하고 이 바탕 위에서 국가 생존과 국가이익을 최대한 보호하는 것이 라고 정의한다면, 능동적 전략은 기존의 질서와 구조를 주어진 것으로 간주하지 않고 이를 변환하고자 하는 노력을 통해 국가 생존과 국가이익 을 적극적으로 확대하는 것으로 정의할 수 있다. 앞서의 논지와 연계한다 면, 능동적 전략은 지속되는 변수와 일반 변수의 변화 가능성을 타진하고

---

* 여기서 말하는 포기는 동맹의 해체, 지원 유보·삭감·철회, 거리두기, 방관, 중립화 등을 포괄하는 의미로 사용한다.

한국의 국가이익에 부합하는 방향으로 변화를 만들어내는 것이다.

북중 동맹관계는 지속되는 변수일 뿐 영원한 상수는 아니다. 한국의 대외전략은 북중 동맹관계의 이익구조를 면밀히 분석하고, 이익구조의 변화을 도모 및 유인하여, 중국의 북한 포기를 이끌어내고자 하는 능동적 접근이 필요하다. 이제 한반도 통일을 위해서는 수동적 전략이 아닌 능동적 전략이 필요하다. 한반도 통일은 분단 60년이 넘은 지금 그 자체가 현상유지(status-quo)가 아닌 현상타파(revisionist)적인 목표이기 때문이다.

이 책은 위와 같은 문제의식에서 출발했다. 즉, 한반도의 숙원인 남북통일을 이룩하기 위해서는 북중 동맹관계에 대한 고찰과 더불어 현재의 동맹구조를 타파 및 변혁할 수 있는 능동적 전략의 채택과 추진이 필요하다는 것이 이 연구를 시작하게 된 계기였다. 그러나 북중 동맹관계는 독립적으로 존재하는 것이 아니라 한반도와 동북아의 전체적인 안보 및 갈등 구조 속에서 형성되고 유지되어왔다. 또한 통일 한반도 구현을 위한 한국의 능동적인 전략은 일부 특정 국가들과의 관계에만 한정되는 것이 아니라 전방위적으로 그리고 복합적으로 추진해야 그 성과를 거둘 수 있다. 이에 따라 이 책은 한반도와 동북아의 동맹구조 전반에 대한 검토와 분석 그리고 한국의 종합적인 신대외전략의 모색과 구상으로 연구주제를 확대했다. 즉, 이 책은 한반도의 동맹구조를 분석하고 한국의 안보와 번영 그리고 한반도 통일을 위한 대외전략을 제시하는 것을 목적으로 했다. 한반도에서의 긴장이 좀처럼 수그러들지 않는 현 시점에서, 이 책이 한반도의 평화와 안정 그리고 우리 민족의 숙원인 한반도 통일에의 여정에 작으나마 도움이 되기를 바랄 뿐이다.

이 책은 많은 분들의 도움으로 빛을 볼 수 있었다. 우선 집필의 전과정에서 적극적으로 자문에 응해주신 서강대학교의 유석진 교수님, 성균관대학교의 이희옥 교수님, 세종연구소의 이상현 박사님, 그리고 국가안보전략연구소의 이수형 박사와 제주평화연구원의 이성우 박사께 감사를 드린다. 경기개발연구원의 오관치 박사님과 최용환 박사, 신종호 박사의 조언도 이 책의 집필에 큰 도움이 되었다. 그러나 이 책이 담고 있을지도 모르는 모든 오류는 전적으로 필자의 책임임을 밝혀둔다. 이 책의 출판을 도와주신 경기개발연구원과 도서출판 한울의 관계자분들께도 감사드린다. 끝으로 이 책을 위해 자료 수집 및 정리, 그림과 표의 작성, 원고 편집과 교정 등 제반 분야에서 연구지원을 맡아준 경기개발연구원의 박성호 연구원에게 깊은 고마움을 표한다.

2011년 초봄 수원에서
김동성

차례

제1장

서 론

한반도는 1945년 제2차 세계대전의 종전 이후 남북으로 분단되면서 자본주의 진영과 공산주의 진영 간의 가장 첨예한 대결지로 떠올랐다. 한반도에서 5년간의 탐색기를 거쳤던 냉전 초기의 마그마는 한국전쟁이라는 열전으로 분출되었으며 한반도는 3년간의 전쟁을 거쳐 본격적인 냉전체제로 접어들었다. 이후 한반도에서는 북한, 중국, 소련으로 구성된 북방 3각 동맹과 한국, 미국, 일본의 남방 3각 동맹 간의 대립과 대치가 가장 중요한 역내 구조이자 질서로 작용해왔다.[1] 1990년대에 들어 냉전시대가 종식되고 미소 간 양극체제(bi-polarity)가 미국 주도의 일극체제(uni-polarity)로 전환되면서 세계 주요 지역들의 동맹구조는 상당한 변화를 겪었지만, 한반도의 동맹구조는 러시아의 약화(또는 2선 후퇴)를 제외하고

---

1) 북방 3각 동맹과 남방 3각 동맹은 실제로는 존재하지 않은 동맹이다. 북한은 소련, 중국과 각기 양자 간 동맹적 관계(pseudo bilateral alliance)를 맺었고, 한국과 일본 또한 '축과 살(hub and spokes)'이라는 미국의 동북아시아 동맹정책에 의거하여 미국과 개별적으로 양자 간 동맹관계(bilateral alliance)를 형성했다. 그러나 한반도를 둘러싼 자본주의 진영과 사회주의 진영의 대결이라는 측면에서 북방 3각 동맹과 남방 3각 동맹은 동북아시아의 세력구조를 간결하게 표현할 수 있는 개념으로서 그 유용성이 있으며 'alliance'보다는 'alignment'의 성격으로 이해해야 할 것이다.

는 과거의 모습을 그대로 유지했다. 즉, 한국과 북한의 양자 간 갈등적 대립이 지속되는 가운데 중국은 북한이 기댈 수 있는 유일한 후견국가로 여전히 자리 잡고 있으며 한국은 미국과의 양자 동맹을 통해서 안보를 담보하고 있다. 미일 양자 동맹 또한 한반도와 동북아의 역내 세력구조와 안보질서의 유지에 직·간접적으로 기능하고 있다.

한반도를 둘러싼 동맹구조는 한반도와 동북아시아의 세력구조와 안보질서를 가장 선명하게 보여주는 표상이자 본질이다. 따라서 한반도 동맹구조의 변화는 역내 세력구조와 안보질서의 변화를 수반하며 이는 다시 동북아 주요 국가들의 외교, 안보, 국방에 중대한 영향을 미칠 것이다.[2] 한반도 동맹구조는 한국과 북한의 생존에 직접적인 영향변수로 작용하며 미국, 중국, 일본, 러시아의 국가이익과 국가전략과도 밀접한 관계를 맺고 있다고 할 수 있다. 이러한 맥락에서 볼 때, 한반도 동맹구조와 작동과정에 대한 철저한 분석과 향후의 변화에 대한 정확한 예측 그리고 나아가 한반도 동맹구조를 국가이익과 국가전략에 부합하도록 능동적으로 변환하고자 하는 노력은, 한반도 동맹구조로부터 직접적인 영향을 받는 한국의 입장에서는 매우 중요한 국가적 과제가 아닐 수 없다.

국가 간의 동맹(state alliance)은 기본적으로는 국제정치 또는 국제체계의 근본적 속성인 무정부 상태(anarchy)에서 기인한다. 무정부 상태에서 국가의 생존과 안보를 확보하기 위해서는 자위적 힘이 충분히 마련되어 있어야 한다. 자위적 힘은 크게 '내부적 역량의 강화(internal capability)'와 '동맹(external alliance)'의 두 가지 형태로 구축될 수 있다. 내부적 역량의 강화는 많은 시간과 노력을 필요로 하기에 임박한 위험에 대처하는 방안

---

2) 동맹은 구조의 영향을 받는 종속변수라는 주장도 가능하다. 즉, 세력균형의 변화가 동맹의 변화를 끌어낸다는 논리도 성립이 가능하다. 그러나 동맹의 변화는 힘의 결합 또는 분열을 통해 필연적으로 역내 힘의 배분 양태(distribution of power)에 변화를 가져올 수 있기에 동맹을 독립변수로 보는 시각도 논리적으로 가능하다.

으로는 적절하지 않아 대부분의 국가들은 보완적 방안으로서 타국과의 동맹 결성을 통해 급박한 위협에 대처하고 자국의 안위를 확보하고 있다. 즉, 동맹을 통해 힘의 결집과 부담의 분산을 도모하여 생존을 확보하는 것이 동맹 결성의 목적이다. 한국전쟁에 기원을 둔 한미동맹과 북중동맹도 바로 이러한 사례이다.

동맹은 우선 동맹국가 간의 이해관계가 정합성을 갖고 있어야 한다. 즉, 동맹국가 간의 이익구조가 상호 공통분모를 갖고 있을 경우에만 동맹의 결성이 가능하다. 이익구조의 비정합적 변화는 궁극적으로 동맹의 변화(약화, 쇠퇴, 해체 등)를 초래할 수밖에 없다. 동맹은 또한 동맹국가에게는 '포기(abandonment)'와 '연루(entrapment)'의 공포(또는 딜레마)를 가져다준다. 포기는 한 동맹국가가 다른 동맹국가에 대한 지원을 철회하는 것을, 연루는 한 동맹국가가 다른 동맹국가가 벌이는 전쟁에 자국의 국가이익에 반하여 억지로 참여하는 것을 의미한다.

동맹은 또한 해체될 수도 있고 지속될 수도 있다. 동맹은 동맹 결성을 촉구했던 당초의 위협이 사라지거나 변화했을 경우, 기존의 동맹 이외의 다른 자위적 대체수단(새로운 동맹 결성 또는 내부적 역량의 강화)을 보유하게 되었을 경우, 동맹국의 능력이나 신뢰성에 강한 의심이 생겼을 경우, 국내 정치경제체제의 변동으로 이익구조가 변화했을 경우 해체될 가능성이 높다. 반면에, 월등히 우월한 국가가 동맹을 주도할 경우, 동맹국가 간의 상호 신뢰도가 높을 경우, 동맹국가 간에 정치적 이념이나 지향점이 동일하거나 유사할 경우, 동맹이 제도화되어 있을 경우 그 동맹은 동맹 결성을 촉구했던 당초의 위협이 사라지거나 변화했음에도 불구하고 해체되지 않고 지속될 가능성이 높다.

동맹에 대한 앞의 논의들은 한반도 동맹구조에 대한 분석과 한국의 대외전략을 수립하는 데에 필요한 기본적인 개념들을 제공하고 있다. 이 책은 이를 바탕으로 다음과 같이 연구목적을 설정했다. 즉, 연구의 목적은 ① 한반도 동맹구조와 작동과정에 대한 논리적 분석과 체계적 이해, ② 한반도 동맹구조의 향후 변화에 대한 예측, ③ 한반도 동맹구조의 변환을 위한 능동적 전략 도출 등의 세 가지이다. 첫째, 한반도 동맹구조의 형성 배경과 전개 과정, 동맹게임(alliance game)과 적대게임(adversary game)에서의 개별국가들의 전략과 행태 등에 주목하여 한반도 동맹구조와 작동과정을 분석한다. 둘째, 한반도 동맹구조를 형성하는 상수(또는 지속되는 변수)와 변수의 변화 가능성을 국제체제와 구조의 변화 그리고 역내 개별국가들의 내부적 변화에 비추어 고찰한다. 이를 통해 한국이 당면할 기회요인과 위협요인을 추출한다. 셋째, 한반도 동맹구조의 변화를 위한 한국의 능동적 전략을 도출하고 제시한다. 즉, 한국의 국가이익에 부합하는 새로운 한반도 동맹구조와 안보환경의 창출을 위한 방안을 강구한다. 특히 한반도의 조속한 통일 가능성 증대를 위해 북중 동맹관계의 이완 및 해체 전략에 유의한다. 아울러 미국의 세계전략 속에서 한국의 국가이익이 보전되고 극대화될 수 있도록, 한미동맹이 내포한 연루와 포기의 딜레마를 균형적으로 관리할 수 있는 전략을 고찰한다. 또한 중국의 급속한 부상과 결부되어 있는 '중국 위협론' 또는 '중국 패권론'의 현실화 가능성에 대비할 수 있는 '위험회피전략(hedging strategy)'을 적극적으로 모색한다.

이 책은 연구방법으로서 동맹이론에 대한 제반 연구문헌과 동북아 주요 국가들의 외교안보정책에 대한 분석을 바탕으로 한반도의 동맹구조와 주요 쟁점들을 고찰하는 한편 객관적인 데이터를 활용하여 한반도 동맹구조의 상호관계에 대한 실증적 분석을 시도한다. 그리고 분석결과와 국내외 전문가들과의 인터뷰 및 자문회의 등을 통해 한국의 새로운 동맹구상과 대외전략을 도출한다.

한반도를 둘러싼 국제정세 및 한반도 동맹구조에 관한 연구는 한반도 분단 이후 지금까지 한반도 관련 국제정치 분야에서 가장 중요한 연구과제 중의 하나로 대두되면서 지난 수십 년간 국내외의 많은 학자들이 연구를 해왔으며 아울러 각국의 정부기관들도 특별한 관심을 기울여왔다. 한국전쟁 이후부터 냉전이 종식되는 1980년대 말까지는 미국과 소련이 주도하는 양극체제로 인해 비교적 안정적인 국제정치 구조와 동북아 안보질서를 보여 왔으며 이에 따라 한반도 동맹구조에 대한 연구는 구조와 질서에 주목하는 연구가 주류를 이루었다. 그러나 1990년대 들어 탈냉전 시대가 시작되면서 한반도 동맹구조에 대한 연구는 행위와 과정 그리고 변화와 전망에 대해 관심을 크게 증대하기 시작했다. 이는 미국 주도의 일극체제 출현에 따른 기존 구조와 질서 및 작동원리의 변환, 일극체제의 항구적 지속성에 대한 의문, 중국의 부상을 비롯한 동북아시아 정치 지형의 변화 등을 반영하는 것이다.

그러나 한반도 동맹구조에 관한 선행 연구는 그 양적 성과에도 불구하고 대부분 기술적·해석적 연구(descriptive or interpretative study)로 분류할 수 있다. 또한 상당수의 연구물은 외교사나 단순 사례연구의 범주에 머무르고 있다. 이 책은 이와는 달리 동맹의 제반이론에 기초하여 한반도 동맹구조를 분석하고 분석결과에 상응하는 주장과 전략을 제시한다. 또한 이론적·실증적 연구와 정책적 연구의 결합을 지향한다. 즉, 한반도 동맹구조의 '있는 그대로의 상태(as it is)'를 논리적·실증적으로 분석한 바탕 위에서 한반도 동맹구조의 '있어야 하는 모습(as it should be)'을 한국의 국가이익이라는 관점에서 구상하고 이를 위한 한국의 대외전략을 개발한다. 이 책은 또한 국가 행동의 합리성(rationality)을 전제한 바탕 위에서 국가이익(national interest)과 세력배분(distribution of power)을 주요 변수로 삼아 한반도 동맹구조를 전략적 게임(strategic game)의 시각에서 분석한다. 이에 따라 이 책은 이론적 명료함과 논리적 추론을 우선적으로 추구하며, 개별사례 기술의 구체성에 대해서는 상대적으로 작은 비중을 부여한다.

이 책은 서론에 이어 '국가와 동맹', '한반도 동맹구조', '기회와 위협', '한국의 신대외전략' 등의 내용으로 구성되어 있다. 제2장에 해당하는 '국가와 동맹'에서는 국제정치와 안보, 동맹의 형성과 폐기, 동맹전략과 딜레마에 대한 논의들을 살펴보고 이들 논의가 한반도 동맹구조에 주는 이론적 함의를 고찰한다. 제3장 '한반도 동맹구조'에서는 남북한 및 동북아 주요 국가의 외교안보전략, 한반도 동맹구조의 변천과 현황, 한반도 동맹구조의 메커니즘을 분석한다. 제4장 '기회와 위협'에서는 21세기 동북아 외교안보구조의 변화가 한반도에 미치는 기회요인과 위협요인을 분석하고 국제정치의 상수와 변수에 대한 새로운 시각을 제기한다. 제5장 '한국의 신대외전략'에서는 한국이 추구해야 할 21세기 대외전략을 대외전략 방향, 핵심전략, 주변전략 등의 세 가지 영역으로 나누어 제시한다.

제2장

국가와 동맹

제1절 국제정치와 안보

1648년 베스트팔렌 조약(Peace of Westphalia)을 통해 국가주권 개념이 제기된 이래 국가(state)는 국제사회(international system)의 기본 구성단위로 기능해왔다.[1] 국가는 영토, 인구, 주권을 필수적인 구성요건으로 하며 영토 내에서는 최고의 권력체인 반면에, 국가가 복종해야 하는 외부의 상위 권위는 존재하지 않는다. 즉, 국제사회는 무정부 상태(international anarchy)라고 할 수 있다. 국가에는 국가 내의 구성원을 통제할 수 있는 권력 또는 권위를 가진 정부가 존재하나, 국제사회에는 국가라는 구성원을 통제할 수 있는 국제정부가 부재하기 때문이다.

이러한 국제사회에서 각 개별국가가 항상 염두에 두어야 하는 최대의 과제는 국가의 생존과 안보(survival and security)이다.[2] 국제사회는 외부의

---

1) 국제사회의 행위자로서 국가 이외에 국제기구, 기업, NGO, 개인, 그리고 각종 이익단체들이 포함될 수 있으나 국가는 여전히 가장 중요한 행위자이다.

2) 타국에 대한 위협, 공격, 침략, 복속도 생존과 안보의 개념으로 포괄할 수 있다. 제2차 세계대전의 1차적 도발국가들인 독일과 일본은 각기 '생활공간(Lebensraum)' 과 '대동아공영권'을 내세우면서 자국의 생존과 안보를 위해서는 타국에 대한 공격

공격과 침략으로부터 국가를 보호해줄 수 있는 국제정부가 없기에 각 개별국가는 항상 안보에 대한 염려와 대비가 필수적이며 또한 스스로의 힘(self-help)으로 생존과 안보를 지켜내야 한다.

국가는 자신의 생존과 안보를 도모하기 위해 크게 내적 균형(internal balancing)과 외적 균형(external balancing)의 두 가지 방법을 동원한다. 내적 균형은 국가 스스로의 힘을 키워 외부의 위협과 공격에 대비하는 것으로서 군사력 증강, 산업 발전, 기술 혁신, 국가동원 및 위기관리 시스템 강화 등이 대표적인 사례이며 자위적 힘으로서의 내부적 역량 강화가 목적이다. 외적 균형은 다른 국가와의 협력(cooperation), 연합(coalition or association), 제휴(alignment), 동맹(alliance) 등을 통해서 국가의 생존과 안보를 도모하는 것으로서 협력국가들이 가진 자위력을 한데 모아 공동의 적에 대응(balancing)하는 것이 일반적이나, 매우 취약한 상황에서는 강력한 위협국가에 편승(bandwagoning)함으로써 국가의 생존을 얻어내기도 한다.

내적 균형은 국가 자신의 힘이기에 유사시 힘의 동원과 행사에 대해 전적으로 확신할 수 있으나 내적 균형의 달성을 위해서는 상당한 노력과 시간을 필요로 하며, 외적 균형은 상당부분 타국으로부터 제공받는 힘을 바탕으로 하기에 유사시 힘의 동원과 행사를 전적으로 신뢰할 수는 없으나 외적 균형의 달성은 비교적 단기간에 이룰 수 있다. 역사적으로 대부분의 국가들은 안보와 생존을 위해 내적 균형과 외적 균형 중 어느 일방이 아닌 양자의 조합을 국가안보전략으로 채택해왔다. <그림 2-1>은 현재의 세계 주요 동맹정책 현황을 도식화한 것이다.

이 책은 국가의 생존과 안보를 위한 두 가지 방식 중 외적 균형 방식 특히 동맹전략에 주안점을 둔다. 동맹 또는 동맹전략에 대해서는 많은 이론적 논의가 있어왔다. 스나이더(Glenn Snyder)의 논문 "The Security

---

적 행위가 불가피함을 주장했다.

〈그림 2-1〉 세계 주요 동맹정책 현황

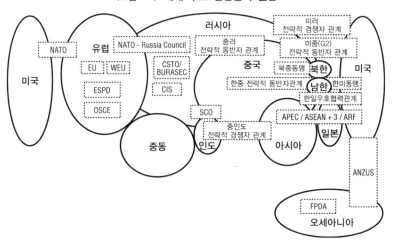

Dilemma in Alliance Politics"(1984)와 그의 저서 *Alliance Politics* (1997), 월트 (Stephen Walt)의 논문 "Alliance Formation and the Balance of World Power"(1985), "Why Alliances Endure or Collapse"(1997) 그리고 그의 저서 *The Origins of Alliances* (1987)는 동맹을 주제로 하는 연구 중에서는 가장 포괄적이고 체계적인 연구물들이라고 할 수 있다. 아울러 코헤인(Robert Keohane)의 논문 "The Big Influence of Small Allies"(1971)는 약소국과 강대국 간의 동맹관계에 대해 매우 유용한 분석틀을 제공하고 있다. 이에 따라 본 장의 2절(동맹의 형성과 폐기)과 3절(동맹전략과 딜레마)의 내용은 스나이더, 월트, 코헤인의 상기 연구물들을 바탕으로 하여 구성했다.[3]

---

3) Glenn Snyder, *Alliance Politics* (Cornell University Press, 1997); "The Security Dilemma in Alliance Politics," *World Politics*, Vol.36, No.4(1984), pp.461~495; Stephen Walt, "Alliance Formation and the Balance of World Power," *International Security*, Vol.9, No.4(1985), pp.3~43; "Why Alliances Endure or Collapse," *Survival*, Vol.39, No.1(1997), pp.156~179; *The Origins of Alliances* (Cornell University Press, 1987); Robert Keohane, "The Big Influence of Small Allies," *Foreign Policy*, Vol.2(1971), pp.161~182.

제2절 동맹의 형성과 폐기

1. 동맹의 개념과 유형

동맹은 두 개 이상의 국가가 상호안보협력을 공식적·비공식적으로 서로 다짐한 것을 의미한다. 동맹의 일반적인 특징은 사전에 합의된 특정한 상황이 도래했을 경우 외부의 적에 대응하여 동맹국가 간에 군사적 상호원조를 약속하는 것이다.[4] 각 개별국가들의 입장에서 동맹의 목적은 동맹국 간에 힘의 결집을 통해 자국의 국가이익을 보호하고 제고하는 것이다.

국가들 간의 협력과 연대는 '데탕트(detente)', '엥탕트(entente)', '공동통치(condominium)', '연합(coalition)', '제휴(alignment)', '동맹(alliance)' 등의 다양한 방식으로 이루어진다. 데탕트는 상호 적대국 간의 일시적인 긴장완화와 갈등관계의 해빙을 말하는 것으로서 냉전기 미국과 소련은 '전략무기제한협정(SALT: Strategic Arms Limitation Talks)', '전략무기감축협정(START: Strategic Arms Reduction Treaty)' 등의 협상을 통해 미소 양국 간의 첨예한 군비경쟁과 상호 대치를 부분적이나마 통제하여 양국 간의 치열한 적대관계를 순화 및 안정화시키고자 했다. 엥탕트는 상대방 국가이익에 대한 상호 존중을 바탕으로 한 느슨한 협의체를 의미하는 것으로서 19세기 말에서 20세기 초의 제국주의 국가들 간의 식민지 종주권 상호인정이 하나의 사례라고 할 수 있다. 공동통치는 약소국의 배제를 통한 강대국들 국가이익의 협력적인 관철을 의미하며, 일본 패전 후 한반도 분할 점령 및 미소공동위원회 구축 등이 대표적인 사례이다. 연합은 전쟁 등 유사시의 다국적군 결성 등과 같은 일시적 동맹을 말하는 것으로서

---

4) Stephen Walt, "Why Alliances Endure or Collapse," p.157.

제1차 및 제2차 세계대전 시 참전국들의 합종연횡, 1991년의 걸프전 시 미국 주도의 연합군 결성 등이 사례라고 할 수 있다. 한편, 제휴는 국가이익과 목표를 공유하는 느슨한 형태의 국가 간 협력을 말하는 것으로서 국제사회의 외교, 안보, 정치, 경제 등의 제 분야에서 활용되고 있다.

동맹은 앞서 언급했듯이 군사적 상호 지원을 위한 공식적·비공식적 결성을 의미하는 것으로서 국가들 간의 협력과 연대 중에서 가장 강력한 형태라고 할 수 있다. 동맹은 집단안보체(collective security agreement) 또는 공동안보체(common security agreement)와 성격을 달리한다. 집단안보체와 공동안보체는 조직 내 구성원들 간의 상호 위협과 공격을 방지하는 데에 목적이 있는 내부지향적 안보체(inclusive institution)인 반면에, 동맹은 구성원들이 공동으로 조직의 밖에 있는 외부의 적에 대응하고자 하는 외부지향적 안보체(exclusive institution)이다.[5]

동맹은 동맹의 1차적 목적, 동맹국가 간의 대등성, 동맹의 제도화 수준, 동맹의 주요 기능 등에 따라 다양한 유형이 존재한다.[6] 동맹은 제3국에 대한 공격 공조를 위한 공격적 동맹(offensive alliance)과 제3국의 공격에 대비하기 위한 방어적 동맹(defensive alliance)으로 구분할 수 있다. 즉, 제2차 세계대전 시의 추축국(독일, 이탈리아, 일본 등)은 공격적 동맹, 연합국(영국, 프랑스, 러시아, 미국 등)은 방어적 동맹으로 규정할 수 있다. 동맹은 또한 동맹국들의 힘이 서로 간에 비슷할 경우는 대칭적 동맹(symmetrical alliance), 힘의 차이가 크게 있을 경우는 비대칭적 동맹(asymmetrical alliance)으로 구분한다. 예를 들어, 중러동맹은 대칭적 동맹, 한미동맹과 북중동맹은 비대칭적 동맹이라고 지칭할 수 있다. 동맹은 또한 동맹이 한시적으로 특정한 사안에 대한 대처를 주요 목표로 할 경우는 편의적 또는 임시적 동맹

---

5) Ibid., p.158.

6) Ibid., pp.157~158.

(expedient alliance or ad-hoc coalition), 동맹이 장기적이면서 제도적으로 구성된 경우는 공식적·제도적 동맹(formal alliance)으로 구분할 수 있다. 즉, 걸프전 시의 연합군 결성은 편의적 동맹으로, 북대서양조약기구(NATO: North Atlantic Treaty Organization)는 제도적 동맹으로 구분할 수 있다. 동맹은 또한 동맹의 주요 기능에 따라 외부에 대한 동맹국들 자위력의 결집을 위한 동맹(accumulation of power), 맹주국가의 약소동맹국들에 대한 통제와 관리를 위한 동맹(influence and control), 동맹국들 상호 간의 갈등관리를 위한 동맹(predictability and conflict management)으로 구분할 수 있다.

2. 동맹의 형성

동맹은 적대국가(adversary power)의 위협(threat)에 대처하기 위해 형성된다. 적대국가가 가하는 위협은 적대국가가 가진 총체적인 힘(aggregate power), 지리적 근접성(proximity), 공격력(offensive power), 공격의도(offensive intentions)에 비례한다.[7] 즉, 적대국가의 총체적인 국력(인구, 군사력, 경제력, 기술력)이 크고, 지리적으로 인접하고, 공격지향적 군사전략을 갖고 있으며, 실제로 자국에 대한 공격적인 성향과 의도를 보일 경우, 그 적대국가에 대처하기 위한 동맹의 필요성이 증가한다.

동맹은 대응(balancing)과 편승(bandwagoning)의 두 가지 형태로 전개된다.[8] 대응은 다른 국가들과의 동맹을 통해 적대국가의 위협에 맞서는 것을 의미한다. 적대국가가 지나치게 성장하여 패권국가로 등장할 경우 자국의 생존과 안보가 침해당할 것을 우려하지 않을 수가 없으며 아울러 상대적 약세국가(들)와 대항 동맹을 맺음으로써 동맹 내에서의 발언권과

---

7) Stephen Walt, *The Origins of Alliances*, pp.21~26.

8) Ibid., pp.28~33.

영향력을 확보할 수 있다는 것이 대응전략의 논리이다. 편승은 적대국가에 맞서지 않고 오히려 적대국가의 입장에 동조하거나 동맹을 맺는 것을 의미한다. 적대국가에 편승함으로써 적대국가로부터의 직접적인 위협에서 비껴나가 국가의 생존과 안보를 확보하는 한편(방어적 차원), 나아가 적대국가의 공격적 대외전략이 성공할 경우 적대국가와 침략의 전리품을 나누어 가질 수 있다는 것(공격적 차원)이 편승전략의 논리이다. 대응과 편승은 이처럼 상호 모순되는 논리에 기반하고 있으며 이에 따라 외부의 위협에 대해 서로 상충되는 동맹전략을 제시하고 있다.

동맹의 일반적인 형태는 대응이며 편승은 특별한 경우에 한정되어 발생한다.[9] 국제사회는 무정부 상태이기에 국가의 생존과 안보 유지는 최종적으로 국가 스스로의 힘에 달려 있다. 따라서 자국의 생존과 안보를 적대국가의 시혜에 의존하는 것은 매우 위험한 전략이다. 편승을 통해 위협국가로부터 일시적인 안전은 확보할 수 있지만 위협국가의 정책과 의도가 변화할 경우 자국의 생존과 안보는 일거에 사라질 수 있기 때문이다. 이에 따라 대부분의 국가들(특히 강대국들)은 편승보다는 대응을 선택해왔다.[10] 그러나 국가의 힘이 상대적으로 크게 약하고, 전략적으로 중요하지 않고, 위협국가와 인접해 있고, 위협국가에 대한 타국들과의 대항 동맹 결성이 지리적·정치적 원인으로 가능하지 않을 경우, 편승전략이 대안이 될 수밖에 없다. 그러나 편승전략을 택한 국가는 위협국가의 영향권(sphere of influence)으로 흡수되며 나아가 조공국가(vassal state)나 식민지(colony) 또는 병합(absorption)의 운명을 맞이할 수도 있다.

---

9) Stephen Walt, "Alliance Formation and the Balance of World Power," pp.15~18.

10) 그러나 서로의 국가이익이 유사할 경우에는 강대국들도 편승전략을 취하기도 한다. Kevin Sweeney and Paul Fritz, "Jumping on the Bandwagon: An Interest-Based Explanation for Great Power Alliances," *The Journal of Politics*, Vol.66, No.2(May 2004), pp.428~449.

한편, 국가 간의 유사한 가치체계나 정치경제 시스템은 동맹 형성을 상대적으로 용이하게 하며 기존 동맹의 결속력과 내구성을 강화하는 효과를 가져다준다.[11] 그러나 국가의 동맹전략은 동맹국가 상호 간의 가치체계와 정치경제 시스템의 유사성보다는 외부 위협과 국가이익에 대한 자국 중심적 진단과 계산에 우선적으로 기반한다. 즉, 동맹전략을 수립하는 데에 있어 현실주의적 전략판단이 우선한다.

이데올로기 또한 일반적으로 동맹의 형성과 유지에 긍정적인 영향을 미치나, 이데올로기의 특성에 따라서는 오히려 중장기적으로는 동맹 분열을 초래할 수 있다.[12] 국가들은 동일하거나 유사한 이데올로기를 가진 국가들과 보다 용이하게 동맹관계를 형성하며 보다 지속적으로 동맹을 유지한다. 그러나 이 경우에도 현실주의적 국가이익이 이데올로기에 우선한다. 한편, 공산주의나 범아랍주의 등과 같은 이데올로기는 동맹국가 간의 연대성을 강조하는 공식적인 지침에도 불구하고 역사 및 현실의 해석과 이해, 상호 역할 분담, 향후 전략의 수립 등에 있어 모든 동맹국가가 따라야 하는 중심적 지도국가(또는 지도자)의 존재를 필요로 하기에 중장기적으로는 동맹의 분열을 초래하는 역기능을 안고 있다. 중소 분쟁, 유고의 독립노선 고수, 아랍세계의 종교 분열 등이 그 사례들이다.

3. 동맹의 폐기

동맹의 폐기는 '외부 위협의 강도 및 외부 위협에 대한 인식과 대응력의 변화', '동맹에 대한 신뢰 저하', '동맹국 내부의 변화' 등 크게 세 가지 요인에 기인한다.[13]

---

11) Stephen Walt, "Alliance Formation and the Balance of World Power," pp.18~21.

12) Ibid., pp.21~24.

1) 외부 위협의 강도 및 외부 위협에 대한 인식과 대응력의 변화

동맹은 외부 위협에 대항하여 결성되는 것이 일반적이다. 외부 위협의 강도는 적대국가의 총체적 국력, 지리적 근접성, 공격력, 공격의도에 비례한다. 동맹은 외부 위협의 강도가 현저히 감소하거나, 외부 위협에 대한 동맹국들의 인식에 중대한 변화가 발생할 때 폐기될 가능성이 높다. 즉, 위협을 가하던 적대국가의 국력이 현저히 감소하거나, 군사전략이 방어적으로 전환되거나, 현실타파적 대외정책에서 현실수용적인 대외정책으로 전환하여 더 이상의 공격적 의도를 보이지 않을 경우, 적대국가에 대항하던 동맹의 유용성은 감소하는 반면에 동맹의 종료 또는 폐기 가능성은 증대한다. 또는 외부 위협 그 자체에는 아무런 변화가 없어도 동맹국가 간에 외부 위협을 바라보는 인식과 시각이 상이할 때 동맹은 폐기될 가능성이 높다. 외부 위협에 대한 시각과 인식의 상이성은 시간의 경과와 여건의 변화에 따라 동맹국가 중 일부 국가의 대외정책에 변화가 일어나는 것에 기인한다.

동맹은 또한 동맹국가 중 일부가 다른 동맹국가의 군사적 지원 없이도 충분한 자위력을 확보하게 되면 폐기될 가능성이 높다. 즉, 군사력의 대대적인 강화 또는 핵무장 및 미사일 개발 등을 통해서 외부 위협에 대한 독자적인 자위력을 확보하게 될 경우, 상호군사지원을 위한 동맹의 유용성과 필요성은 감소한다.

2) 동맹에 대한 신뢰 저하

동맹은 유사시 상호 군사지원이라는 동맹국가 간의 약속이행을 전제

---

13) Stephen Walt, "Why Alliances Endure or Collapse," pp.158~164.

조건으로 하여 존재한다. 그러나 약속이행에 대한 믿음이 사라질 경우 동맹은 해체될 가능성이 높다. 즉, 외부 위협의 절대적인 수준과 외부 위협에 대한 인식에 아무런 변화가 없을지라도 동맹이 실제로 가동할지 여부에 의구심이 생길 경우, 동맹의 구성국가들은 다른 방식으로 자위 노력을 전개할 수밖에 없다. 이 경우 기존 동맹에서의 이탈과 타 동맹으로의 편입, 독자적 자위력 강화, 위협국가로의 편승 등이 대안적 전략으로 대두된다.

3) 동맹국 내부의 변화

동맹은 동맹국가 내부의 인구·사회적 변화, 정치세력 간 갈등, 정권 교체, 이념적 분열 등에 따라 종료되거나 해체될 수 있다. 즉, 애초에 동맹을 결성한 집단 또는 이를 지지하던 세대가 은퇴, 노령화 등으로 더 이상의 세력을 형성하지 못할 경우 동맹은 해체의 위기를 맞이할 수 있다. 또한 정치지형의 변화로 정파 간의 갈등이 심화되거나 정권이 교체될 경우 기존의 동맹은 위기에 봉착할 수 있다. 아울러 사회 전체가 이념적 갈등으로 인해 분열되어 있을 경우 기존의 동맹에 대한 정당성 논란이 심화될 수 있다.

4. 동맹의 지속

동맹은 '동맹 주도국가의 패권적 지도력', '동맹에 대한 신뢰 유지', '이익집단의 국내여론 선도·조작', '동맹 상대국에 대한 침투와 공작', '동맹의 제도화', '이념과 가치의 공유' 등에 의해 지속성과 내구성을 확보할 수 있다.[14]

1) 동맹 주도국가의 패권적 지도력

동맹이 강력한 맹주국가에 의해 주도될 경우 동맹은 지속성을 가질 수 있다. 맹주국가는 무엇보다도 동맹관계의 유지에 심대한 이해관계를 가져야 하며 또한 동맹의 유지에 소요되는 비용을 적극적으로 부담해야 한다.

동맹을 주도하는 맹주국가의 역할은 양극체제에서 가장 강력하게 나타난다. 양극체제는 양대 초강대국들 간의 경쟁에 기반하는 것으로서 초강대국들은 경쟁에서의 승리와 자국의 안보를 위해 자국이 맹주로서 주도하고 있는 동맹의 결속력 강화와 유지에 최대한의 노력을 경주할 수밖에 없다. 초강대국들 간의 경쟁이 격화될수록, 그리고 이들 초강대국들이 전 세계적인 전략적 목표와 이해관계를 가질수록 동맹유지를 위한 노력은 배가된다. 또한 양극체제하에서의 맹주국가들은 다극체제나 일극체제에서의 경우와는 달리 전략적 가치가 상대적으로 떨어지는 국가에 대해서도 동맹관계의 유지를 위해 지원과 보호를 제공한다. 반면에 다극체제의 경우 전략적 가치가 미흡한 국가들은 소외되거나 포기되며 일극체제의 경우에서도 이들 국가들은 무시되거나 지나쳐버릴 가능성이 높다.

그러나 동맹 주도국가의 패권적 지도력은 동맹유지를 위한 영구적 해결방안은 아니며 동맹은 외부위협의 변화 등에 따라 점차적으로 원심적 경향(centrifugal tendencies)을 보이는 것이 일반적이다.

2) 동맹에 대한 신뢰 유지

동맹국가 간에 동맹의 실제적 가동에 대한 믿음이 굳건할 경우 동맹은

---

14) Ibid., pp.164~170.

지속성과 내구성을 확보할 수 있다. 맹주국가들은 동맹에 대한 신뢰유지를 위해 동맹국가에 대한 관리와 지원을 지속적으로 전개하며 전략적 가치가 미흡한 주변부 동맹국가에게도 동맹에 대한 전체적인 신뢰 유지 차원에서 비대칭적인 지원을 제공한다. 한 예로, 미국이 전략적 이익에 비해 과도한 비용과 손실을 감내하면서도 베트남전을 수행한 것은 미국을 정점으로 하는 서방동맹에 대한 전체적인 신뢰 유지와 도미노 효과에 대한 우려가 크게 작용했기 때문이다.

3) 이익집단의 국내여론 선도 · 조작

동맹은 동맹국가 내 특정집단의 국내여론 선도와 조작에 의해 지속될 수도 있다. 즉, 상황과 여건의 변화로 동맹의 유효성이 감소했음에도 불구하고 기존 동맹관계의 지속에 깊은 이해관계를 갖고 있는 집단은 자신들의 이익을 위해 기존 동맹을 유지하고자 한다. 이 경우, 국가 차원의 시각에서 동맹전략을 검토하기보다는 이익집단적 차원에서 동맹전략을 추진하며 이를 전체 사회에 강요하고 관철시키는 행태가 나타난다.

4) 동맹 상대국에 대한 침투와 공작

동맹은 동맹 상대국에 대한 침투와 공작을 통해 지속될 수 있다. 상황과 여건의 변화는 동맹 상대국이 기존 동맹의 유효성과 필요성에 대한 의구심을 갖게 할 수 있다. 그러나 기존 동맹의 유지를 원하는 국가의 경우 동맹 상대국의 정책결정집단과 시민사회에 대한 영향력 행사를 통해 동맹의 지속을 추진한다. 즉, 행정부 내 고위관료와 의회의 유력 인물들에 대한 로비, 여론선도, 홍보활동 등을 전개하여 동맹 상대국의 동맹 파기 움직임을 저지하는 한편 동맹의 강화를 도모한다. 이스라엘의 미국내 로비단체인 '미국이스라엘공공정책위원회(AIPAC: American-Israel Public Affairs Committee)'가 대표적인 사례이다.

5) 동맹의 제도화

동맹이 높은 수준으로 제도화되어 있을 경우, 그 동맹은 상황과 여건의 변화에도 불구하고 지속될 수 있다. 공식적인 기구(사무국 또는 연락사무소)와 의사결정과정, 규정, 규칙, 행동 규범과 관행 등 높은 수준의 제도화가 이루어진 동맹은 현재의 상황과 여건이 동맹 결성 당시와 상당한 차이가 있더라도 지속적으로 유지될 수 있다. 제도화된 동맹은 동맹의 존속에 이해관계를 갖는 상당수의 외교관, 군인, 관료, 전문가집단 등을 생성하게 되며 이들은 동맹 유지의 파수꾼으로 기능하게 된다. 또한 새로운 동맹의 결성보다는 기존 동맹의 보강이 상대적으로 용이하기에 제도화된 동맹은 영역과 기능의 확대를 통해 상황과 여건의 변화에 대처하고자 한다. 북대서양조약기구(NATO)가 대표적인 사례라고 할 수 있다.

6) 이념과 가치의 공유

동맹의 구성국가들이 서로 유사한 이념과 가치를 갖고 있을 경우 동맹의 지속성과 내구성은 제고된다. 국가들은 상이한 정치경제체제를 갖고 있는 국가보다는 비슷한 유형의 국가와 연합하는 것을 선호하며 동질성과 친밀성은 유대감을 강화시킨다. 그러나 이 경우에도 현실주의적 전략과 사고가 이념과 가치에 우선하는 것이 일반적이다.

제3절 동맹전략과 딜레마

동맹은 국가의 생존과 안보를 위해 역사적으로 대부분의 국가들이 추구하고 채택하고 있는 안보전략이다. 그러나 동맹은 동맹의 형성과 유지에 있어 각 개별국가들의 치밀한 전략을 요하는 한편 다양한 딜레마를 야기한다.[15)

1. 동맹 참여

동맹은 혜택(benefits)과 비용(costs)을 함께 수반하기에 동맹에의 참여 여부는 그 자체가 딜레마이자 전략적 판단을 필요로 한다. 동맹으로부터 얻는 가장 중요한 혜택은 안보강화 효과이다. 국가들은 동맹에 참여함으로써 자신들의 생존과 안보를 위한 역량을 제고할 수 있다. 즉, 기존의 자위력(내부적 역량)에 동맹국들의 군사지원(외부적 역량)을 추가함으로써 종전보다 강화된 안보역량을 가질 수 있다. 동맹으로 인한 가장 대표적인 비용은 국가 자율성의 감소(reduced autonomy)와 동맹 상대국에 대한 지원 의무(commitment to the allies)이다. 동맹을 맺는다는 것은 국가주권 또는 국가자유의 일정 부분을 동맹국들과 공유 또는 협의해야 하며 아울러 동맹국들의 이익을 위한 희생도 감수해야 한다는 것을 의미한다.

따라서 동맹에 참여할 것인지를 결정하는 것부터가 딜레마이며 국가는 '자율성과 안보의 교환구조(trade-off between autonomy and security)' 속에서 전략적 판단을 해야 한다. 만약 동맹으로 인한 비용이 혜택을 상회하거나, 동맹이 국가안보에 도움이 되지 않거나 오히려 국가안보에 해로운

---

15) 동맹전략과 동맹에 따른 딜레마에 대해서는 스나이더(Glenn Snyder)의 *Alliance Politics*를 가장 포괄적이고 체계적인 연구물로 평가할 수 있다.

<그림 2-2> 동맹 형성의 안보딜레마

	B 동맹 불가입	B 동맹 가입
A 동맹 불가입	A와 B 모두 독자 생존 도모 3, 3	B는 동맹국 지원 획득, A는 고립 1, 4
A 동맹 가입	A는 동맹국 지원 획득, B는 고립 4, 1	두 개의 경쟁 동맹 형성 2, 2

주: 각 셀의 숫자는 서수로 표현한 상대적 안보이익, 4(최선)~1(최악).

결과를 가져올 것이라고 판단할 경우, 국가들은 동맹에 참여하지 않는다. 스위스와 오스트리아는 강대국들의 틈바구니 속에서는 어느 일방에 기울지 않는 중립국화가 최선의 국가안보전략이라고 판단했으며, 미소 냉전이 치열했던 시기에 많은 수의 제3세계 국가들이 비동맹노선을 채택했던 것은 냉전의 구조적인 성격으로 인해 비동맹노선이 오히려 국가이익을 제고할 수 있다는 판단에 기인한 것이다.

동맹은 또한 '군비경쟁(arms race)'에서의 경우처럼 안보딜레마를 내포한다. 군비경쟁에서의 안보딜레마는 자국의 방어를 위한 군사력 증강이 적국에게는 공격을 위한 군사력 증강으로 이해되어 적국의 군사력 증강을 유발하고 이는 다시 자국의 또 다른 군사력 증강을 필요로 하는 군비경쟁의 악순환을 말하는 것으로서 실질적인 안보제고 효과 없이 모두가 비용만 지불하는 상태에 빠지게 되는 것을 의미한다. 동맹 또한 유사한 형태의 안보딜레마를 야기한다.[16] 상호 적대하는 두 국가가 비용이 따르는 동맹을 선택하는 대신에 각자 생존을 도모한다면 이는 비용절감 차원에서 양국 모두에게 바람직하나, 서로의 의도를 알 수 없거나 신뢰할 수 없기에 양국 모두 동맹에 가입할 수밖에 없으며 이는 실질적인 안보제고 효과 없이 동맹에 따른 비용만 지불하는 결과를 가져오게 된다. 즉, 일종의 '수인들의 딜레마(prisoners' dilemma)' 현상이 발생한다(<그림 2-2>는 이를 도식화하여 나타내고 있다).

2. 동맹 상대국 선택

　무정부 상태의 국제정치에서 대부분의 국가는 생존과 안보를 위해 동맹을 추구하지만 어느 국가(들)와 동맹을 맺을지는 또 다른 차원의 전략적 판단과 고민을 필요로 한다.[17]

　국가들은 기본적으로는 가장 강력한 동맹에, 그리고 자국의 이익을 극대화될 수 있는 동맹에 가입하는 것을 선호한다. 국가들은 이를 위해 동맹의 잠재적 상대국들과 협상(bargaining)을 전개하여 최선의 결과를 도출할 수 있는 동맹 또는 동맹 상대국을 선택한다. 따라서 이론적으로는 국가는 다양한 형태의 동맹을 선택할 수 있으며 동맹 또한 수시로 변할 수 있다.

　그러나 실제의 경우 동맹 또는 동맹 대상국에 대한 선택의 폭은 해당 국가가 갖고 있는 '전략적 이익(general or strategic interests)'과 '특정 이익(particular interests)'에 의하여 구조적으로 제한되어 있다.[18] 전략적 이익은

---

16) Glenn Snyder, "The Security Dilemma in Alliance Politics," pp.462~463.

17) 동맹 형성에 대한 국가들의 전략적 고민과 행동은 슈웰러(Randall Schweller)의 논문에 매우 훌륭하게 기술되어 있다. 슈웰러는 제2차 세계대전의 발발을 전후한 참전국들의 동맹선택전략을 '힘의 배분구조'와 '각 개별국가의 성향(현상유지 또는 현상타파)'을 바탕으로 분석했다: Randall Schweller, "Tripolarity and the Second World War," *International Studies Quarterly*, Vol.37(1993), pp.73~103.

국제정치의 무정부 상태와 각 개별국가의 지정학적 위치에 의해 각 개별국가에게 구조적으로 부여되거나 형성된 것으로서 자국의 안보를 위하여 작게는 인접국에 대한 보호 또는 인접국으로의 확장 노력, 크게는 세력균형 유지 등의 구조적·거시적 국가안보이익을 말한다. 19세기와 20세기 초반 해양국가인 영국이 유럽대륙에서의 패권국가 출현을 저지하고자 균형자적 역할을 했고 이에 기반한 동맹전략을 구사했던 것이 대표적인 사례이다. 특정 이익은 영토 분쟁, 이데올로기, 민족적 유사성과 상이성, 국내 정치경제적 특성, 국가 위신 추구 등 각 개별국가가 타국에 대해 현재 갖고 있는 이해관계의 갈등 또는 공유에 기반한 국가이익을 말하는 것으로서 전략적 이익과 더불어 동맹 선택의 폭을 제한하고 규정한다. 19세기 말과 20세기 초 근동과 극동에서 러시아와 식민지 쟁탈전을 벌이던 영국이 러시아와 갈등관계에 있던 오스트리아와 일본과 제휴관계를 맺은 것이 한 사례가 될 수 있으며, 공화정과 군주정이라는 상이한 정치체제(또는 이데올로기)에 따라 영국, 프랑스, 이탈리아와 독일, 오스트리아, 러시아가 각기 동맹 또는 제휴관계를 맺은 것이 또 다른 사례이다. 결국, 한 국가의 동맹 상대국(들)은 자국의 전략적 이익과 특정 이익에 대한 분석과 전망을 통해 선정된다.

3. 포기와 연루의 위협

동맹이 결성된 이후에도 동맹국가는 또 다른 딜레마, 즉 '포기(abandonment)'와 '연루(entrapment)'라는 이중의 위협에 직면한다.[18] 국가 간의 동맹관계는 일반적으로 구성국가 간에 포기와 연루의 위협을 내포하고 있

---

18) Glenn Snyder, "The Security Dilemma in Alliance Politics," pp.463~465.

19) Ibid., pp.466~468.

다. 포기는 동맹조약에 따라 동맹국가로부터 응당 부수되어야 할 지원·지지가 따르지 않는 경우를 말하며, 연루는 동맹조약으로 인해 원치 않는 분쟁에 휘말리는 것을 의미한다. 만약 포기가 두려워 동맹국의 대외정책에 대해 적극적인 지지를 보낸다면 이는 곧 연루의 위협을 증가시킬 것이며 반대로 연루의 위협을 피하고자 동맹국의 대외정책에 대해 소극적 또는 중립적 입장을 취한다면 이는 다시 포기의 위협을 증가시킬 것이다. 각 개별국가의 입장에서는 포기와 연루라는 두 위협의 균형적 관리를 통해 포기와 연루의 가능성 모두를 최소화하는 것이 바람직하나, 이는 본질적으로 상호 모순되는 정책이며 각 국가들은 결국 포기와 연루라는 딜레마에 봉착할 수밖에 없다.[20]

포기와 연루의 두 가지 위협 중 어느 위협을 최소화할 것인가는 국가가 처한 전략적 상황에 달려 있다. 동맹국에 대한 안보의존도가 높을수록, 적대국과의 갈등이 증가할수록, 현재의 동맹을 대체할 수 있는 대안적 동맹이 부재할수록, 동맹조약이 불명확하거나 동맹국의 약속이행에 대해 자신감을 갖지 못할수록, 연루보다는 포기의 위협을 더 강하게 느끼게 되며 이에 따라 국가는 동맹국의 대외정책에 적극적인 동조와 지지를 보내며 포기의 위협을 최소화하는 전략을 채택할 것이다. 같은 논리로, 반대의 전략적 상황인 경우에는 국가는 연루의 위협을 최소화하는 정책을 채택할 것이다.[21] 일반적으로 동맹을 맺고 있는 국가들이 엇비슷한 능력을 가지고 있을 시에는 포기와 연루의 위협이 양국 간에 균일하게 드리워져 있으나, 양국 간의 힘의 격차가 현격할 경우에는 상대적 강대국은 연루의 위협을, 상대적 약소국은 포기의 위협을 더 강하게 느낄

---

20) 이수형, 「동맹의 안보딜레마와 포기·연루의 순환: 북핵문제를 둘러싼 한·미 갈등관계를 중심으로」, 《국제정치논총》, 제39집 1호(한국국제정치학회, 1999), 21~38쪽.
21) Glenn Snyder, "The Security Dilemma in Alliance Politics," pp.471~477.

수밖에 없다. 그러나 상대적 약소국의 전략적 가치가 지대할 경우, 상대적 강대국 또한 포기의 위협을 느끼게 되며 이는 곧 약소국의 강대국에 대한 영향력 행사로 이어질 수 있다.[22)]

포기와 연루의 이중 위협은 다극체제(multi-polarity)의 동맹에서는 비교적 균일하게 나타나지만 양극체제(bi-polarity)에서는 연루의 위협이 보다 두드러지게 나타난다.[23)] 다극체제하에서의 동맹은 국제체제의 구조적 특성상 상대적으로 유연하고 가변적이다. 즉, 동맹의 형성과 해체가 상대적으로 빈번하기에 동맹국가 간에 포기와 연루의 위협이 함께 상존한다. 양극체제는 다극체제에 비해 상대적으로 견고하고 안정적인 국제체제로서 동맹관계 또한 보다 지속적이고 보다 강력하다. 양극체제하에서의 두 개의 맹주국가들은 상호 간의 경쟁으로 인해 각자의 세력권 또는 동맹 유지에 강력한 이해관계를 갖게 되며 이에 따라 맹주국가들에 의한 동맹 포기의 가능성은 다극체제에 비해 상대적으로 낮다. 반면에 맹주국가들 간의 물리적·비물리적 경쟁과 대결에 동맹 구성국들이 말려들어가는 연루의 위협은 상대적으로 증가한다. 1980년대 초반 미소 간 갈등 확대에 대한 유럽국가들의 불안과 저항,[24)] 2000년대 초반 미국의 전략적 유연성 정책에 대한 노무현 정부의 우려 등은 연루의 위협에 직면한 동맹 구성국가들의 고민을 말해주는 사례들이다.

그러나 양극체제의 동맹하에서도 포기의 위협은 존재한다.[25)] 즉, 맹주국가들 간의 '공동통치' 또는 '데탕트'는 포기의 변형된 형태로 해석할 수 있다. 공동통치는 맹주국가들이 동맹 구성국들의 이해관계에 상관없

---

22) Ibid., pp.472~473.

23) Ibid., pp.483~485.

24) 이수형, 「냉전시대 NATO의 안보딜레마: 抛棄·連累 모델을 중심으로」, ≪국제정치논총≫, 제38집 1호(한국국제정치학회, 1998), 91~109쪽.

25) Glenn Snyder, "The Security Dilemma in Alliance Politics," pp.486~489.

이 상호 합의를 통해 서로의 국가이익을 절충 또는 제고하는 것으로서 특정 국가의 핀란드화(finlandization)나 중립화(neutralization) 또는 분할(dismemberment)을 추진하는 것이 대표적인 사례이다. 데탕트는 맹주국가들 간의 긴장완화와 부분적 갈등해소를 의미하는 것으로서, 맹주국들 간의 대립과 갈등에 기초하여 동맹에 가입한 국가들의 입장에서는 동맹 포기 또는 동맹 재조정의 전조로 받아들여질 수 있다.

1971년 키신저(Henry A. Kissinger) 미국 국가안보담당보좌관의 중국 극비방문과 1972년 닉슨(Richard M. Nixon) 미국 대통령의 중국 순방은 미중 양국 간의 데탕트를 이끌어냈으며 이는 1979년의 미중 공식 수교로 이어졌다. 미국과 중국 양국 간의 관계개선과 수교는 북한에게는 외교안보상 커다란 우려로 받아들여졌다. 북중 동맹관계의 기본 토대는 '미제국주의자들에 대한 대항'과 '공산주의의 전 세계적 확산'인데 북한의 혈맹국가인 중국이 이른바 제국주의와 자본주의의 보루인 미국과 관계를 개선하고 수교를 맺는 것은 북중동맹의 근간을 뒤흔드는 사태로서 북한은 중국의 외교적 선회에 불만과 우려를 갖지 않을 수 없었다. 같은 맥락에서 1992년의 한중 수교도 북한에게는 상당한 충격이었다. 북한은 중국의 동맹전략 재조정 나아가 중국의 북한 포기가 아니냐는 우려를 가질 수밖에 없었으며 이는 북한이 핵무기 개발에 더욱 집착하게 되는 동인이 되었다.

4. 동맹게임과 적대게임의 상호작용

동맹 내부에서 이루어지는 동맹 구성국들 상호 간의 정책과 전략은 동맹 외부에 있는 적대국들의 정책과 전략에도 직·간접적인 영향을 미치며 이는 다시 원래의 동맹에 부메랑으로 돌아온다. 즉, '동맹게임(alliance game)'과 '적대게임(adversary game)'은 동시적으로 발생하고 서로 영향을 미치는 상호연계 구조를 갖고 있다.[26]

〈표 2-1〉 동맹게임과 적대게임의 상호작용

전략 (Strategies)	결과(Possible Consequences)	
	동맹게임(Alliance game)	적대게임(Adversary game)
I. 동맹국 협력전략: 지지의 표출과 동맹서약의 강화 (ALLIANCE C: support, strengthen commitment) 적대국 배반전략: 강경입장 고수 (ADVERSARY D: stand firm)	〈장점(GOODS)〉 1. 동맹국 재확약, 포기위험 감소 (reassure ally, reduce risk of abandonment) 2. 동맹국에 대한 충성/신뢰 평판 제고(enhance reputation for loyalty)	〈장점(GOODS)〉 1. 적대국 억지 또는 기선 제압(deter, or prevail over, adversary) 2. 적대국에 대한 결의 평판 제고 (enhance reputation for resolve)
	〈단점(BADS)〉 1. 연루위험 증가(increase risk of entrapment) 2. 대(對)동맹국 협상력 감소(reduce bargaining power over ally) 3. 동맹재조정(동맹이탈 및 편바꾸기) 여지 상실(foreclose realignment option) 4. 적대국동맹 강화(solidify adversary's alliance)	〈단점(BADS)〉 1. 적대국 자극, 긴장 증가, 안보불안 연쇄 확산(provoke adversary; increase tension; insecurity spiral)
II. 동맹국 배반전략: 지지의 유보와 동맹서약의 약화 (ALLIANCE D: withhold support, weaken commitment) 적대국 협력전략: 유화책 전개 (ADVERSARY C: conciliate)	〈장점(GOODS)〉 1. 동맹국 자제, 연루위험 감소(restrain ally, reduce risk of entrapment) 2. 대(對)동맹국 협상력 증가(increase bargaining power over ally) 3. 동맹재조정(동맹이탈 및 편바꾸기) 여지 보유(preserve realignment option) 4. 적대국동맹 약화(divide adversary's alliance)	〈장점(GOODS)〉 1. 갈등 해소, 긴장 완화(resolve conflict; reduce tension)
	〈단점(BADS)〉 1. 포기위험 증가(increase risk of abandonment) 2. 동맹국에 대한 충성/신뢰 평판 약화(reduce reputation for loyalty)	〈단점(BADS)〉 1. 적대국의 한층 강화된 강경자세 유발(encourage adversary to stand firmer) 2. 적대국에 대한 결의 평판 약화 (reduce reputation for resolve)

자료: Glenn H. Snyder, *Alliance Politics* (Cornell University Press, 1997), p.194를 토대로 재구성.

---

26) Ibid., pp.468~471.

동맹게임은 동맹 구성국들 간의 상호 전략적 대응을, 적대게임은 두 개의 대립하는 동맹 간의 상호 전략적 대응을 의미한다. 동맹게임과 적대게임은 상호 연계되어 있기에 한 게임에서의 전략은 그것이 다른 게임에 미치는 영향과 효과를 고려하여 수립되고 추진되어야 한다. 즉, 동맹국에 대한 지지를 강화하면 동맹게임에서는 포기의 위협이 감소하지만 연루의 위협은 증대한다. 적대게임에서는 자국 동맹이 갖고 있는 의지의 결연함을 보여주면서 적대국들의 대결적 정책을 억지하는 효과가 있지만 상황에 따라서는 적대국들과의 긴장과 갈등이 확대되면서 오히려 적대국들의 대결적 정책을 유발 및 강화하는 부작용을 초래할 수 있다. 같은 논리로, 동맹국에 대해 소극적 지지 또는 중립적 입장을 취하면 동맹게임에서는 연루의 위협이 감소하지만, 포기의 위협은 증대한다. 적대게임에서는 적대국들과의 갈등과 긴장이 완화되는 효과를 거둘 수 있지만 역시 상황에 따라서는 적대국들에게 자국 동맹이 유약한 동맹으로 비쳐짐으로써 적대국들의 대결적 자세를 고무시킬 수 있다. <표 2-1>은 동맹게임과 적대게임의 이와 같은 상호작용을 체계적으로 정리하여 나타내고 있다.

결국, 한 국가의 동맹전략은 동맹게임 내에서의 장점과 단점은 물론 적대게임에서의 장점과 단점을 아울러 그리고 동시에 수반하기에 국가들은 딜레마적 상황에 빠질 수밖에 없으며 모든 것을 고려하여 동맹전략을 추진하는 것이 필수적이다. 동맹전략은 상황에 따라 파국적 결과를 초래할 수도 있다. 예를 들어, 적대국에 대한 유화정책을 통해 적대국과의 긴장완화를 도모하는 한편, 동맹 내부적으로는 포기의 위협을 통해 자국에 대한 동맹국의 순응적 태도를 유도하는 전략을 취할 경우, 해당 동맹국은 포기의 위협을 지나치게 느낀 나머지 선제적으로 기존 동맹을 탈퇴하고 적대국의 동맹에 가입할 수도 있다. 이러한 위험성으로 인해 적대국과의 유화정책에는 한계가 있다. 예를 들어, 한중관계에서 한국에

대한 지나친 경사는 북한의 이탈과 미북 간의 급속한 관계개선으로 이어
질 수 있다는 중국의 우려는 동맹게임과 적대게임의 연계구조를 고려할
때 타당한 측면이 있다.

5. 동맹결속과 안보불안의 상승작용

동맹게임과 적대게임의 상호연계 구조로 인해 동맹결속과 안보불안은
서로 상승작용(integrative spiral and insecurity spiral)을 일으키면서 동맹 간의
격렬한 대립과 국제사회(또는 지역시스템) 전반의 안보불안을 야기할 수
있다.[27] 동맹 구성국들은 외부적으로는 적대국 동맹의 위협에 대한 일치
된 방어태세, 내부적으로는 동맹포기 위협의 해소라는 전략적 목표를 위
해 상호 협력과 단결을 강화할 수 있다. 그러나 어느 한 동맹의 결속력
강화는 비록 방어적인 차원에서 이루어졌다 하더라도 적대국 동맹에게
는 안보위협의 증대로 비쳐질 수 있으며, 이에 따라 적대국 동맹 또한
구성국가들 간의 결속력의 강화를 추진할 것이다. 적대국 동맹의 결속력
강화는 다시금 자국 동맹의 추가적인 결속력 강화를 필요로 하게 되며
양국 동맹은 이러한 동맹결속과 안보불안의 악순환적 상승작용을 통해
결국 종전보다 더 격렬한 대립과 대치에 빠져들면서 국제사회 또는 지역
전반의 안보 불안이 확대될 수 있다.

제1차 세계대전 발발 직전 러시아·프랑스·세르비아 동맹과 독일·오스
트리아 동맹 간의 격렬한 대립과 상호 내부결속력 강화(chain-gang)는 결
국 세계대전으로 이어졌고,[28] 2010년의 북한의 천안함 피습 침몰사건 이

---

27) Ibid., pp.477~479.

28) Thomas J. Christensen and Jack Snyder, "Chain gangs and passed bucks: predicting alliance patterns in multipolarity," *International Organization*, Vol.44, No.2(Spring, 1990).

후 전개된 한미 양국의 군사협력 강화는 중국의 북한 끌어안기 및 연합훈련 비난 공세로 이어졌으며 동북아시아는 다시금 한미일 대 북중러 간의 대립과 갈등이라는 신냉전구도로 회귀되었다.

6. 동맹국에 대한 통제와 결박

동맹은 일반적으로 대외적 목표, 즉 외부의 위협에 대한 공동대응을 위해 형성되지만 동맹국 상호에 대한 '통제(control)'와 '결박(binding)'도 동맹의 주요 기능이다.[29] 즉, 국제사회에서의 안정을 해치거나 갈등을 유발하는 국가(maverick states)를 동맹으로 끌어들여 관리하고 제어함으로써 맹주국가 또는 상대적 강대국은 자국의 더 큰 전략적 국가이익(국제질서의 안정과 현상유지, 타 동맹과의 갈등·긴장 완화 등)을 보호하고 확보하고자 한다. 중국이 북중동맹을 통해 북한의 모험주의적·돌출적 행동을 관리하고자 하는 것과 발칸전쟁(1912~1913년) 중 영국과 독일이 각기 자국의 동맹국인 러시아와 오스트리아를 통제하여 확전을 막았던 것이 바로 이 경우에 해당한다. 반대로, 상대적 강대국을 자국과의 동맹관계로 끌어들여 동맹국을 활용하거나 자폭적 위협을 통해 동맹국으로 하여금 자국의 국가이익을 관철토록 하는 전략도 구사될 수 있다. 제1차 세계대전 직전 세르비아의 러시아 끌어들이기, 중국에 대한 북한의 자폭 위협과 대남 도발 등이 대표적 사례들이다. 비록 당초에는 외부의 위협에 대한 공동대응을 주요 목적으로 동맹이 결성되었어도 상황과 여건의 변화에 따라서는 외부의 위협에 대한 공동대응보다는 동맹국 상호 간의 통제와 결박이 동맹의 주된 기능으로 대두될 수 있다. 대부분의 경우 통제와 결박은 함께 나타나며 각자의 이해관계에 따라 동맹 내에서 맹주국가는

---

29) Glenn Snyder, *Alliance Politics*, pp.320~328.

통제의 전략을, 약소동맹국은 결박의 전략을 구사한다.

동맹국에 대한 통제는 일반적으로 동맹 내부에서 동맹국 상호 간에 이루어지지만 상황에 따라서는 적대 동맹에 속한 국가와의 전략적 협력을 통해 이루어질 수도 있다.[30] 앞서의 발칸전쟁의 경우, 영국은 자국의 국가이익과 큰 연관이 없는 전쟁에 참여하기를 주저했으며 영국과 적대하고 있는 동맹의 맹주인 독일도 역시 전쟁에 말려들기를 원하지 않았다. 영국과 독일은 이처럼 동일한 전략적 이해관계를 바탕으로 서로 협력하기로 합의하고 각기 자국의 동맹국인 러시아와 오스트리아에게 부여했던 군사지원 약속을 철회했으며 이에 따라 발칸반도에서의 확전은 발생하지 않았다. 즉, 영국과 독일은 각자의 동맹게임에서는 포기전략(defection)을, 상호 간의 적대게임에서는 협력전략(conciliation)을 구사함으로써 동맹국들을 통제하고 자국의 국가이익을 보호했다. 적대국가와의 협력을 통한 동맹국 통제와 관리는 양극체제하에서의 맹주국가들 간의 공동통치(condominium)전략과 유사하다고 할 수 있다.

7. 강대국과 약소국 간의 동맹 역학

강대국과 약소국이 동맹관계를 맺을 경우 강대국이 동맹을 주도하면서 약소국에 대해 막대한 영향력을 행사하는 것이 일반적이나, 약소국 또한 강대국의 대외정책이나 동맹정책에 상당한 영향력을 행사하기도 한다. 즉, 약소국의 노련하고 능수능란한 동맹전략이나 강대국이 인식하는 약소국의 전략적 가치에 따라 실제적 힘의 배분(또는 국력의 차이)과는 상치되는 동맹역학이 성립할 수 있다.

강대국의 경우 국제정치의 전반적인 안정과 질서 그리고 거시적인 전

---

30) Glenn Snyder, "The Security Dilemma in Alliance Politics," pp.479~481.

략에 중요성을 부여하나, 약소국은 이러한 거대담론보다는 자국의 지엽
적이고 특수한 이해관계에 몰두한다. 약소국은 약소국이라는 한계로 인
해 국제질서나 세계전략에 독자적인 영향력을 행사하는 것이 가능하지
않다. 이에 따라 약소국은 현재의 국제질서나 국제정치를 주어진 것으로
전제하고 자국의 국가이익 유지와 확대에만 전념하며 자국의 이러한 행
동이 국제정치에 미치는 영향에 대해서는 고려하지 않는다. 이 경우 취
약한 국력은 약점이면서도 역설적으로 국제정치에서의 자유로운 행동을
가능케 하는 전략적 자산이라고 할 수 있다.[31] 6·25전쟁 중 이승만 대통
령과 장제스 총통의 만주 폭격 요구, 북한의 핵무기 개발 등을 이러한
사례로 들 수 있다.

약소국은 또한 자국에 대한 강대국의 동맹의지(또는 보호의지)가 확고
하다고 판단할 경우, 강대국에 대한 무조건적인 추종과 동맹에의 헌신보
다는 보다 독자적이고 보다 이기적이고 보다 돌출적으로 행동한다. 맹주
국가 스스로의 국가이익에 의하여 동맹이 형성되고 또 그 동맹이 불변적
이라면 추종과 헌신보다는 '독자행동적 태도(recalcitrance)'가 약소국의 입
장에서는 더욱 우월한 동맹전략이기 때문이다.[32] 북중동맹과 북한의 대
(對)중국 정책이 대표적 사례이다. 약소국들은 간헐적으로 동맹탈퇴와 상
대 동맹에로의 전향을 위협하면서 맹주국가의 정책적 양보와 추가적 지
원을 이끌어낸다. 만약 약소국이 맹주국가에 대해 지속적인 추종과 헌신
으로만 일관한다면 처음에는 맹주국가의 전폭적인 지원을 받겠지만 시
간이 흐름에 따라 해당 약소국은 맹주국가의 동맹전략에서 고정상수화
되면서 동맹국 정책의 우선순위에서 밀려날 수 있다. 그러나 느슨한 형
태의 독립성을 유지하면서 간헐적으로 동맹파기 위협을 가하는 약소국

31) Robert Keohane, "The Big Influence of Small Allies," pp.162~163.

32) Ibid., pp.167~171.

은 맹주국가의 지속적인 관심과 주목이 대상이 되면서 보다 많은 양보와 지원을 받아낼 수 있다. 그러나 이러한 전략은 동맹의 틀 내에서 추진되어야 하며 계속 구사할 경우, 맹주국가에 의한 동맹포기(또는 버림받기)로 이어질 수 있다.

약소국들은 또한 동맹국 정부, 동맹국 주요 인사, 동맹국 일반사회를 대상으로 협상, 로비, 홍보 등의 다양한 수단을 통해 동맹국에 대한 영향력을 행사하고 자국의 이익을 수호하고 제고한다.[33] 약소국들은 국가 대 국가의 관계로서 맹주국가의 정부와 협상을 벌여 자국의 이익을 확보하고자 하며, 경우에 따라서는 맹주국가 내 정부부처 간의 경쟁과 갈등을 부추기고 활용하여 자국에게 유리한 동맹정책을 도출해낸다. 맹주국가 정부와의 공식적인 협상이 만족스러운 결과를 산출하지 못할 경우에는 맹주국가의 주요 인사들(대통령, 의회 유력의원들, 종교계 지도자들 및 언론계·학계의 유력인사들)에게 접근 및 로비를 전개하여 이들의 압력을 통해 맹주국가 정부의 정책방향 변경을 유도한다. 장제스 총통의 부인 쑹메이링(宋美齡)과 쑹칭링(宋慶齡) 자매의 대미 로비 활동, '미국이스라엘공공정책위원회'의 전방위적 활동 등이 그 사례들이다. 약소국들은 또한 맹주국가의 일반시민사회를 대상으로 적극적인 홍보활동과 여론조작을 통해 자국에 대한 긍정적인 여론을 이끌어내고 이를 맹주국가 정부에의 압력수단으로 활용한다. 냉전시대 미국에서 활동한 '100만 위원회(Committee of One Million)'는 친대만 단체로서 미국의 강력한 대중국 적대정책을 주창했다. 미국시민 100만 명 이상이 직·간접적으로 참여하는 것으로 홍보된 이 단체는 실제로는 몇몇의 인력과 작은 사무실 그리고 메일링 리스트가 전부였다.

약소국들은 또한 최악의 경우에는 국가 붕괴라는 자폭적인 위협을 통

---

33) Ibid., pp.172~179.

해 맹주국가의 지원을 이끌어낸다.[34] 매우 취약한 상황에 처한 약소국들은 자신들의 곤경을 무기로 맹주국가의 절대적이고 적극적인 지원을 요구하면서 적절한 지원이 이루어지지 않을 경우 정권은 물론 국가 자체의 붕괴와 소멸로 이어질 것이라고 협박하여 맹주국가의 지원을 얻어낸다. 이는 '취약함에 기반한 협박전략(blackmailing out of weakness)'으로서 해당 약소국이 동맹국가에게 지정학적으로 매우 중요한 가치를 지닐 경우 효과적으로 활용될 수 있다. 북한의 중국에 대한 자폭적 협박은 이러한 전략에 기반하고 있다.

강대국에 대한 약소국의 영향력은 강대국이 인식하는 약소국의 전략적 가치에 비례하여 증대된다. 일반적으로 약소국은 강대국의 지원에 의존하여 국가의 생존과 안보를 유지한다. 즉, 외부의 잠재적 위협에 대해서 강대국의 보호를 받고, 유사시에는 즉각적이고 직접적인 군사지원을 받으며, 평시에는 외교적·경제적 지원을 받는다. 이러한 관계는 약소국의 강대국에 대한 '직접적 의존관계(direct dependence)'라고 정의할 수 있다.

반면에, 강대국에 대한 약소국의 전략적 가치가 지대하여 약소국의 생존과 존재 그리고 약소국의 동맹 내 잔류 자체가 강대국의 주요 국가이익일 경우 강대국은 해당 약소국에 대해 '간접적 의존관계(indirect dependence)'에 있다고 정의할 수 있다.[35] 간접적 의존관계에서는 유사시 약소국으로부터의 지원은 중요하지 않으며, 단지 약소국이 적대국가 또는 적대동맹의 수중으로 넘어가지 않는 것이 가장 중요하며, 이를 위해 약소국의 생존과 안보를 보장하는 것이 우선적인 과제이다. 약소국의 전략적 가치를 좌우하는 가장 큰 요인은 강대국에 대한 약소국의 지정학적 위치이다. 약소국의 전략적 가치가 지대할 경우, 약소국은 국력의 현격한 차

---

34) Ibid., pp.171~172.

35) Glenn Snyder, "The Security Dilemma in Alliance Politics," p.472.

이에도 불구하고 강대국에 대해 상대적으로 강한 영향력을 행사할 수 있다.

직접적 의존과 간접적 의존의 대표적인 사례는 제1차 세계대전 직전의 영국과 프랑스 간의 관계 또는 독일과 오스트리아 간의 관계라고 할 수 있다. 프랑스는 자국 방어를 위해 영국의 지원이 직접적으로 필요하지만, 영국은 프랑스의 직접적인 지원 없이 자국방어가 가능했다. 그러나 프랑스가 방어에 실패할 경우 유럽대륙 전체는 독일의 수중에 넘어가게 되며 이는 영국의 안보에 치명적인 결과를 초래하는 상황이었다. 결국 영국은 프랑스에 간접적으로 의존해 있으며 이에 따라 영국은 프랑스의 요구를 상당부분 수용해야 했다. 마찬가지로 독일은 오스트리아가 러시아의 수중에 넘어가지 않도록 적극적인 오스트리아 동맹정책을 전개했다.

오늘날의 경우, 북한과 중국 간의 관계가 직접적 의존과 간접적 의존의 가장 대표적인 사례라고 할 수 있다. 북한은 중국에 직접적으로 의존해 있고 중국은 북한에 간접적으로 의존해 있다. 북한은 중국의 외교적·군사적·정치적·경제적 지원 없이는 독자 생존이 불가능하다. 반면에 중국에게 북한의 지정학적 가치는 매우 지대하여 중국은 북한의 생존과 안보에 절대적인 국가이익을 부여하고 있다. 중국의 항의와 저지에도 불구하고 북한이 빈번하게 모험주의적 행태를 보이는 것은 바로 이러한 관계에 배경을 두고 있다. 즉, 자국의 생존이 중국의 주요 국가이익이라는 것을 북한은 매우 명확하게 인식하고 있으며 이에 따라 북한은 자신들이 어떠한 행동을 취하더라도 중국이 이를 강하게 제재할 수 없을 것이라는 판단을 하는 것이다.

그러나 북한의 모험주의적 행태는 북한의 전략적 가치를 중국이 지속적으로 인식하고 또 북한의 행태가 중국의 국가이익에 치명적인 침해를 주지 않는 범위 내에 있을 때에만 용인될 수 있다. 만약 중국의 세계전략에 중대한 변화가 발생하여 북한의 전략적 가치가 크게 감소하거나, 북한의 행태가 중국이 내부적으로 상정한 한계를 넘어섰을 경우, 북한의 모험주의적 또는 돌발적인 행태는 더 이상 가능하지 않을 것이다.

8. 동맹전략으로서의 원조정책

동맹전략으로서의 '대외 원조(aid)'는 기존동맹을 강화하는 데에는 기여할 수 있으나 새로운 동맹의 형성에는 효과가 미흡하다. '원조는 동맹을 만들어낸다(aid creates allies)'는 명제는 국제정치 또는 동맹전략의 일반적인 상식으로 받아들여져 왔다. 그러나 현실적으로는 대외 원조정책은 효과에 비해 비용이 과다할 뿐더러 동맹 형성이라는 당초의 전략적 목표도 성취하지 못하는 경우가 흔히 발생한다. 아울러 군사적·경제적 원조를 발판으로 기존 동맹국들을 통제 및 관리하는 전략도 용이하지 않다.[36]

원조를 제공하고자 하는 국가들이 다수일 경우, 원조공여국의 원조수혜국에 대한 영향력은 급격히 감소한다. 원조수혜국은 기존의 원조공여국과 미래의 원조공여국 간에 줄타기 또는 양다리 전략을 취하면서 자국의 국가이익은 극대화하고 자국에 대한 타국(원조공여국)의 영향력은 최소화하고자 한다. 중국과 소련의 북한 원조와 북한의 줄타기 전략, 미국과 소련의 이집트 군사지원과 이집트의 양다리 전략 등이 그 사례들이라고 할 수 있다. 또한, 원조수혜국은 국가 생존에서 차지하는 원조의 중요성이 지대하기에 원조공여국에 비해 상대적으로 훨씬 강력한 협상전략을 준비하고 구사하는 반면에, 원조공여국은 원조수혜국의 존립을 염려하여 덜 강경한 협상전략을 전개할 수밖에 없다. 아울러, 원조수혜국이 매우 높은 전략적 가치를 갖고 있을 경우, 원조공여국은 원조수혜국의 강경한 태도와 요구에 수동적으로 응대할 수밖에 없으며 이에 따라 원조

---

36) Stephen Walt, *The Origins of Alliances*, pp.218~242.

에 따른 영향력 행사는 극히 제한된다. 원조수혜국은 동맹 해체와 적대 동맹으로의 전향 위협 또는 국가붕괴라는 자폭 위협을 발판으로 원조협상에서 자신의 국가이익을 관철시킬 수 있다. 이 경우 대폭적인 원조공여는 원조공여국의 영향력 행사 수단의 확대라기보다는 원조공여국에 대한 원조수혜국의 '성공적인 갈취' 또는 '약자의 강자에 대한 결박'이라고 해석할 수 있다. 이러한 맥락에서 중국의 북한 원조는 북한의 중국에 대한 갈취이자 결박으로 이해할 수 있다. 끝으로, 원조는 원조수혜국의 국력(군사력과 경제력)을 신장시켜 종국에는 원조공여국에 대한 의존도 감소와 독립성 증대로 이어진다. 즉, '원조의 역설(paradox of aid)'이 발생한다. 이스라엘은 건국 초기, 국가 존립과 중동지역의 세력 균형을 위해 미국의 무기 지원을 강력히 요청했으며 미국은 이스라엘의 요구를 수용했다. 미국의 원조를 바탕으로 군사력과 경제력이 크게 신장된 오늘날에 와서는 이스라엘은 더 이상 미국의 통제를 받아들이려 하지 않고 있다. 미국의 도움 없이도 자국의 안보와 경제를 지탱할 수 있게 되었기 때문이다. 결론적으로, 원조는 이미 이해관계를 같이 하는 국가들 간의 동맹 관계 강화에는 기여하나 새로운 동맹의 형성 및 동맹국에 대한 통제와 관리에는 효과적이지 못할 수가 있다.[37]

---

37) Stephen Walt, "Alliance Formation and the Balance of World Power," pp.28~30.

제3장

한반도 동맹구조

제1절 남북한 및 동북아 주요 국가 외교안보전략

한 국가의 동맹전략은 그 국가의 전반적인 외교안보전략 속에서 생성되고 실행된다. 외교안보전략의 틀과 방향이 바뀔 경우 외교안보전략의 하위단위인 동맹전략은 수정되고 변경된다. 따라서 한반도의 동맹구조를 이해하기 위해서는 양대 당사국인 한국과 북한의 외교안보전략에 대한 고찰과 더불어, 한반도에 심대한 영향을 미치는 미국, 중국, 러시아, 일본의 외교안보전략에 대한 검토가 필수적이다.

1. 한국과 북한의 외교안보전략

1) 한국

한국전쟁 이후 한국 외교안보전략의 핵심적인 목표는 북한의 무력공격에 대한 억지(deterrence) 및 방어(defense)였다. 지난 60년간 한국의 군사전략, 외교전략, 동맹전략은 남침 억지와 한국 방어라는 전략적 핵심목표로부터 출발하여 방사형 형태로 전개되어왔다.[1] 즉, 한미동맹 체결, 월남

파병, 한미연합사 군사력 강화, 한소 수교·한중 수교 등 북방정책 전개, 최근의 한중관계 강화 및 다자간 안보협력체 구축 노력 등은 결국 북한에 대한 억지와 방어라는 사활적 국가이익으로부터 비롯되었다. 따라서 한국의 외교안보전략은 한반도와 남북관계에 중점을 두는 지역전략(local strategy)의 성격을 강하게 갖고 있으며 한국의 동북아전략과 세계전략은 이러한 지역전략을 추수하는 수준에서 전개되어왔다.

한국 외교안보전략의 중핵(central nucleus)은 한미동맹의 유지와 강화였다. 한국 외교안보전략의 대미의존성 상징인 한미동맹은 한국의 취약한 자체방위력, 미국의 동북아시아 교두보 확보 필요성, 한국 정부의 '경제와 안보의 교환전략(trade-off between economy and security)' 등에 기인해왔다. 이에 따라 한국의 대외전략은 한미동맹의 유지를 위해 미국의 세계 및 동북아전략에 적극 편승(bandwagoning)하는 '충실한 동맹자(super loyal ally)'의 기조를 유지해왔다. 2000년대 들어 동북아 균형자론 제기와 한중관계의 강화 등 대외전략의 독자화·다기화 노력 등이 있었으나 이는 동북아 역학구조, 한국의 국력 열세 등으로 한계를 노정하거나 한미동맹에 대한 전술적 보완에 머무르고 있다.

한국 외교안보전략은 전통적으로 현상유지적(status-quo) 성격을 유지해왔다. 즉, 동북아의 안정과 한반도의 평화적 분단관리가 한국 외교안보전략의 현실적인 최고의 목표로 기능해왔으며 한국의 대미국·대중국·대러시아·대일본 정책은 모두 이와 같은 목표하에서 수립 및 추진되어왔다. 이에 따라 한국의 외교안보전략에서 '한반도의 통일'이라는 현상타파적

---

1) 해외시장 개척, 국제통상 및 금융기구 가입, FTA 체결, 에너지·자원 외교 강화 등은 경제통상전략으로서 외교안보전략과는 구분된다. 물론 경제통상전략 또한 거시적인 의미에서는 외교안보전략의 일부분으로 규정할 수 있으나 국가의 생존과 안보가 외교안보전략의 궁극적인 목표라고 전제한다면 한국의 외교안보전략은 북한으로부터의 위협 대처가 가장 핵심적인 과제라고 할 수 있다.

목표(revisionist goal)는 선언적 의미만 부여받았을 뿐 실체적 작동은 부재했다.

2) 북한

북한 외교안보전략의 핵심적인 목표는 자국의 안보와 더불어 한반도의 적화통일이다. 즉, 북한의 외교안보전략은 한국과는 달리 현상타파적 성격을 강하게 유지해왔으며 이는 다시 한국과 미국의 방어적 대응과 더불어 한미동맹의 지속과 강화를 불러왔다. 한반도의 적화통일이라는 북한 외교안보전략의 목표는 북한 정권과 체제의 정통성(legitimacy) 문제와 직접적으로 연결되어 있기에 북한이 이를 포기할 수 없다. 북한의 군사전략, 외교전략, 동맹전략 또한 이러한 핵심적 목표하에서 수립 및 추진되어왔다. 북한의 외교안보전략은 한국과 마찬가지로 한반도와 남북관계에 중점을 두는 지역전략의 성격을 갖고 있으며 북한 자체의 의미 있는 동북아전략과 세계전략은 부재했다.

북한은 한미동맹에 대항하여 냉전기에는 각기 소련과 중국과의 양자 간 동맹관계를 형성했으며, 소련 해체 이후에는 북중 동맹관계의 유지에 주력했다. 북중동맹은 북한의 한미동맹에 대한 대응 필요성, 북한의 지정학적·전략적 가치에 대한 중국의 이해관계 등에 기인한다. 북한은 그러나 한국과는 대조적으로 '경제와 안보의 역교환전략(reverse tradeoff between economy and security)'을 바탕으로 보다 자주적인 군사전략을 유지하고 있다. 특히 중국의 개혁·개방정책이 본격화된 이래 북한은 보다 독자적인 외교·군사노선을 추구해왔으며, 최근의 핵무기 개발은 이를 지탱하는 버팀목으로 기능해왔다.

오늘날 북한은 국제사회로부터의 고립과 제재, 경제난 지속, 한국과의 국력격차 심화 등으로 인한 국가적 위기를 핵개발을 통해 돌파해 나가면서 1차적으로는 정권과 체제의 생존을 도모하고 2차적으로는 한반도 적화통일을 위한 '기회의 창(window of opportunity)'을 다시금 열려는 전략을 구사하고 있다.

2. 동북아 주요 국가 외교안보전략

1) 미국

미국의 외교안보전략은 그 자체가 세계전략이다. 세계 초강대국으로서의 미국은 국제질서의 안정 전반에 대해 이해관계를 가질 수밖에 없으며 국제질서의 불안정 또는 와해는 비록 그것이 국제사회의 일각 또는 특정 분야에서 벌어지는 일일지라도 미국의 국가이익에 심대한 타격을 주면서 초강대국으로서의 미국의 패권적 지위를 위협할 수 있다. 무정부 상태의 국제사회에서는 패권적 지위의 상실은 곧 국력의 약화와 쇠퇴 그리고 나아가 국가의 복속과 소멸로까지 이어질 수 있다. 미국이 추구하는 국가이익 또는 세계전략은 미국적 패권질서의 유지라는 목적하에 대량살상무기 확산 방지, 지역패권국가의 등장 저지, 유라시아에서 강대국들 간의 안정 유지, 중동지역의 평화와 지역 내 영향력 확보 및 유지, 세계경제의 지속성장 등으로 요약할 수 있다.[2]

미국의 동아시아 및 한반도 정책은 미국의 이러한 세계전략의 틀 속에서 그 형태가 구현된다. 즉, 미국의 동아시아전략은 세계전략의 하위단위이고 한반도전략은 동아시아전략의 하위단위이다. 미국은 동아시아 차원에서는 미국의 우월적 역내 영향력을 유지하면서 중국의 부상을 견제하고 중국의 역내 패권국가화를 방지한다는 목표를 갖고 있다. 미국은

---

2) 김동성, 『한반도평화체제 논의와 구축방향』(경기개발연구원, 2008), 63쪽.

이를 위해 동북아에서 압도적인 군사력 우위를 유지하면서 한미동맹과 미일동맹을 자국 패권 유지의 양대 발판으로 활용하고자 한다. 미국의 한반도에서의 국가이익은 주한미군을 한반도에 지속적으로 주둔토록 하여 한반도를 유라시아 대륙의 봉쇄와 진출을 위한 미국의 동아시아 교두보로 유지하는 한편 한반도에 자유민주주의와 시장경제를 지향하는 통일국가를 수립하는 것이다.[3] 그러나 한국 주도의 한반도 통일이 중국과 일본 등을 자극하여 동북아에서의 미국의 패권적 질서와 안정을 해칠 가능성이 있을 경우 미국은 통일한국보다는 분단 상태의 한반도를 선호할 것이다.

미국은 또한 세계적·지역적 차원의 비확산(non-proliferation)과 반테러(counter terrorism) 입장에서 북한 핵 폐기를 동아시아의 주요 전략적 과제로 상정하고 있다.[4] 미국은 북한을 핵·생화학무기 등 대량살상무기와 미사일 개발을 지속함으로써 미국의 안보는 물론 세계의 평화를 깨뜨릴 가능성이 높은 불량국가로 보고 있다. 미국은 북한이 검증 가능한 상태로 핵개발을 포기하기 전까지는 북한에 대한 봉쇄와 대결정책을 지속한다는 입장이다.

2) 중국

중국 외교안보전략의 목표는 1차적으로는 자국의 지속적인 경제발전에 유리한 평화로운 주변 환경을 조성하는 것이며 2차적으로는 동아시아에서의 패권을 확보하고 나아가 국제질서의 새로운 형성자로 부상하는

---

3) 같은 책, 63쪽.

4) 김현욱, 「오바마 정부의 핵정책: 2010년 핵태세검토보고서(NPR)를 중심으로」, ≪주요국제문제분석≫, 2010-09(외교안보연구원, 2010), 1~10쪽.

것이다.[5] 중국 지도부는 '힘을 기를 때까지는 전면에 나서지 않는다'는 취지의 도광양회(韜光養晦)를 외교의 기본지침으로 삼고 있으며, 이와 더불어 '상황에 따라서는 적극적으로 참여하여 하고 싶은 바를 한다'는 유소작위(有所作爲)를 또 하나의 기본지침으로 삼고 있다. 비록 중국이 대외적인 측면을 고려하여 2003년 이후는 화평굴기(和平崛起), 2006년 이후에는 화평발전(和平發展)과 조화와 화합을 우선시한다는 화자위선(和字爲先)을 공식적인 외교방향으로 설정하고 있지만 도광양회와 유소작위는 중국 외교안보전략의 배후에 있는 실제적 지침이다.

중국의 세계전략은 궁극적으로는 세계의 초강대국을 지향하면서 현실적으로는 미국과의 협력관계 유지를 통해 당분간 현재의 국제질서를 수용하되 점차적으로 중국의 주장과 이해관계를 확대하고 제고하는 것이다.[6] 중국의 동아시아전략은 동아시아에서 미국의 영향력을 제한 및 축소시키고 중국적 동아시아 질서, 즉 중국의 패권적 지위를 확보하는 것이다.

중국의 한반도 정책은 이러한 기조하에서 한반도의 안정, 북한체제의 붕괴 방지 및 존속, 그리고 한국과 북한 모두에 대한 중국의 영향력 지속과 확대로 요약할 수 있다. 즉, 중국은 남북한이 당분간은 평화적으로 공존하는 가운데 중국이 한반도 전체에 지속적으로 영향력을 행사할 수

---

5) 중국의 외교정책에 대한 종합적인 개론서로는 다음의 서적들이 유용하다: Marc Lanteigne, *Chinese Foreign Policy: An Introduction* (New York: Routledge, 2009); Thomas W. Robinson and David Shambaugh(eds.), *Chinese Foreign Policy: Theory and Practice* (New York: Oxford University Press, 1994); Samuel S. Kim(ed.), *China and the World: Chinese Foreign Relations in the Post-Cold War Era* (Oxford: Westview Press, 1994); Elizabeth Economy and Michel Oksenberg(eds.), *China Joins the World: Progress and Prospects* (New York: A Council on Foreign Relations Book, 1999).

6) Yuan-Kang Wang, *China's Grand Strategy and U.S. Primacy: Is China Balancing American Power?* (The Brookings Institution Center for Northeast Asian Policy Studies, July 2006).

있는 상황을 최상의 시나리오로 상정하고 있으며 만약 한반도가 불가피하게 통일이 될 경우 통일 한반도는 친중적 성향을 보이거나 최소한 미국의 패권적 질서에 협력하지 않아야 한다는 것이 중국의 대한반도전략 목표이다. 이에 따라 중국은 남북한의 평화공존을 통한 한반도 안정을 지지하는 한편, 북한의 핵개발로 인한 역내 불안정도, 북한 체제의 급작스런 붕괴로 인한 주변 강대국들의 개입이나 혼란도, 한반도 통일 과정에 주변 강대국이 개입하는 것도 원하지 않고 있다.[7] 결국, 중국의 대한반도 정책의 기본 목표는 한반도에서의 현상을 유지하고 미국의 영향력을 억지하고 봉쇄하는 것이다. 즉, 중국이 한반도에서 원하는 것은 '현상유지 플러스'로서 남북한 간의 평화공존, 남북한에 대한 베이징의 영향력 유지와 증대, 그리고 한반도에서의 주한미군 역할 축소로 요약할 수 있으며 한반도의 안정 차원에서 북한과 미국 간의 관계개선을 바라지만, 중국 영향권으로부터의 북한 이탈은 용납하지 않을 것이다.[8]

3) 러시아

러시아는 소련 해체 이후 추락한 세계 초강대국의 지위를 다시금 회복한다는 장기적 목표하에 일단은 국제사회에서 강한 발언권을 갖는 '정상적 강대국(normal great power)'으로서의 인정 획득, 러시아 연방의 일체성 보존과 분리주의 방지 및 구소련 구성국가들에 대한 배타적 영향력 확보, 그리고 미국에 대한 세력균형을 외교안보전략의 핵심으로 삼고 있다. 러시아는 세계전략 차원에서는 미국 중심의 단극적 질서 배제 및 다극적

---

7) 여인곤 외, 『21세기 미·일·중·러의 한반도 정책과 한국의 대응방안』(서울: 통일연구원, 2003). 133쪽.

8) 김동성, 『한반도평화체제 논의와 구축방향』, 72~73쪽.

세계질서의 창출을 추진하면서 유럽에의 적극적인 접근을 통해 미국에 대한 세력균형을 도모하고 유라시아 대륙에 대한 자국의 기득권과 영향력을 유지하는 한편, 동아시아, 중남미, 아프리카, 대양주 등지로 러시아의 진출을 모색하고 있다.[9]

동아시아 차원에서는 미국의 패권적 지위 축소와 함께 새로운 패권국가의 등장도 경계하고 저지하는 것이 전략적 목표이다. 즉, 동아시아의 현 패권국인 미국 견제를 위해 중국의 잠재적 위협에 유념하면서도 중국과의 전략적 동반자관계를 유지하고 일본과는 관계개선을 지속적으로 추진하는 것이 동아시아 외교전략의 기본 축이다.

한반도 차원에서의 러시아의 전략목표는 한반도의 안정과 평화를 유지하고 남북균형외교를 통해 한반도에 대한 영향력을 지속적으로 확보 및 확대하는 것이다. 제정 러시아와 구소련은 한반도를 러시아의 태평양 진출 통로이자 동북아의 전략적 요충지로 평가하고 한반도 중시 정책을 펼쳤으며 현재의 러시아도 동일한 전략적 이해관계를 계승하고 있다. 러시아의 대한반도 정책의 당면 목표는 남북한 어느 곳에서도 반러시아적 상황이 전개되지 않도록 하는 한편, 북한과는 과거의 우호관계를 복원하는 동시에 상호 안보협력을 도모하고 한국에 대해서는 경제협력의 심화를 통해 러시아 경제의 재건과 발전을 추진하는 것이다. 장기적으로는 남북한 모두에 대한 자국의 영향력을 유지 및 확대하여 향후 한반도에서의 역학변화과정(즉, 통일전개과정)에 대비하는 것으로서 자국에 대해 비우호적인 통일 한반도가 출현하는 것을 저지하는 것이다.[10]

---

9) 신범식, 『21세기 러시아의 동맹·우방 정책의 변화와 전망』(동아시아연구원, 2009), 6, 15쪽.

10) 김동성, 『한반도평화체제 논의와 구축방향』, 84~85쪽.

4) 일본

일본의 외교안보전략은 1945년 제2차 세계대전 패전 이래 승전국이자 서방국가들의 맹주국가인 미국의 대외전략을 따르고 추수해온 것이 일반적인 모습이었다. 즉, 일본은 최소한의 자위적 수단을 제외하고는 군사력 보유 포기를 천명한 평화헌법 9조를 준수하고 국가안보는 미국의 군사력에 의존하면서 문민국가이자 경제통상국가로서 경제발전에 국가역량을 집중하는 전략을 취해왔다. 일본은 미국에게 자국의 안보를 위임함으로써 외교안보적으로는 미국에 종속되는 결과를 가져왔지만 미국이 운전하는 안보차량에 무임승차함으로써 전후복구와 경제성장을 빠르게 이루어낼 수 있었다. 미국의 입장에서는 미일동맹을 동아시아의 안정과 미국의 패권을 유지하는 초석으로 활용하는 한편, 미국의 세계경영전략에서 일본의 외교적·경제적 지지를 동원할 수 있었다.11) 결국, 일본 외교안보전략의 독자성은 상대적으로 부족했으며, 특히 세계전략은 미국에의 편승 이외에는 부재했다.

그러나 21세기 들어, 중국의 부상, 북한의 핵·미사일 개발, 미국의 패권적 지위 위협 등 외부환경의 변화와 '정상국가화'와 경제력에 상응하는 국제적 지위 확보 등의 내부적 요구에 대응하여 일본은 자국 외교안보전략의 변화모색을 위한 재검토와 논의를 활발하게 진행하기 시작했다. 다양한 논의들 중에서도 동맹론, 자주론, 균형론 등이 집중적으로 제기된 안보담론이었다.

동맹론은 일본의 안보를 위해서는 국내외적 여건상 여전히 미국이 가장 중요한 자산이며 이에 따라 일본은 연루의 위협에도 불구하고 미일동

---

11) 손열, 『일본의 21세기 동맹전략: 권력이동, 변환, 재균형』(동아시아연구원, 2009), 6쪽.

맹을 강화해야 한다는 주장이고, 자주론은 미국에 대한 전적인 신뢰기조에 대해 비판적인 입장을 취하면서 미국에 의한 방기의 가능성에 대비하여 독자적인 군사력을 구축해야 한다는 주장이며, 균형론은 아시아 중시 정책의 필요성을 적극 제기하면서 일본은 대미관계와 아시아관계 간의 상호보완과 균형을 추구해야 한다는 입장이다.[12] 현재 일본 정부는 미일동맹의 강화를 선택함으로써 동맹론이 일단은 우세를 점했으나, 자주론과 균형론의 영향력은 여전히 남아 있으며 일본의 국내외적 상황변화에 따라 동맹론이 힘을 잃고 새로운 전략이 대두될 가능성이 있다.

동맹론에 따른 일본의 동아시아와 한반도전략은 미일동맹 강화와 자체 군사력의 증강을 통해 중국과 균형을 취하고, 북한의 도발을 억제하며, 한반도의 안정과 세력균형을 유지하는 것이다. 일본은 북한의 핵·미사일 개발 문제와 일본인 납치사건이 해결되기 전까지는 대북 봉쇄와 대치를 지속한다는 입장이며, 한국과는 기존의 우호협력관계를 유지하는 가운데 양국관계를 더욱 긴밀하게 발전시킨다는 입장이다. 일본은 한반도의 통일에 대해서는 유보적이거나 부정적이다. 이는 한반도의 통일이 동북아의 기존 세력균형과 판도를 허물고 바꿀 수 있다는 우려와 더불어 한반도 통일국가의 정체성과 외교안보적 성향에 대한 불안에 기인한다.

제2절 한반도 동맹구조의 변천과 현황

1. 한반도 동맹구조의 변천

한반도의 동맹구조를 이해하기 위해서는 한반도의 역학구조 전반에

---

12) 같은 책, 7~12쪽.

대한 분석이 필수적이다. 한반도는 지정학적 특성으로 인해 전통적으로 동북아시아 주요 국가들의 각축장이었다. 한반도는 지난 수천 년간 대륙 중국의 영향권으로부터 자유롭지 못했으며 중국으로부터의 끊임없는 침략과 지배 그리고 이에 대한 독립과 저항의 역사를 이어왔다. 한반도는 또한 유라시아 대륙에 이어 일본열도마저 정복하고자 했던 몽고의 야심으로 수십 년간의 고초를 감내해야 했으며 아울러 한반도를 중국대륙 진출의 교두보로 삼고자 했던 일본에 의해서도 두 차례의 침략과 더불어 종국에 가서는 망국의 아픔을 겪기도 했다. 제2차 세계대전 종전 이후에는 남진하는 소련과 북진하는 미국 간의 대결구도 속에서 한반도가 분단되면서 한국전쟁이라는 동족상잔의 비극마저 맞이해야 했다.

한반도가 이처럼 간난의 역사를 이어온 것은 한반도가 동북아시아의 전략적 요충지이기 때문이다. 한반도는 전통적으로 대륙세력에게는 일본과 대양으로 뻗어나기 위한 발판이었으며 해양세력에게는 유라시아대륙으로의 진출을 위한 교두보였다. 전략적 요충지로서의 한반도의 지정학적 중요성은 오늘날에 들어서는 더욱 증대했다. 한반도는 미국, 중국, 일본, 러시아 등 세계 4대 강국들의 세력권이 한데 접하는 '결절점(key strategic node)'에 자리 잡고 있다. 이에 따라 한반도는 강대국들 간의 세력 균형과 견제가 가장 첨예하게 벌어지는 곳이 되었다. 이는 한반도를 둘러싼 강대국들의 세력이 상호 균형점(equilibrium)을 찾을 때에 한반도는 '평화와 안정'을 가질 수 있고, 균형점을 이탈할 때에는 한반도는 '전쟁과 위기'의 국면에 마주칠 수밖에 없음을 의미한다. 또한 역으로 한반도에서의 변화는 강대국들의 세력균형에 중대한 변화를 초래할 수밖에 없고 이는 동북아시아에서의 역내질서를 근본적으로 수정하게 되는 계기가 될 수밖에 없다.

중국, 러시아, 일본은 한반도의 미래에 대해서는 본질적으로 현상유지 국가이다. 미국은 한국과 '이익의 공유국가(commonality of interests)'로서 원론적으로는 한국이 주도하는 통일 한반도를 지지하고 있지만, 한반도 통일이 동북아시아의 안정을 해치는 결과를 초래한다면 한반도 통일에 대한 미국의 정책은 소극적이거나 부정적일 것이다. 미국의 전략적 입장에서 볼 때 한반도의 통일은, 동북아시아 역내 구도와 질서에 대한 미국의 전략방향인 '번영과 안정이 지속되면서도 어느 특정 국가가 지배적 위치를 점하지 않는 동북아시아(prosperous, stable, and decentralized East Asia)' 보다 하위 단위이기 때문이다.[13]

한반도의 동맹구조는 한국과 북한 그리고 한반도에 깊은 이해관계를 갖고 있는 미국, 중국, 러시아, 일본 등 6개국의 합종연횡으로 형성되어 있다. 즉, 6개국의 양자관계 15개와 다양한 형태의 다자관계가 한반도의 동맹구조를 창출하고 있다. 그러나 한반도 차원에서의 남북한 대립과 동북아 차원에서의 해양세력과 대륙세력 간의 대립이 한반도 동맹구조형성의 기본 논리(alliance system principle)이다. 이에 따라 한반도 동맹구조의 핵심은 한반도 차원에서는 한미동맹과 북중동맹이며 동북아 차원에서는 미일동맹과 중러전략협력 관계이다.

한반도의 동맹구조는 냉전기, 탈냉전기, 현재 시점 등 세 개의 시대로 구분하여 분석할 수 있다. 냉전기(1945~1990년)에는 한미동맹과 미일동맹 그리고 한일우호협력 관계를 기반으로 하는 '남방 3각 동맹'과 북중동맹·북러동맹을 기반으로 하는 '북방 3각 동맹' 간의 대립기라고 규정할 수 있다. 탈냉전기(1991~2004년)는 한미일 3국 간의 동맹과 연대가 지속되는 가운데 남방 3각 동맹에 대한 중국과 러시아의 대결자세 완화 및 우호협력 추진기라고 규정할 수 있다. 이에 따라 북한은 한반도 동맹구조에서 상대적 소외와 고립을 경험했다. 현재(2005~현재)는 한미일 3국의 동맹과 연대가 여전히 지속되는 가운데 중국의 부상에 대한 미국과

---

13) 김동성, 『한반도평화체제 논의와 구축방향』, 61~62쪽에서 재인용.

〈그림 3-1〉 냉전기와 탈냉전기, 현재의 동북아 동맹구조

냉전기

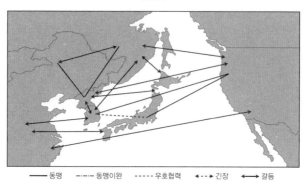

탈냉전기

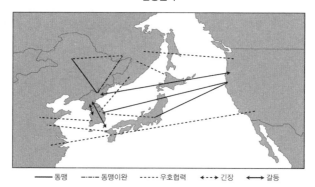

현재

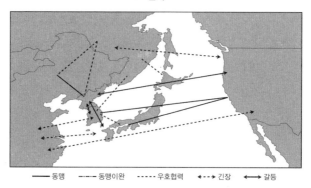

일본의 견제, 중국의 미국 견제, 러시아의 미국 견제가 점차 노골화되는 시기로서 동맹구조의 안정성 차원에서는 가장 불안정한 모습을 보이고 있다(<그림 3-1> 참조).

2. 한반도 동맹구조의 현황

한반도 동맹구조의 핵심적인 동맹관계는 한미동맹, 북중동맹, 미일동맹, 중러전략협력 등이며 이 밖에 한일우호협력, 북러우호협력 등이 보조적 역할을 수행하고 있다.

1) 한미동맹

한미동맹은 한반도 동맹구조의 핵심이자 미일동맹과 더불어 명시적으로 상호방위를 천명한 군사동맹이다. 한미동맹은 한국이 체결한 유일한 동맹으로서 1950년 한국전쟁을 계기로 형성되었으며 한미 양국이 1953년 10월 '한미상호방위조약'을 체결함으로써 법적·외교적 토대를 확립했다.[14] 한미상호방위조약은 전문과 본문 6개조로 구성된 본조약과 한미상호방위조약 제3조와 관련한 미합중국의 양해사항이 담긴 교환의정서의 부속문서로 구성되어 있다. 한미양국은 동 조약을 통해 한국의 정치적 독립이나 안전이 외부로부터의 무력공격으로 인한 위협을 받고 있을 경우 한국 정부는 미국의 군사지원을 요청할 수 있으며 한미 양국은 상호협의와 합의하에 필요한 조치를 취할 수 있다고 합의했다.

---

14) 한미상호방위조약의 정식명칭은 '대한민국과 미합중국 간의 상호방위조약(The Mutual Defense Treaty between the Republic of Korea and the United States of America)'이다. 동 조약은 1953년 10월 1일 서명되었고 1954년 1월 미국 상원과 한국 국회에서 승인되어 1954년 양국 대통령에 의해서 비준되었다.

즉, 한미상호방위조약 제2조는 "당사국 중 어느 일국의 정치적 독립 또는 안전이 외부로부터의 무력공격에 의하여 위협을 받고 있다고 어느 당사국이 인정할 때에는 언제든지 당사국은 서로 협의한다. 당사국은 단독적으로나 공동으로나 자조와 상호원조에 의해서 무력공격을 방지하기 위한 적절한 수단을 지속하고 강화시킬 것이며 본 조약을 실행하고 그 목적을 추진할 적절한 조치를 협의와 합의하에 취할 것이다"라고 규정하고 있어 유사시 한국 방위에 대한 미국의 개입 근거를 명문화했다. 또한 한미상호방위조약 제4조는 "상호 합의에 의하여 미국의 육군·해군·공군을 한국의 영토 내와 그 부근에 배치하는 권리를 한국은 허용하고 미국은 이를 수락한다"라고 규정하여 미군의 한국 주둔 근거를 확립했다. 한미상호방위조약은 외면적으로는 '상호방위조약'의 모양을 갖고 있음에도 불구하고 실질적으로는 미국의 한국 안보 지원이 핵심이다.

한미동맹은 동맹국 상호 간에 힘의 차이가 크게 나는 전형적인 비대칭적 동맹으로서 한국의 대북안보위협 인식과 미국의 한반도 및 동북아 세계전략에 따라 형성되었다. 한미동맹은 원칙적으로는 북한의 대남무력도발 억지와 유사시 한국방어를 최우선적인 목적으로 하고 있다. 그러나 동북아에서 미국의 패권적 영향력 유지와 유라시아 대륙을 향한 미국의 동북아 교두보 역할 또한 한미동맹의 중요한 목적이자 기능이라고 할 수 있다. 실제로 미국은 한미상호방위조약을 위시하여 미일상호방위조약(1960), 미·필리핀상호방위조약(1951), ANZUS 조약(호주, 뉴질랜드와 미국의 태평양상호방위체제) 등의 아시아·대양주 동맹벨트 구축을 통해 아시아와 태평양 일대에서 미국의 국가이익과 영향력을 유지하고 있다.

한미동맹은 체결 이후 한반도와 동북아의 안정과 역내 세력질서 유지에 크게 기여해왔다. 한국과 미국 양국의 집권자와 행정부의 정책방향 그리고 양국의 국내 정치적 상황에 따라 한미동맹을 조정, 변경하고자 하는 움직임은 있었으나 이는 한미동맹의 전반적인 구조와 틀 내에서 제기되는 내부적·부분적·일시적 시도에 불과했다. 한국은 한미동맹에 기대어 북한으로부터의 무력도발을 억지하면서 상대적으로 경제성장에 전념할 수 있었으며 미국 또한 한미동맹을 통해 동북아시아에서의 패권적 영향력을 유지할 수 있었다. 일본의 입장에서도 한미동맹은 일본의 안보에 필요한 1차적 방어막으로 받아들여졌다. 반면에, 북한에게 있어서 한미동맹은 '한반도 적화통일'의 가장 큰 장애물이자 최대의 안보위협으로 기능해왔다. 중국 또한 한미동맹을 자국의 세력팽창을 저지하는 적대적 방벽 중의 하나로 인식해왔다. 한미동맹에 대한 러시아의 인식 또한 이와 크게 다르지 않다. 한미동맹은 결국 한반도 동맹구조의 핵심이자 동북아 구성국가들의 이해관계가 가장 첨예하게 대립하는 '임계동맹(critical alliance)'이라고 할 수 있다.

2) 북중동맹

북중동맹은 한미동맹과 더불어 한반도 동맹구조의 양대 핵심적인 동맹이다. 북중동맹은 일본 패전 후 중국 공산당의 마오쩌둥과 국민당의 장제스가 다시금 치열하게 중국통일전쟁을 벌이던 시절부터 시작되었다. 북한은 제2차 국공내전 당시 만주지역 중국 인민해방군의 후방기지 역할을 하면서 중국 공산당을 도왔고 중국은 이후 한국전쟁에 참전하여 수십만의 인민해방군 병력을 희생하면서까지 북한의 존립을 지켜냈다. 한미동맹과 마찬가지로 북중동맹도 '피로 맺어진 혈맹의 관계'라고 할 수 있다.

북중동맹은 명시적으로는 군사동맹을 표방하지 않고 있지만 북중동맹의 법적·외교적 토대인 '조선민주주의인민공화국과 중화인민공화국 간의 우호, 협조 및 호상원조에 관한 조약'은 상호방위조항을 담고 있다. 1961년 7월에 체결된 동 조약은 제2조 "체약 쌍방은 체약 쌍방 중 어느 일방에 대한 어떠한 국가로부터의 침략이라도 이를 방지하기 위하여 모든 조치를 공동으로 취할 의무를 지닌다. 체약 일방이 어떠한 한 개의 국가 또는 몇 개의 국가들의 련합으로부터 무력 침공을 당함으로써 전쟁 상태에 처하게 되는 경우에 체약 상대방은 모든 힘을 다하여 지체 없이 군사적 및 기타 원조를 제공한다"를 통해 북중 양국의 상호방위 의무를 명확히 했다. 또한 제4조에서는 "체약 쌍방은 양국의 공동 리익과 관련되는 일체의 중요한 국제문제들에 대하여 계속 협의한다"고 명기하여 군사, 안보, 외교 등의 분야에 있어 상호공조의 원칙을 약속했다.[15]

60년이 넘는 세월을 지켜온 북중동맹은 그동안 상당한 부침을 겪어왔다. 중국과 소련의 갈등이 격심했던 1960년대에는 북한은 북중동맹과 북소동맹 간의 틈바구니에서 줄타기 동맹외교를 전개할 수밖에 없었고 1960년대 후반의 중국 문화혁명기에는 북한과 중국은 일시적이나마 상호 적대적인 모습까지 드러냈었다. 그러나 북중동맹의 최대 위기는 1992년 한국과 중국의 국교수립이었다. 자국의 유일한 동맹국가인 중국이 소련의 뒤를 이어 적대국 한국과 국교를 수립한다는 것은 북한에게 있어 중국의 대북한 동맹 포기로 받아들여졌다. 북중관계는 급속히 소원해졌으며 북한은 '주체'와 '선군'을 기치로 내걸며 핵개발에 주력했다. 1990년대는 북중동맹의 최저점이었다. 그러나 2000년대 들어 북중 동맹관계는 다시 복원되었다. 2001년 김정일의 중국 상하이 방문과 중국 주석 장쩌민의 북한 평양 답방은 이를 알리는 서곡이었다. 북중동맹의 회복은 전통적인 동맹관계라는 명분과 더불어 양국의 실리적 이해관계가 작용했다. 경제난과 외교적 고립에 처해 있던 북한으로서는 중국의 지원과 후견이 필수적이었으며 중국 역시 북한의 지정학적 전략가치를 무시할 수 없었다.

---

15) 제4조는 주요 국제문제에 있어 북한과 중국 간의 상호협의와 공조라는 외양에도 불구하고 실제로는 중국의 북한 관여와 통제 기제로 활용되기도 했다.

북중동맹은 2010년 3월의 천안함 피습 침몰사건을 계기로 그 실체를 확연히 드러냈으며 동년 9월의 북한 3대 세습과정에서도 흔들리지 않았다. 북한의 중국 매달리기는 더욱 강화되고 있으며 중국의 북한 끌어안기도 더욱 확고해지고 있다. 중국과 미국 간의 경쟁, 중국과 일본 간의 갈등이 격화될수록 북중동맹은 더욱 견고해지면서 한미동맹의 최대 숙적(archenemy)으로 기능하고 있다.

3) 미일동맹

미일동맹은 일본의 국가 방위와 안보를 목적으로 하는 동맹으로서 한미동맹과 더불어 미국이 동북아시아에서의 패권적 영향력을 지키기 위한 양대 축의 하나이다. 미일동맹의 법적·외교적 토대는 1951년 체결되고 1960년에 개정된 '미일안보조약'이다. 미일동맹은 당초 동북아의 세력균형 유지와 일본의 안보를 위해 미국이 일본 내에 미군기지와 미군을 설치 및 주둔시키고 일본은 이를 인정한다는 것이 골자였다. 미국은 일본영토를 자유롭게 사용함으로써 자국 아시아·태평양 군사전략의 원활한 추진을 도모하는 한편 일본을 미국의 군사적 지배하에 두어 일본의 재무장과 군국주의 부활을 방지하고자 했다. 그러나 1960년의 개정된 안보조약에서는 일본의 방위에 대한 미국의 의무와 일본영역에서의 미일 공동방위를 명문화함으로써 미일동맹은 명실공이 군사동맹의 형태를 갖추게 되었다. 또한 미국은 자국 아시아·태평양 군사력의 보조적 전력으로서 일본 방위력의 재건을 적극적으로 권유 및 추진하기 시작했다. 일본 재무장 허용은 우선적으로는 동북아시아에서의 소련의 팽창에 대한 견제와 대응을 위해서 일본의 역할분담이 필요했기 때문이었으며 아울러 민주주의와 시장경제를 향한 일본의 성공적인 체제전환과 이에 대한 미국의 긍정적인 평가도 크게 작용했다.

대(對)소련 포위망의 핵심이었던 미일동맹은 1990년대 초 냉전체제의 붕괴와 미일 간 경제마찰로 인해 한때 표류했으나 1996년 4월 미국 클린턴 대통령과 일본 하시모토 수상이 '미일 신안보공동선언'을 발표함으로써 새로이 좌표를 설정했다. 동 공동선언은 양국 간 동맹체제를 재확인함과 더불어 미일동맹이 양국관계뿐만 아니라 지구적 규모의 제반 문제에 대해서도 관여하기로 했다는 점에서 미일동맹이 국지적인 지역동맹에서 동북아 또는 글로벌 차원의 동맹으로 재탄생하는 시발점이 되었다. 미일 양국은 공동선언의 후속조치로서 1999년 미일 방위협력지침을 개정완료하고 미일 군사동맹의 범위를 일본 유사에서 일본 주변사태로까지 확대했다.

동북아시아 차원에서 볼 때, 미일동맹의 확대는 결국 아시아·태평양 지역에서의 미국의 영향력 유지와 함께 새로운 잠재적국인 중국에 대한 미일 공동대응체제 정비를 의미하는 것으로서 중국의 경계와 반발은 당연한 수순이었다.[16] 중국은 미일동맹의 확대에 대응하여 북중동맹의 유지와 함께 다시금 중러 협력관계의 복원을 추진하지 않을 수 없었다. 이처럼 미일동맹은 주변국들의 작용과 반작용을 불러오면서 대륙세력에 대한 해양세력의 지렛대 역할을 담당해오고 있다.

4) 중러전략협력

중러전략협력은 어떤 의미에서는 1950년대 중소동맹의 복원으로 이해할 수 있다. 1950년 소련의 스탈린과 중국의 마오쩌둥은 '중소우호협력조약'을 체결하여 군사동맹을 맺고 미국 등 서방진영에 대한 공동대응

---

16) Wu Xinbo, "The End of the Silver Lining: A Chinese View of the U.S.-Japanese Alliance," *The Washington Quarterly* (Winter, 2005-06), pp.119~130.

과 상호방위를 약속했다. 중소동맹은 이념과 체제를 같이하는 사회주의 국가들 간의 동맹이기도 하지만 현실적인 필요성도 크게 작용했다. 제2차 세계대전이 끝나자마자 미국과의 냉전에 들어간 소련에게는 사회주의 진영의 결속과 대서방 세력균형을 위해 중국의 협력과 동참이 절실했고 신생국가 중국의 입장에서는 반공산주의 미국과 대만의 장제스 국민당 정부가 실체적인 안보위협으로 대두되었다. 중소동맹은 그러나 오래 지속되지 못했다. 중소관계는 스탈린 사망과 흐루시초프 집권 이후 소원해지기 시작했으며 1960년대 중소 갈등이 본격화되면서 중국의 최대 위협국가는 미국에서 소련으로 대치되었다. 중소우호협력조약은 당연히 사문화되었으며 1972년 닉슨·저우언라이의 '상하이 공동코뮤니케'가 이를 대신했다.

중러관계의 복원은 1990년대 중반에 가서야 가능했다. 중국과 러시아는 1996년 '전략적 동반자 관계'를 선언하면서 수십 년 만에 다시금 밀월기를 맞이했고 마침내 2001년 '러시아연방·중화인민공화국 간의 선린·우호 및 협력조약'을 체결하기에 이르렀다. 동 조약의 핵심내용은 양국은 항구적으로 우호관계를 유지하고, 일방주의를 배격하며, 상호 적대적 행동을 하지 않으며, 외부의 적대적 행동에 공동대처한다는 것이다. 동 조약은 1950년의 중소우호협력조약과는 달리 상호방위의 내용이 포함되어 있지 않아 군사동맹을 약속한 동맹조약으로 볼 수는 없으나, "조약국 일방의 안보에 저촉되는 상황이나 침략위협이 발생할 경우 지체 없이 상호 간에 접촉을 갖고 위협의 제거를 위한 협의를 수행한다"고 규정함으로써 유사시의 안보위협에 공동대응한다는 것을 명확히 했다.[17]

중러전략협력은 미국에 대한 공동 견제와 대응이 동인이자 목적이다.

---

17) 김록양, 「러시아연방·중화인민공화국 간의 선린·우호 및 협력조약」(국회도서관 입법전자정보실, 2001), 2쪽.

중국은 미국과의 표면적 협력관계에도 불구하고 현실주의적 관점에서 미중 양국의 대립과 경쟁은 불가피할 것으로 내다보고 있다. 러시아 또한 미국의 세계패권에 저항하면서 자국의 강대국 지위 복원을 추진하고 있다. 중국과 러시아 모두 현재의 일극체제를 타파하고 다극적 세계질서를 형성하여 자국의 국가이익을 확대하겠다는 전략적 목표를 갖고 있다. 미국에 대항하기 위해서는 차순위 국가들 간의 세력연합이 필수적이며 중러전략협력이 그 해답이었다. 지난 세월의 갈등은 현재의 국가이익을 위해서 기억 저편으로 묻어야 했다.[18]

그러나 중러전략협력은 전형적인 '정략결혼(marriage of convenience)'이라고 할 수 있다. 즉, 패권국가 미국에 대한 공동대응이라는 상호의 전략적 필요에 따라 형성되었으며 중러 양국 중 어느 일국이 미국과의 관계를 크게 개선할 경우 협력관계는 약화되거나 사라질 수 있다. 또한 중러 양국 중 어느 일국의 국력이 비대칭적으로 확대될 경우에도 협력관계는 위기에 처할 수 있다. 국경을 마주하는 이웃 초강대국이 태평양을 사이에 둔 미국보다 우선적인 위협이 되기 때문이다. 그런 의미에서 중국의 급속한 부상은 중러전략협력 관계의 미래에 부정적으로 작용할 가능성이 높다.

5) 한일우호협력

한일우호협력 관계는 국가 간의 정식 동맹은 아니지만 한미동맹과 미일동맹 간의 연결고리 역할을 하고 있다. 제2차 세계대전 종전 후 한국과 일본은 과거 식민지와 식민국가라는 입장차이로 인해 상호 간 극심한

---

18) Lowell Dittmer, "The Sino-Russian Strategic Partnership," *Journal of Contemporary China*, Vol.10, No.28(2001), pp.399~413.

갈등을 겪었으나 1965년 '한일기본조약'이 체결됨으로써 양국관계는 정상화되었다. 한일 양국관계의 정상화는 동북아시아에서 공산권 국가들의 팽창을 저지 및 봉쇄하기 위해 동맹국들 간의 지역협력체제를 구축하고자 했던 미국의 동북아시아전략과 밀접한 관계를 갖고 있다. 한미동맹과 미일동맹을 바탕으로 소련, 중국, 북한 등의 적대세력에 대항해야 했던 미국의 입장에서는 같은 동맹국가인 한국과 일본 간의 반목과 갈등은 시급히 풀어야 할 과제였다. 일본 또한 전후 경제의 복구에 따른 해외시장 확대를 위해 한국과의 관계정상화가 필요했으며 한국으로서도 국내 경제개발을 위해 일본의 자본과 기술이 필요했다. 한국과 일본은 관계정상화 이후 매우 밀접한 경제협력 관계를 형성했을 뿐만 아니라 반공산주의 기치 아래 외교안보 분야에서도 공조체제를 유지해왔다.

그러나 한국과 일본의 진정한 화해는 아직 이루어지지 않았다. 무엇보다도 역사인식에 대한 양국 간의 인식차이가 좁혀지지 않았기 때문이다. 제국주의 침략과 아시아의 보호, 불법 병탄과 합법적 통합, 식민지 수탈과 식민지 경제개발, 학살·탄압·강제징용과 날조·질서유지·자발적 지원 등 한일 양국은 과거사에 대해 현격한 시각차를 보이면서, 역사교과서, 강제매춘(위안부), 독도영유권 등의 문제가 지속적으로 발생해왔다. 한국민들은 과거 일본 제국주의의 만행을 기억하면서 일본의 진정한 반성을 원하는 반면에 일본은 자신들의 역사인식과 주장을 고수하고 있다. 한일 양국 간에 한미동맹과 유사한 한일동맹이 성립될 수 없는 이유가 여기에 있다.

그럼에도 한국과 일본은 자유민주주의와 시장경제라는 가치를 공유하고 있으며 미국과의 양자 동맹관계를 통해 직·간접적으로 대외전략의 상당부분을 공유하고 있다. 현재의 한반도 동맹구조하에서는 한일우호협력 관계는 지속될 것이다. 특히 중국의 부상이 지속되고 중국이 국제사회 및 동북아시아에서 더욱 패권적인 행동을 드러낼 경우 한일우호협력관계는 세력균형의 차원에서 강화될 것이다. 그러나 일본의 보통국가화가 또 하나의 제국주의 국가 또는 군국주의 국가로 이어질 경우 한일우호협력 관계는 어두운 미래를 맞이할 수밖에 없다.

6) 북러우호협력

북한과 러시아는 한국전쟁을 무대와 막후에서 같이 치룬 사실상의 군사동맹이었다. 북한과 중국이 주연배우들이라면 소련은 한국전쟁의 기획, 연출을 담당한 총감독이었다. 소련은 북한 정권이 수립되자 막대한 규모의 군수물자와 다수의 군사고문단을 지원 및 파견했을 뿐더러 북한이 1949년 모스크바에서 비밀리에 중국과 체결한 '조중상호방위협정'의 막후 조종자였다. 북한과 소련은 1961년 '조소 우호협조 및 호상원조에 관한 조약'을 체결하여 양국의 동맹관계를 공식화했다. 이 조약은 일방이 다른 나라로부터 무력침공을 받을 시 상대방이 즉각 개입할 수 있도록 하는 규정을 포함하고 있어 사실상 군사동맹조약의 성격을 띠었다.

북한과 소련의 협력관계는 이후 중소 갈등과 북한의 양다리 외교로 인해 시대별·상황별 부침을 거듭했지만 기본적으로 양국 간의 동맹관계는 유지되었다. 그러나 1990년 한소 수교, 1991년 소련 해체 등을 겪으면서 북러관계는 크게 약화되었다. 1992년 로가초프 러시아 대통령 특사는 북한을 방문하여 기존 '조소 우호협조 및 호상원조에 관한 조약'의 상호방위조항에 대한 재검토를 요청하기에 이르렀으며 결국 동 조약은 1996년에 폐기되었다.

북한과 러시아는 그러나 서로의 전략적 가치를 무시할 수 없었다. 러시아의 안보에 있어 북한의 지정학적 가치는 지대했으며 한반도에서의 영향력 유지와 대한국 관계에 있어 '북한 카드'의 활용 등을 위해서라도 러시아는 북한과의 관계개선을 필요로 했다. 북한 또한 무기체계, 기술 등의 분야에서 러시아에 대한 의존도가 여전히 높았으며 외교적 고립의 탈피와 대남 정책에서의 러시아 활용 등이 필요했다. 북한과 러시아는 1999년 '조러 친선선린 및 협조에 관한 조약'을 새로이 체결하여 한소 수교 이후 소원해진 양국관계를 청산하고 우호협력관계를 회복했다. 그러나 신조약은 구조약에 담겨 있던 '무력침공 시 즉각적 개입 및 원조제공' 조항을 '지체 없이 상호접촉'으로 개정했다. 이에 따라 북한과 러시아 관계는 조약상으로는 기존의 군사적 동맹관계에서 일반적인 국가 간 협력관계로 변경되었다. 북한과 러시아는 2000년 7월 '조러 공동선언', 2001년 8월 '조러 모스크바 선언'을 잇달아 공표하면서 양국 간의 우호협력관계 회복을 대내외적으로 천명했다.

북한과 러시아의 우호협력관계는 과거의 조소 군사동맹 수준으로 회귀하지는 못할 것이다. 북한과 러시아는 더 이상 이데올로기, 정치체제, 경제시스템 등을 공유하고 있지 않다. 또한 경제협력 등 실리적인 관점에서 볼 때, 북한보다는 한국이 교류 파트너로서 월등한 위치를 점유하고 있다. 그러나 러시아에게 있어 북한의 지정학적 전략가치는 여전히 유효하다. 특히 러시아가 강대국 지위의 복원을 적극 추진하면서 미국과의 경쟁과 대립을 확대할 경우 현재의 북러우호협력은 보다 강화된 동맹관계로 변모할 수 있다.

3. 한반도 동맹구조의 상호관계

한반도 동맹구조의 상호관계는 한반도 동맹구조를 형성하는 6개국 15개 양자관계들과 다양한 형태의 다자관계들 간의 내부적·외부적 상호관계를 의미한다. 이 책은 한반도 동맹구조의 상호관계를 파악하는 방법으로서 자료의 구득성과 분석의 용이성을 감안하여 15개 양자관계들 간의 상호 영향성(co-influence or interaction)에 주목했다. 시기적으로는 탈냉전기로 접어들기 시작하는 1990년부터 2010년 현재까지 20년간으로 국한했다. 한반도 동맹구조가 한국전쟁을 겪으면서부터 본격적으로 형성되어 지금까지 60년의 세월을 기록해왔지만, 1990년 이전까지는 냉전기적 사고와 구조에 머물렀다. 즉, 냉전기 한반도 동맹구조의 상호관계는 한미일 대 북중러의 대립과 경쟁을 기본구도로 하면서 상호관계에서의 '변주'와 '자율'은 주변적인 측면에만 머물렀다. 그러나 탈냉전기에 들어서면서 한반도 동맹구조의 상호관계는 상대적으로 보다 역동적인 모습을 보이기 시작했으며 이에 따라 다양한 형태의 상호 영향성이 나타나기 시작했다. 따라서 이 책은 한반도 동맹구조에서의 상호관계의 동학(interactive dynamics)이 본격 가동하는 시점부터 현재까지에 초점을 맞추었다.

한반도 동맹구조의 상호관계를 파악하고 분석하기 위해서는 각 개별 국가나 동맹의 대외전략을 분석하고 이를 개별적 이슈와 현안에 대입하여 각국 간 정책의 '일치와 불일치' 또는 '타협과 대립'을 분석하는 미시적 접근과 6개국 15개 양자관계 간의 '행위 데이터베이스(behavior database)'를 활용하는 거시적·통계적 접근 등의 두 가지 방법이 있다. 이 책은 분석의 객관성과 논지의 간결성(objectivity and parsimony)을 위해 후자의 방법을 택했다.

또한 6개국 15개 양자관계 간의 '행위 데이터베이스'로서 제주평화연구원의 '세계평화지수(World Peace Index)'와 삼성경제연구소의 '한반도안보지수(Korean Peninsula Security Index)'를 활용했다. 제주평화연구원의 '세계평화지수'는 킹과 로우(Gary King & Will Lowe)의 '10 Million International Dyadic Events Data'에 기반하여 작성한 것으로서 국가 간 상호행위를 기계코딩과 가중치 부과를 통해 계량화한 데이터이다. 이 데이터는 국가 간의 상호행위를 협력(cooperation)과 갈등(dispute)으로 대별하고 각각의 행위에 가중치를 부과하여 협력 또는 갈등의 정도를 측정했다. 이 데이터는 특히 협력(또는 갈등)의 방향성을 나타내고 있다. 즉, cNS는 북한의 한국에 대한 협력을, cSN은 한국의 북한에 대한 협력을, dCU는 중국의 미국에 대한 갈등을, dUC는 미국의 중국에 대한 갈등을 나타낸다. c는 협력을, d는 갈등을 나타내며, N, S, C, U 등은 북한, 한국, 중국, 미국을 표기하는 약자이며 일본은 J, 러시아는 R로 표기된다.[19] 제주평화연구원이 '10 Million International Dyadic Events Data'를 응용하여 개발한 '세계평화지수'는 1990년부터 2004년까지 15년간의 데이터를 제공하고 있다. 이 책에서는 15년간의 월간 데이터(monthly data)를 사용하며 샘플 수는 180개이다(N=180).

삼성경제연구소의 '한반도안보지수'는 '세계평화지수'와는 달리 기계코딩을 사용하지 않고 전문가들의 설문조사에 기반한 지수이다. 삼성경제연구소는 한반도의 안보상황을 객관적으로 평가하기 위해 2005년부터 한국, 미국, 중국, 일본, 러시아의 한반도 전문가 40여 명을 대상으로 매 분기마다 한반도 경제안보상황에 대한 전문가 설문조사를 실시하고 그 결과를 계량화하여 지수로 나타냈다. 삼성경제연구소의 '한반도안보지수'는 2005년 5월부터 시작되어 2010년 현재까지 이어지고 있다. 이 책에서는 2005년 5월부터 2010년 2/4분기까지의 5년간의 분기별 지수(quarterly index)를 사용하며 샘플 수는 17개이다(N=17).

이 책은 제주평화연구원의 '세계평화지수'와 삼성경제연구소의 '한반도안보지수'를 활용하면서 국가 간 관계와 행위의 상호 영향성에 주목했다. 즉, 국가 간 관계와 행위의 상호 영향성을 드러내는 상관관계(correlation)에 집중했으며 원인과 결과를 도출코자 하는 회귀분석(regression)은 시도하지 않았다. 한반도 동맹구조의 상호관계를 독립변수와 종속변수로 규명하는 것은 더욱 많은 데이터와 정교한 분석이 필요할 뿐더러 자칫 인과관계의 오류를 범할 수 있기 때문이다.

---

19) 이성우 외, 『세계평화지수연구』(서울: 오름, 2009), 41~42쪽.

또한 '세계평화지수'와 '한반도안보지수'를 활용하면서 한반도 동맹구조의 상호관계를 두 개의 시기로 나누어 분석했다. 즉, 1990년부터 2004년까지를 제1시기, 2005년부터 2010년 현재까지를 제2시기로 나누어 분석했다. 이는 우선 1990년부터 2010년 현재까지 20년간을 모두 포괄하는 데이터가 부재한 것에 기인한다. 앞서 밝혔듯이 '세계평화지수'는 1990년부터 2004년까지만, '한반도안보지수'는 2005년 5월 이후부터만 활용이 가능하다. 물론 탈냉전기 이후 지난 20년간의 한반도 동맹구조의 상호관계를 동일한 데이터를 통해 분석을 하는 것이 가장 바람직하나 데이터의 부재로 인해 이러한 분석이 현실적으로 가능하지 않기에 시기를 구분하는 차선적 방법이 사용될 수밖에 없다.

그러나 시기 구분은 한반도와 동북아시아의 역학구조 변화와 역내 정세를 감안할 때 그 자체로도 의미를 가질 수 있다. 2000년대 중반은 한반도와 동북아시아에서 두 개의 변혁이 뚜렷이 나타나는 시기였다. 중국의 부상과 북한의 핵개발이 바로 그것이다. 중국은 1978년 덩샤오핑의 집권 이래 개혁과 개방을 기치로 국내발전과 경제성장에 전념해왔다. 중국이 다시 강대국으로 일어서기까지는 "칼집에 칼날의 빛을 감추고 어둠 속에서 은밀하게 힘을 기른다"는 '도광양회'가 중국 대외전략의 핵심 지침으로 기능했다. 그러나 중국은 비약적인 경제성장에 힘입어 2000년대 중반에는 이미 동북아의 강대국이자 미국의 잠재적 도전국가로 성장했다. 미국의 경제컨설팅 기관 골드만삭스(Goldman Sachs)는 2003년에 중국의 경제력이 2040년에는 미국을 추월할 것이라는 보고서를 내놓았으며 미국 부시 행정부의 로버트 졸릭(Robert B. Zoellick) 미국무부 부장관은 2005년 9월 중국을 세계질서의 '이해상관자(stake holder)'로 지칭하며 중국의 높아진 위상을 확인시켜주었다. 이제 중국에서는 "필요할 경우 적극 행동한다"는 '유소작위'가 기존의 '도광양회'를 제치고 대외전략의 새로운 지침으로 대두되었다. '도광양회의 중국'과 '유소작위의 중국'은 다를 수밖에 없으며 이는 당연히 중국의 대외관계는 물론 한반도 동맹 구조의 상호관계에 '전환적인 영향(transformational influence)'을 미칠 수밖에 없다.

북한의 핵개발 또한 한반도와 동북아의 안정과 평화에 중대한 변화를 초래했다. 1990년 탈냉전기에 접어든 이래 북한은 주요 강대국들에게는 '잊혀지는 국가'였다. 미국 등의 서방국가들은 북한의 미래가 동구권 사회주의국가들의 말로와 별반 다르지 않을 것으로 예견했으며 북한에 대한 무시와 방관의 정책을 전개했다. 물론 1993~1994년의 제1차 북핵위기로 북한이 국제사회의 집중적인 주목을 받았지만 1994년의 '기본합의서(Agreed Framework)' 체결로 북핵문제가 일단락되면서 북한은 다시금 주변부 관심사로 밀려났다. 그러나 2002년부터 다시 불거진 북한 핵개발 문제는 해를 거듭하면서 심각성을 더해갔으며 2000년대 중반에 이르러서는 한반도와 동북아의 최대 현안으로 자리 잡았다. 북한은 2006년 10월의 1차 핵실험, 2009년 5월의 2차 핵실험을 거듭하면서 한국과 미국을 비롯하여 중국, 일본, 러시아의 한반도 및 동북아전략에 중대한 영향을 미쳐왔다. '잊혀지는 국가'와 '핵무기를 실험하는 국가' 간의 영향력 차이는 완전히 다르며 이에 따라 북한의 핵개발은 한반도 동맹구조의 상호관계에 '중대한 영향(significant influence)'을 미칠 수밖에 없다.

1) 1990~2004년

1990년은 탈냉전기가 시작되는 시기로서 미국과 소련 양대 진영의 대립구조가 허물어지면서 전 세계적으로 새로운 질서와 국가 간 관계가 모색되기 시작했다. 한반도와 동북아시아도 예외는 아니었다. 한국이 1990년과 1992년 각기 소련, 중국과 수교를 하고 미국과 중국, 미국과 러시아, 중국과 일본, 러시아와 일본의 협력이 확대되면서 냉전기 동안 한반도와 동북아를 지배했던 한미일 대 북중러의 대결구도는 한층 유연한 형태로 변모하기 시작했다.

이 책에서는 제주평화연구원의 '세계평화지수'를 활용하여 1990년부터 2004년까지 15년간의 동북아 구성국가들 간의 상호관계를 분석했다. 동북아 구성국가들은 한국, 북한, 미국, 중국, 일본, 러시아 등 6개국으로 정의했다. 이들 6개국은 모두 15개의 양자관계를 형성하지만, 행위의 주체국가와 행위의 대상국가를 구분하면 30개의 양자관계로 늘어난다(예를 들면, cNS와 cSN). 30개 양자관계 간의 상호관계는 중복을 제하면 모두 435개의 상호관계를 형성하게 된다. '세계평화지수'는 국가 간의 상호행위를 협력과 갈등으로 구분하여 작성되었기 때문에 협력분야에서 435개의 상호관계, 갈등분야에서 435개의 상호관계 등 모두 870개의 상호관계가 만들어진다. 여기서는 협력분야에 한정하여 총 435개의 상호관계 중에서 상관관계(Pearson Correlation)의 유의수준(two-tailed significance level)이 0.05 이하의 경우들을 중심으로 분석했다(부록 참조). 주요 분석결과는 아래와 같다.

■ 한미협력(cSU)과 미한협력(cUS)은 각기 중한협력(cCS)과 상호 순방향적인 상관관계를 나타내고 있다. 즉, 한국의 미국에 대한 협력이 증가할수록 또는 미국의 한국에 대한 협력이 증가할수록, 중국의 한국에 대한 협력이 증가하고 있다. 이는 탈냉전기 들어 미중 간의 경쟁에 있어서 한국의 전략적 가치와 한국과의 협력 필요성에 대한 중국의 인식을 보여주는 것으로 해석할 수 있다(<그림 3-2>).

■ 한미협력(cSU)은 또한 미중협력(cUC) 및 중미협력(cCU)과 순방향적인 상관관계를 나타내고 있다. 아울러 미한협력(cUS)과 미중협력(cUC)이 그리고 중한협력(cCS)과 중미협력(cCU)이 각기 순방향적인 상관관계

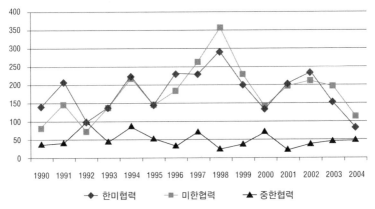

〈그림 3-2〉 한미협력, 미한협력, 중한협력

주: 한미협력·중한협력 Pearson Correlation: 0.2091, Significance level: 0.0048.
　　미한협력·중한협력 Pearson Correlation: 0.2970, Significance level: 0.0001.

를 보이고 있다. 이는 1990년부터 2004년까지 한국, 미국, 중국 3국 간의 협력이 대체적으로 상호 배타적이지 않음을 보여주는 것이라 해석할 수 있다.

■ 한미협력(cSU)은 일한협력(cJS) 및 미일협력(cUJ)과 미한협력(cUS)은 일한협력(cJS) 및 일미협력(cJU)과 상호 순방향적인 상관관계를 나타내고 있다. 이는 한국, 미국, 일본 3국 간의 전통적인 협력관계가 동 기간에도 유지 및 작동되고 있는 것으로 해석할 수 있다.

■ 한중협력(cSC)과 북미협력(cNU)은 상호 순방향적인 상관관계를 나타내고 있다(<그림 3-3>). 즉, 한국의 중국에 대한 협력이 증가할수록 북한의 미국에 대한 협력이 증가하고 있다. 또한 러한협력(cRS)과 북미협력(cNU)도 상호 순방향적인 상관관계를 나타내고 있다. 이는 한국과 중국, 한국과 러시아 간의 협력이 증대될수록 북한도 미국에 대

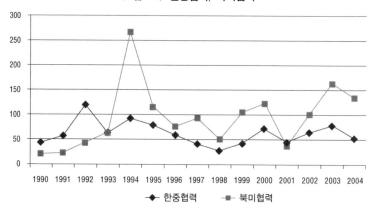

〈그림 3-3〉 한중협력, 북미협력

주: Pearson Correlation: 0.2199, Significance level: 0.0030.

한 협력을 증대하고자 하는 것으로 해석할 수 있다. 상대국(한국)의
외교적 지평이 자국의 동맹영역에까지 넓어지는 것에 대한 북한의
대응이라고 할 수 있다.

■ 남북협력(cSN)은 북남협력(cNS), 북미협력(cNU), 미북협력(cUN), 북일
  협력(cNJ), 일북협력(cJN) 등과 상호 순방향적인 상관관계를 나타내고
  있다. 즉, 한국의 북한에 대한 협력증대는 북한의 한국에 대한 협력증
  대와 더불어 북한과 미국 그리고 북한과 일본 간의 상호 협력증대와
  같은 방향으로 움직이고 있다. 이는 한국과 북한 간의 관계개선은 북
  한에 대한 미국과 일본의 관계개선을 유도하는 것으로 해석할 수 있
  다. 또는 북한과 미국, 북한과 일본 간의 관계개선은 남북관계의 개선
  에 유리한 환경을 조성하는 것으로 해석할 수 있다(<그림 3-4>).

■ 북남협력(cNS)은 미북협력(cUN)과 상호 순방향적인 상관관계를 나타
  내고 있다. 즉, 북한의 한국에 대한 협력증대는 미국의 북한에 대한

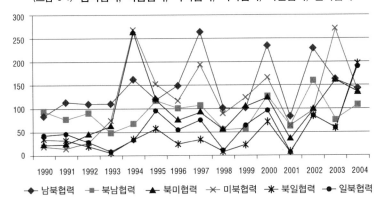

〈그림 3-4〉 남북협력, 북남협력, 북미협력, 미북협력, 북일협력, 일북협력

주: 남북협력·북남협력 Pearson Correlation: 0.6106, Significance level: 0.0000.
　　남북협력·북미협력 Pearson Correlation: 0.1666, Significance level: 0.0254.
　　남북협력·미북협력 Pearson Correlation: 0.3053, Significance level: 0.0000.
　　남북협력·북일협력 Pearson Correlation: 0.2176, Significance level: 0.0033.
　　남북협력·일북협력 Pearson Correlation: 0.2223, Significance level: 0.0027.

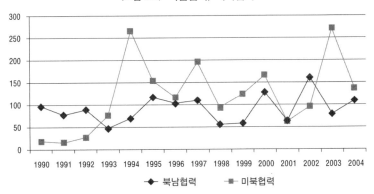

〈그림 3-5〉 북남협력, 미북협력

주: Pearson Correlation: 0.1461, Significance level: 0.0504.

협력증대와 괘를 같이하고 있다. 이는 북한이 한국에 대해 보다 유화
적인 자세를 취할 경우 미국의 대북정책이 유연해지거나 또는 미국의
대북협력이 확대될 경우 북한의 대남정책 또한 보다 협력적인 모습을

보이는 것으로 해석할 수 있다. 결국 북한의 대남정책과 미국의 대북정책은 상호 간에 맞물려있음을 보여주고 있다(<그림 3-5>).

- 한편, 북남협력(cNS)은 북중협력(cNC), 북일협력(cNJ), 북러협력(cNR)과도 상호 순방향적인 상관관계를 나타내고 있다. 즉, 북한의 유화적인 대남정책은 북한의 주변국들 모두에 대한 협력적인 정책과 상관관계를 보이고 있다. 이는 북한의 한국에 대한 전략과 정책이 북한의 전반적인 대외전략과 정책에 영향을 미치는 것으로 해석할 수 있다. 북한이 한국에 우호적인 정책을 추구할 경우 북한은 주변국 모두에게도 우호적인 정책을 견지하는 것으로 볼 수 있다. 또는 중국에 대한 북한의 높은 의존도를 고려할 때, 중국과의 성공적인 협력을 위해 북한이 보다 유연한 대남정책을 추진하는 것으로 해석할 수도 있다. 같은 맥락에서 일본과 러시아에 대한 성공적인 협력을 위해 북한이 수단적인 차원에서 한국에 대해 협력적인 정책을 추구할 수도 있다.

- 한일협력(cSJ)과 중북협력(cCN) 그리고 일한협력(cJS)과 중러협력(cCR)은 각기 상호 순방향적인 상관관계를 나타내고 있다. 즉, 한국이 일본에 대한 협력을 증대할 때 중국은 북한에 대한 협력을 증대하고, 일본이 한국에 대한 협력을 증대할 때 중국은 러시아에 대한 협력을 증대하고 있다. 이는 한일 양국의 협력증대에 대해 중국이 북한과 러시아와의 협력강화를 통해 부분적이나마 세력균형을 추구하는 것으로 해석할 수 있다(<그림 3-6>과 <그림 3-7>).

- 북미협력(cNU)은 중북협력(cCN)과 상호 순방향적인 상관관계를 나타내고 있으며 미북협력(cUN) 또한 중북협력과 상호 순방향적인 상관관계를 나타내고 있다. 즉, 북한이 미국에 협력적일수록 또는 미국이

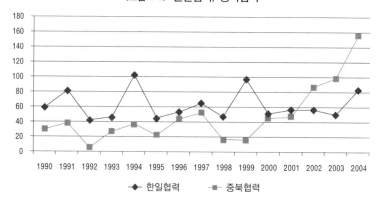

〈그림 3-6〉 한일협력, 중북협력

주: Pearson Correlation: 0.1478, Significance level: 0.00477.

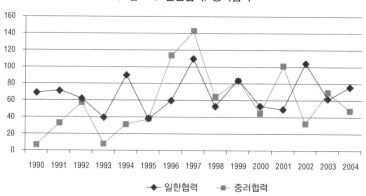

〈그림 3-7〉 일한협력, 중러협력

주: Pearson Correlation: 0.1862, Significance level: 0.0123.

북한에 협력적일수록, 중국 또한 북한에 협력적으로 접근하고 있다. 이는 중국이 자국에 대한 북한의 전략적 가치를 인식하고 북한이 미국의 진영으로 지나치게 접근하는 것을 대북협력 전개를 통해 견제하는 것으로 해석할 수 있다. 그러나 중국이 대북협력을 통해 북한으로 하여금 미북 간의 관계개선을 종용하게 하는 것이라는 해석은 중북협

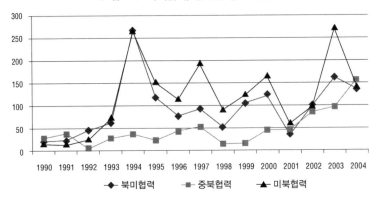

〈그림 3-8〉 북미협력, 중북협력, 미북협력

주: 북미협력·중북협력 Pearson Correlation: 0.2198, Significance level: 0.0030.
   미북협력·중북협력 Pearson Correlation: 0.1581, Significance level: 0.0341.

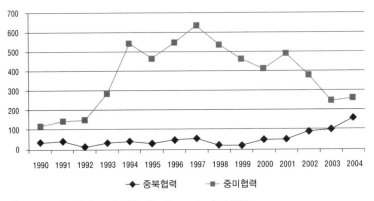

〈그림 3-9〉 중북협력, 중미협력

주: Pearson Correlation: -0.1443, Significance level: 0.0533.

력과 중미협력(cCU)이 상호 역방향적인 상관관계를 나타내고 있는 것
을 고려할 때 설득력이 떨어진다. 즉, 중국이 북한에 대한 협력을 강
화할 시에는 중국의 미국에 대한 협력은 감소하며 역으로 중국이 미
국에 대한 협력을 강화하면 중국의 북한에 대한 협력은 감소한다(<그

림 3-8>과 <그림 3-9>).

■ 한편, 북미협력(cNU)은 북러협력(cNR), 북일협력(cNJ)과 상호 순방향적
  인 상관관계를 나타내고 있다. 이는 북한이 미국과의 협력을 시도할
  경우 북한은 러시아, 일본과의 협력도 아울러 전개하고 있음을 보여
  준다. 북중협력(cNC)도 북러협력, 북일협력과 상호 순방향적인 상관
  관계를 나타내고 있으며 북러협력과 북일협력도 상호 순방향의 상관
  관계를 보이고 있다. 이는 북한이 주변국들과의 협력을 전개할 경우
  전방위적으로 추진하는 것으로 해석할 수 있다.

■ 미북협력(cUN) 또한 일북협력(cJN), 북러협력(cNR), 러북협력(cRN)과
  상호 순방향적인 상관관계를 나타내고 있다. 이는 미국과 일본은 북
  한에 대한 협력에 있어 공조를 하는 것으로 해석할 수 있으며, 러시아
  의 경우는 북한에 대한 미국의 접근정책에 대항하여 전통 우방국가인

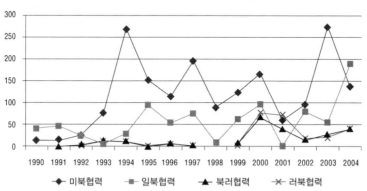

〈그림 3-10〉 **미북협력, 일북협력, 북러협력, 러북협력**

주: 미북협력·일북협력 Pearson Correlation: 0.1599, Significance level: 0.0320.
    미북협력·북러협력 Pearson Correlation: 0.2443, Significance level: 0.0009.
    미북협력·러북협력 Pearson Correlation: 0.1545, Significance level: 0.0384.

북한에 대한 협력을 확대하는 것으로 해석할 수 있다. 북한 또한 미국의 대북접근 시 러시아와의 협력을 강화함으로써 동맹이탈에 대한 러시아의 우려를 해소하려는 것으로 해석할 수 있다(<그림 3-10>).

■ 일미협력(cJU)과 북일협력(cNJ)은 상호 역방향적인 상관관계를 나타내고 있다. 즉, 일본의 미국에 대한 협력이 증대할수록 북한의 일본에 대한 협력은 감소하는 모습을 보이거나 그 역의 관계도 성립하고 있다. 이는 일본이 미국의 정책을 추수할수록 북한의 일본에 대한 협력 정책은 감소한다고 해석할 수 있다. 또는 북한이 일본에 협력적일수록 일본은 미국의 정책과 거리를 두게 된다는 해석도 가능하다.

■ 미중협력(cUC)과 러중협력(cRC) 그리고 중미협력(cCU)과 러중협력(cRC)은 각기 상호 순방향적인 상관관계를 나타내고 있다. 즉, 미국의 중국에 대한 협력 또는 중국의 미국에 대한 협력 시 러시아는 중국에 대한 협력을 확대하는 모습을 보이고 있다. 이는 러시아가 '중국 붙들어

<그림 3-11> 미중협력, 러중협력, 중미협력

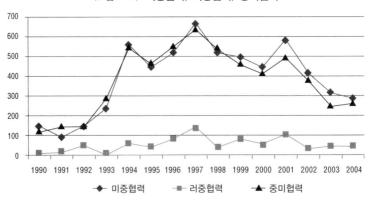

주: 미중협력·러중협력 Pearson Correlation: 0.2217, Significance level: 0.0028.
　　중미협력·러중협력 Pearson Correlation: 0.1597, Significance level: 0.0322.

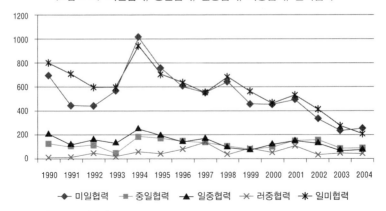

〈그림 3-12〉 미일협력, 중일협력, 일중협력, 러중협력, 일미협력

━◆━ 미일협력　━■━ 중일협력　━▲━ 일중협력　━✕━ 러중협력　━✱━ 일미협력

주: 미일협력·중일협력 Pearson Correlation: 0.1679, Significance level: 0.0242.
　　미일협력·일중협력 Pearson Correlation: 0.1941, Significance level: 0.0090.
　　미일협력·러중협력 Pearson Correlation: 0.1831, Significance level: 0.0139.
　　일미협력·중일협력 Pearson Correlation: 0.1473, Significance level: 0.0485.
　　일미협력·일중협력 Pearson Correlation: 0.2216, Significance level: 0.0028.
　　일미협력·러중협력 Pearson Correlation: 0.1655, Significance level: 0.0264.

매기'를 통해 미중관계의 급속한 진전에 대응하고 중국의 러시아 이
탈을 방지하고자 하는 것으로 해석할 수 있다(<그림 3-11>).

■ 미일협력(cUJ)과 일미협력(cJU)은 각기 모두 중일협력(cCJ), 일중협력
(cJC), 러중협력(cRC)과 상호 순방향적인 상관관계를 나타내고 있다.
이는 미국과 일본 간의 협력강화는 중국과 일본 간의 협력강화와 상
호 관련되어 있음을 의미하는 것으로서 미일관계와 중일관계는 협력
의 선순환관계로서 상호 배타적이지 않은 것으로 해석할 수 있다. 한
편, 러시아는 미국과 일본 간의 협력강화에 대응하여 중국과의 협력
을 강화하는 것으로 해석할 수 있다(<그림 3-12>).

■ 한편, 미중관계(cUC와 cCU)는 남북관계(cSN과 cNS)와 95% 신뢰수준에

〈그림 3-13〉 미중갈등, 북남갈등

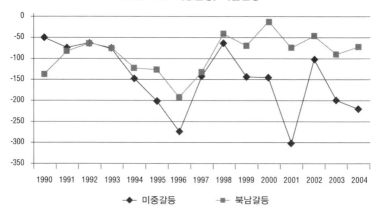

주: Pearson Correlation: 0.2232, Significance level: 0.0025.

서 통계적으로 유의미한 상관관계를 보이지 않고 있다. 미중관계와
남북관계의 상호 영향성을 협력과 갈등 두 개 분야 모두에서 분석할
경우 모두 8개의 조합(cCUcNS, cCUcSN, cUCcNS, cUCcSN, dCUdNS,
dCUdSN, dUCdNS, dUCdSN)이 가능하다. 이 중 통계적으로 유의미한
조합은 dUCdNS가 유일하다. 이 경우, 미중갈등(dUC)과 북남갈등(dNS)
은 상호 순방향적인 상관관계를 나타내고 있다(<그림 3-13>). 즉, 미국
이 중국에 대한 갈등을 확대할 시에는 북한이 한국에 대한 갈등을
확대하거나 역으로 북한의 대남정책이 갈등적일 경우 미국의 대중정
책도 갈등적인 모습을 보이고 있다. 그러나 비록 미중관계와 남북관계
가 통계적으로 직접적인 상관관계를 보이지는 않지만, 미중관계의 향
방은 한국과 북한에 대한 미국과 중국의 정책에 영향을 미침으로써
간접적이지만 구조적인 영향력을 남북관계에 행사하고 있는 것으로
분석할 수 있다. 특히, 미국과 중국 간의 협력 정도와 협력의 방향성은
중국의 대(對)한 및 대(對)북정책과 두드러진 상호 연관성을 갖는 것으
로 나타났다.

상기의 분석결과를 요약하면, 탈냉전기로 접어들면서 한반도와 동북아의 동맹구조는 기존의 진영 간 대립구도의 경직성에서 벗어나 보다 유연하고 보다 자율적인 구조로 바뀌었다. 중국의 한국 접근은 확대되었으며 한국, 미국, 중국 3국 간의 협력은 상호 배타성을 탈피했다. 미일관계와 중일관계도 선순환적인 협력관계를 구축함으로써 동북아 주요 국가들 간의 상호 공존과 공영의 가능성을 보여주었다. 즉, 1990년 탈냉전이 시작되면서 한반도와 동북아에서는 새로운 국가관계 구축과 국가들 간의 합종연횡이 본격적으로 제기되고 시도되었다. 그러나 기존의 한미일 대 북중러의 대립구도는 약화되기는 했지만 사라지지는 않았다. 한국, 미국, 일본 3국 간의 협력관계는 더욱 활발하게 유지 및 작동되었으며 북한, 중국, 러시아 3국 간의 협력관계도 지속되었다. 특히 한반도와 동북아를 둘러싼 전통적 동맹세력 간의 경쟁과 균형은 1990년부터 2004년까지의 기간 동안에도 확인할 수 있었다. 북한의 미국 접근에 대한 중국의 견제, 미중관계 강화와 미국과 일본의 북한 접근에 대한 러시아의 경계와 우려, 중국의 한국 접근에 대한 북한의 견제 등이 대표적인 사례라고 할 수 있다. 결론적으로, 탈냉전기 들어 처음 15년간은 새로운 질서의 모색과 기존 구도의 수호라는 두 가지 방향을 놓고 한반도와 동북아의 국가들이 선택의 갈림길에서 끊임없이 고민했던 시기라고 할 수 있다. 그렇다면 최근 5년간 한반도 동맹구조의 상호관계는 어느 방향으로 움직여 왔을까?

2) 2005~2010년

2005년부터 2010년까지 최근 5년간의 한반도 동맹구조의 상호관계 분석은 삼성경제연구소의 '한반도안보지수'를 활용했다. '한반도안보지수'는 '세계평화지수'와는 달리 전문가 설문조사에 기초한 지수이다. 즉,

'세계평화지수'가 국가 간에 실제로 '일어난 사건들(actual events)'을 바탕으로 작성된 반면에, '한반도안보지수'는 전문가들의 동북아 국제정세에 대한 '인식(perceptions)'에 기초한 것이다. 인식에 기초한 지수는 실제 사건들에 기반한 지수에 비해 주관적이며 자의적일 수 있다. 또한 선입견에 의해 영향을 받거나 특정 사건이나 이슈에 과도하게 몰입하여 평가하는 오류를 범할 수 있다. 그러나 인식에 기초한 지수는 국가 간 관계에 대해 보다 종합적이고 보다 유연한 해석을 가능하게 한다. 인간의 판단력이 기계코딩의 객관성을 앞지를 수도 있다. 아울러 인식은 사람의 행동과 나아가 국가의 정책에 영향을 미침으로써 국가 간의 실제적 관계와 상호행위들로 이어질 수 있다. 최소한, 인식에 기초한 지수는 국가 간 관계의 방향성에 대해서는 유용한 정보를 제공해준다.

최근 5년간의 한반도 동맹구조에 대한 분석은 앞서의 분석과 마찬가지로 한국, 미국, 중국, 일본, 러시아, 북한 등 6개국에 한정했다. '한반도안보지수'는 '세계평화지수'와 마찬가지로 양국관계가 분석의 기초단위이다. 그러나 '한반도안보지수'는 '세계평화지수'와는 달리 국가 간 행위의 주체와 대상을 구분하지 않으며 국가 간 행위를 협력과 갈등으로 구분, 지수를 이원화하여 작성하지도 않는다. '한반도안보지수'는 전문가들에게 특정 양국관계의 현황에 대한 평가를 묻고 이를 계량화하여 만들어진 지수이다. 즉, 50점을 기준으로 하여 특정 양국관계가 갈등적이면 50점 이하의 점수를, 협력적이면 50점 이상의 점수를 주되, 갈등과 협력의 정도에 따라 가감을 하도록 요구하고 있다. 예를 들어, 한미관계가 매우 협력적일 경우 한미관계 점수는 50점을 크게 상회할 것이며, 약간 갈등적일 경우에는 50점을 약간 밑도는 점수를 부여받는다.

'한반도안보지수'의 6개국은 '세계평화지수'와 마찬가지로 모두 15개의 양자관계를 형성하며 15개 양자관계 간의 상호관계는 중복을 제하면 모두 105개의 상호관계를 형성하게 된다. 여기서는 총 105개의 상호관계

〈그림 3-14〉 남북관계, 한중관계

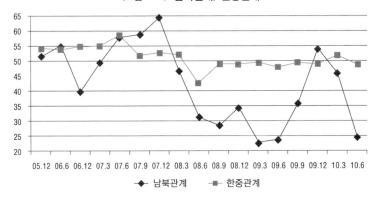

주: Pearson Correlation: 0.6432, Significance level: 0.0053.

중에서 상관관계(Pearson Correlation)의 유의수준(two-tailed significance level)
이 0.05 이하의 경우들을 중심으로 분석했다. 주요 분석결과는 아래와
같다.[20]

■ 남북관계와 한중관계는 상호 순방향적인 상관관계를 나타내고 있다.
  즉, 남북관계가 협력적일 경우 한중관계도 협력적인 모습을 보이고
  있다. 이는 남북관계의 개선을 위해서는 한국과 중국 간의 협력이 중
  요하다는 것으로 해석할 수 있다(<그림 3-14>).

■ 한미관계와 한중관계는 상호 역방향적인 상관관계를 나타내고 있다.
  즉, 한국과 미국 간의 협력이 강해질수록 한국과 중국 간의 관계는
  부정적으로 변하는 것으로 나타났다. 이는 한미관계와 한중관계가 상
  호 배타적임을 의미하는 것으로서 상호 배타성이 드러나지 않았던

---

20) 주요 분석결과의 도표는 삼성경제연구소, 『SERI한반도정세보고서』, 2005년부터
    2010년까지의 분기별 '한반도안보지수'를 종합·정리하여 재구성한 것이다.

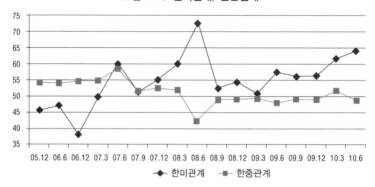

〈그림 3-15〉 한미관계, 한중관계

주: Pearson Correlation: -0.5584, Significance level: 0.0198.

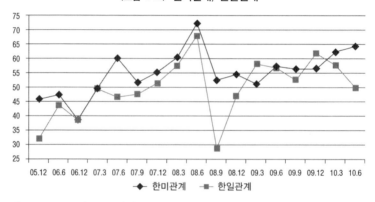

〈그림 3-16〉 한미관계, 한일관계

주: Pearson Correlation: 0.6741, Significance level: 0.0029.

그전 15년간의 3국 간 관계양상과는 커다란 차이를 보이고 있다(<그림 3-15>).

■ 한미관계와 한일관계는 상호 순방향적인 상관관계를 나타내고 있다
(<그림 3-16>). 즉, 한미관계와 한일관계는 한국의 입장에서는 선순환
적인 협력관계를 보이고 있다. 그러나 한미관계와 미일관계, 한일관
계와 미일관계 간에는 통계적으로 유의미한 상관관계는 나타나지 않

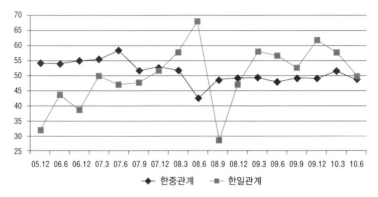

〈그림 3-17〉 한중관계, 한일관계

주: Pearson Correlation: -0.4897, Significance level: 0.0459.

있다. 이는 그전 15년간에 비해 최근 5년간은 한국, 미국, 일본 3국 모두를 포괄하고 만족시키는 협력관계는 약화되었다는 해석을 가능하게 한다.

■ 한중관계와 한일관계는 상호 역방향적인 상관관계를 나타내고 있다. 즉, 한국과 중국 간의 협력이 강해질수록 한국과 일본 간의 관계는 부정적으로 변하거나 역으로 한국과 일본 간의 협력이 강화될수록 한국과 중국 간의 협력이 약화되거나 갈등이 강화되는 것으로 나타났다. 이는 한국을 둘러싸고 중국과 일본 간에 영합적(zero-sum)인 경쟁관계가 존재하는 것으로서 한중관계와 한일관계는 상호 배타적인 것으로 해석할 수 있다(<그림 3-17>).

■ 미중관계와 북중관계도 비록 통계적 유의수준을 약간 벗어났지만 상호 역방향적인 상관관계를 나타내고 있다. 즉, 미국과 중국이 상호 우호적일수록 북한과 중국 간의 관계는 갈등적이며 역으로 미중관계가 갈등적일수록 북중관계는 협력적인 양상을 보이고 있다. 이는 중

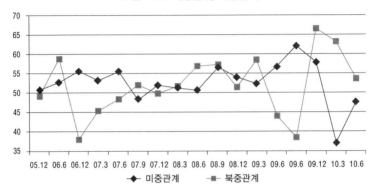

〈그림 3-18〉 미중관계, 북중관계

주: Pearson Correlation: -0.4548, Significance level: 0.0665.

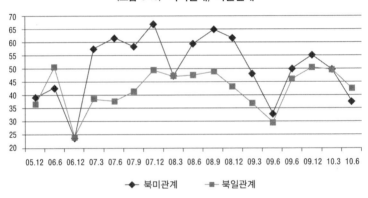

〈그림 3-19〉 북미관계, 북일관계

주: Pearson Correlation: 0.6149, Significance level: 0.0086.

국이 미국과의 관계가 원활할 경우에는 북중협력에 소극적이거나 미국의 대북정책을 추수하지만, 중국이 미국과의 경쟁 또는 갈등 국면에 진입할 경우에는 북한의 전략적 가치를 재인식하여 북한과의 협력을 강화하는 것으로 해석할 수 있다(<그림 3-18>).

■ 북미관계와 북일관계는 상호 순방향적인 상관관계를 나타내고 있다.

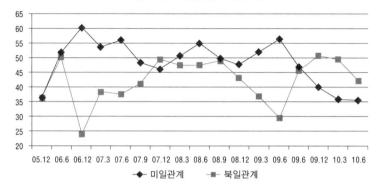

〈그림 3-20〉 미일관계, 북일관계

주: Pearson Correlation: -0.5978, Significance level: 0.0144.

즉, 북한과 미국 간의 협력관계는 북한과 일본 간의 협력관계와 함께
일어나며 그 반대의 경우도 마찬가지이다. 이는 미국과 일본의 대북
정책이 상호조율 및 공조되어 추진되는 것으로 해석할 수 있다(<그림
3-19>).

■ 한편, 북일관계와 미일관계는 상호 역방향적인 상관관계를 나타내고
있다(<그림 3-20>). 즉, 북미관계가 변화하지 않는 가운데 북일관계만
개선될 경우 미일관계는 갈등적으로 변모하는 것으로 나타났다. 반면
에, 북일관계는 변화하지 않는 가운데 북미관계만 개선될 경우 미일
관계에는 통계적으로 유의미한 변화가 발생하지 않았다. 이는 미국과
일본 양국의 대북정책 공조에 있어 미국의 대북정책이 일본의 대북정
책에 우선하는 것으로 해석할 수 있다.

■ 미러관계는 북러관계와 상호 역방향적인 상관관계를 나타내고 있다
(<그림 3-21>). 즉, 미국과 러시아 간의 관계가 갈등적으로 변하면 북
한과 러시아의 관계는 보다 협력적으로 변모하며 역으로 미러관계가

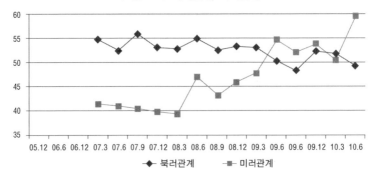

〈그림 3-21〉 북러관계, 미러관계

주: Pearson Correlation: -0.7006, Significance level: 0.0052.

개선되면 북러관계는 악화되는 것으로 나타났다. 이는 앞에서 논의한 미중관계와 북중관계 간의 경우처럼, 러시아는 미국과의 관계가 원활할 경우에는 북러협력에 소극적이거나 미국의 대북정책을 추수하지만, 러시아가 미국과의 경쟁 또는 갈등 국면에 진입할 경우에는 북한의 전략적 가치를 재인식하여 북한과의 협력을 강화하는 것으로 해석할 수 있다. 한편, 북한이 전략적인 차원에서, 미국에 협력적인 러시아는 배척하지만 미국과 갈등·경쟁적인 러시아는 포용한다는 해석은 북미관계와 북러관계가 상호 순방향적인 상관관계(Pearson Correlation: 0.579, two-tailed significance level: 0.029)를 보이는 것을 감안할 때 앞의 해석보다는 설득력이 떨어진다.

■ 북러관계와 중러관계는 상호 순방향적인 상관관계를 나타내고 있다. 즉, 북한과 러시아, 중국과 러시아의 관계는 협력이든 갈등이든 상호 같은 방향으로 움직임으로써 러시아의 입장에서는 북한, 중국, 러시아 3국 간 선순환적인 협력관계를 보이고 있다(<그림 3-22>).

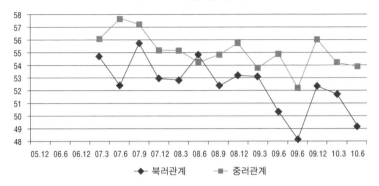

〈그림 3-22〉 북러관계, 중러관계

주: Pearson Correlation: 0.6119, Significance level: 0.0200.

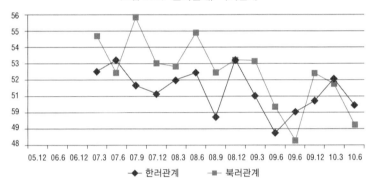

〈그림 3-23〉 한러관계, 북러관계

주: Pearson Correlation: 0.5848, Significance level: 0.0280.

■ 한러관계와 북러관계도 상호 순방향적인 상관관계를 나타내고 있다. 이는 한러관계와 북러관계는 상호 간에 배타적이지 않음을 의미하는 것으로서, 러시아가 한국 및 북한과의 관계에서 균형적·중립적 입장을 취하는 것으로 해석할 수 있다(<그림 3-23>).

■ 미러관계와 중러관계는 상호 역방향적인 상관관계를 나타내고 있다. 즉, 미국과 러시아 간의 갈등이 심화될 때에는 중국과 러시아 간의

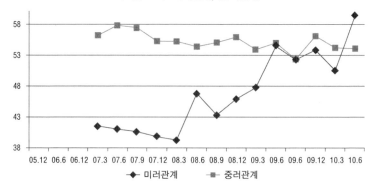

〈그림 3-24〉 **미러관계, 중러관계**

주: Pearson Correlation: -0.5330, Significance level: 0.0496.

관계가 긴밀해지고 중러관계가 갈등적일 때에는 미국과 러시아의 관계가 협력적인 모습을 보이는 것으로 나타났다. 이는 미러관계와 중러관계 간의 상호 배타성을 의미하는 것으로서, 러시아가 보다 도전적인 대미정책을 추구할 경우, 러시아는 중국과의 동맹을 강화한다고 해석할 수 있다(〈그림 3-24〉).

상기의 분석결과를 요약하면, 최근 5년간의 한반도 동맹구조는 그전 15년간에 비해 보다 경쟁적이고 갈등적인 양상을 보이고 있다. 한미관계와 한중관계는 상호 배타성을 보이고 있으며 한중관계와 한일관계, 미중관계와 북중관계, 미러관계와 북러관계, 미러관계와 중러관계 등도 마찬가지이다. 양국관계 간의 상호 배타성은 국가 간 관계에 있어 영합적 게임이 전개되고 있음을 의미하는 것으로서 그만큼 국가 간의 전략적 행위는 증대하는 반면에 동북아시아의 구성국 모두를 포괄하는 상생과 공영의 영역은 축소될 수밖에 없다. 또한, 냉전기 시절 동북아시아의 기본구도였던 한미일 대 북중러의 대립과 경쟁은 최근 5년간에도 여전히 존속했으며 그전 15년간에 비해서는 일부 강화된 측면도 나타났다. 한미관계와 한일관계 그리고 북러관계와 중러관계의 선순환적 협력관계에서 볼 수 있듯이, 한미일 3국과 북중러 3국의 진영 내 협력과 결속은 지속되는 반면에, 상대진영과의 관계는 더욱 갈등적으로 변모했다. 즉, 자국 동맹의 수호와 상대 진영의 이탈 유도는 한층 강화되었다.

지난 5년간의 한반도 동맹구조가 더욱 경쟁적이고 갈등적으로 변화한 것은 동맹구조를 형성하는 국가들의 변화에서 그 원인을 찾을 수 있다. 무엇보다도 중국의 부상이 한반도 동맹구조와 국가 간의 상호관계에 가장 큰 영향을 미쳤다. 앞에서 언급했듯이 중국의 부상은 2005년을 전후하여 주변국들에게는 명확한 사실(fait accompli)로 받아들여졌다. 중국의 국력 신장과 위상 강화는 중국의 대외전략은 물론 상대국들의 대중국전략 변화로 이어졌다. 예를 들어, 중국의 국력이 미국보다 현저히 약했던 상태에서는 중국은 미국과의 협력기조를 우선시 할 수밖에 없었으며 이에 따라 중국에 대한 북한의 전략적 가치는 상대적으로 낮아지거나 현상유지의 수준에서 머물렀다. 특히, 한국에 대해서는 한미동맹 관계의 강화 여부에도 불구하고 중국은 한국에 대한 접근과 협력을 지속했다. 이는 중국이 경제발전정책을 세력균형정책에 우선했으며 미국과의 본격적인 갈등과 대립은 지금이 아닌 향후의 과제로 판단했기 때문이다. 미국과 일본 또한 중국의 국력이 아직은 취약하다는 인식하에 중국의 대외진출을 용인하면서 중국과의 협력을 적극적으로 추진했다.

그러나 중국의 국력이 급속히 상승하면서 중국과 주변국들 간의 경쟁과 갈등은 본격적으로 나타나기 시작했다. 동북아의 패권적 지위를 둘러싼 미국과 중국 간의 경쟁은 미래의 숙제가 아닌 지금의 현안으로 대두되었다. 이러한 상황에서 중국에 대한 북한의 전략적 가치는 다시금 제자리를 찾거나 제고될 수밖에 없었다. 또한 과거 선순환적 협력관계를 보였던 한미중 3국 관계는 이제 경쟁적·갈등적 협력관계로 변모했다. 한국이 어느 편에 치우치느냐에 따라 미국과 중국의 대한국 협력정책은 그 여부와 강도가 달라졌다. 또한 중국의 급속한 국력상승은 일본의 우려를 자아냈다. 중국의 대일본정책은 한층 공격적으로 변모했으며 일본 또한 대중국 견제를 노골화했다. 한중관계와 한일관계의 상호 배타성은 중일 간 경쟁과 갈등이 배태한 산물 중의 하나로 이해할 수 있다.

러시아의 재기도 한반도 동맹구조와 국가 간 관계 변화에 영향을 미쳤다. 1991년 12월 소련의 해체로 다시 태어난 러시아는 시장경제체제 구축에 따른 10여 년간의 진통기를 거쳐 2000년대 초반부터 과거 소련이 누렸던 강대국 지위를 회복하려는 노력을 전개하기 시작했다. 천연가스와 석유 등의 풍부한 자연자원과 과학기술력을 바탕으로 러시아는 다시금 강대국 지위의 회복을 도모하는 한편 미국의 패권적 세계질서에 도전하기 시작했다. 동북아시아에서의 영향력 회복도 러시아의 주요 국가전략으로 제기되었다. 러시아가 전통적 동맹국이었던 중국과 북한을 보다 적극적으로 끌어안는 것은 이러한 전략기조하에서는 당연한 수순이라고 할 수 있다. 특히 미국과의 갈등이 심화되는 국면에서는 더욱 그렇다.

앞에서 언급한 북한 핵개발 문제도 한반도 동맹구조의 상호관계에 중대한 영향을 미쳤다. 북한의 핵개발이 동북아시아 최대의 안보현안으로 제기되면서 진영 간 경계를 넘나들며 포괄적 협력관계망을 구성해 나가던 기존의 노력들은 긴장과 좌절 그리고 정체를 경험하게 되었다. 북한의 핵개발에 대응하여 한미일 3국은 결속했으며 북한의 존립위기를 묵과할 수 없던 중국과 러시아는 서로 협력하여 북한의 생존을 도모했다. 북한 핵문제로 인해 태동한 6자 회담은 표면적으로는 북핵 해결을 위한 다자간 협의체이지만 실질적으로는 동북아시아의 세력균형과 현실정치를 반영하는 거울에 다름 아니었다.

끝으로, 미국 국력의 상대적 위상 약화도 최근 5년간의 한반도 동맹구조 변화에 영향을 미쳤다. 미국은 탈냉전기가 시작된 1990년 이후 유일 초강대국으로서 신세계 질서를 주도해왔으며 동북아시아에서도 패권적 지위를 유지해왔다. 그러나 미국은 중국, 러시아, 인도, 브라질 등의 성장과 부상, EU 통합의 확산과 심화, 이라크전의 장기화로 인한 국력 소모, 금융위기에 따른 경기침체 등을 겪으면서 과거의 절대적 위상은 약화되기 시작했다. 동북아시아에서의 위상도 예외는 아니었다. 절대적 패권이 약화되거나 부재한 곳에는 도전과 변화가 일어날 수밖에 없다. 자국 중심의 새로운 동북아 질서 구축을 희구하는 중국, 동북아에서의 영향력 회복과 확장을 꾀하는 러시아, 정상국가화라는 명분 아래 군사력 구축과 강화를 희망하는 일본, 이들이 빚어내는 경쟁과 갈등 그리고 도전과 변화는 미국 국력의 상대적 약화라는 배경 속에서 최근 5년간 가속화되었으며 향후에도 계속될 것이다.

제3절 한반도 동맹구조의 메커니즘

한반도 동맹구조의 메커니즘(즉, 한반도 동맹구조의 작동원리와 특성)은 '세력균형 유지', '강대국 역학관계의 지배', '동맹과 적대의 상호연계', '관리와 결박의 행사', '포기와 연루의 회피', '자주안보와 동맹의존의 모순', '중국의 대북한 간접의존관계와 북한 모험주의의 동학', '현상유지 기조와 불안정한 미래' 등으로 요약할 수 있다.

1. 세력균형 유지

한반도 동맹구조의 가장 기본적인 메커니즘은 세력균형 유지이다. 세력균형은 한반도 동맹구조의 형성 배경이자 동맹구조 유지와 존속의 작동원리이다. 1945년 일본의 패망으로 빚어진 동북아시아와 한반도의 세력진공상태는 곧 미국과 소련의 양대 패권으로 채워졌으며, 한국전쟁의 발발은 한반도의 중요성을 미국과 소련 그리고 중국이 다시금 인식하는 계기가 되었다. 미국은 한미상호방위조약의 체결을 바탕으로 한미동맹을 구축하여 직접적으로는 북한의 또 다른 남침 가능성에 대비하는 한편 한미동맹과 미일동맹이라는 두 개의 축을 기반으로 소련, 중국, 북한 등 대륙세력의 팽창을 저지하고자 했다. 이에 대응하여 소련과 중국은 각기 북한과 동맹관계를 수립하고 남방 3각 동맹의 봉쇄 정책과 대륙진출 위협에 저항하고 대비했다.

이후 한반도 동맹구조는 한 세력의 결집과 확대 그리고 반대 세력의 상응으로 이어져왔다. 북한 군사력의 증강과 현대화는 한미동맹의 강화를, 한미연합사의 전력 확대는 북한에 대한 소련과 중국의 군사·경제 지원의 확대를, 중국의 부상은 미일동맹의 결속력 강화를, 미국의 단극적 패권 확보는 중국과 러시아의 상호접근과 협력강화를 불러 일으켰다. 2010년 3월 한국 해군의 천안함 피습 침몰사건의 경우, 북한에 대한 확고한 방어태세를 보여주기 위한 한미 양국군의 연합훈련은 중국의 거센 비난을 야기했으며 중국이 북한의 지정학적 전략가치를 다시 느끼게 되는 계기로 작용했다.

2. 강대국 역학관계의 지배

한반도 동맹구조는 '강대국 역학관계(great power politics)'의 영향을 받으며 특히 북중동맹, 한미동맹 등과 같은 지역양자관계는 보다 상위에 위치한 강대국 간 관계의 지배를 받아왔다. 즉, 북중동맹, 한미동맹 등의 변천을 설명하기 위해서는 양자 간 관계나 해당국가들의 변화(개별단위적 분석)와 더불어 세계적인 힘의 구조(polarity)등과 같은 시스템적 변화와 강대국들의 경쟁 및 협력관계에 대한 분석이 중요하다.

냉전기에는 미국과 소련 간의 초강대국 간 관계가 한반도 동맹구조에 지배적인 영향을 미쳤다. 미국의 한국전쟁 참전과 한미동맹과 미일동맹의 구축은 자본주의와 사회주의 양대 진영의 맹주국가들인 미국과 소련 간의 갈등 및 경쟁관계에서 그 원인을 찾을 수 있으며, 미국이 일본의 안보 무임승차와 경제발전 전념을 용인하고 장려한 것도 상당부분 소련의 지속되는 위협에 대처하기 위한 것에 기인했다. 또한 미국의 중국 접근과 관계개선도 사회주의권 국가들의 분열과 소련 견제를 위한 것이었다.

탈냉전기 이후에는 미국과 중국 간의 양자관계가 한반도 동맹구조의 보다 유효한 독립변수로 대두되었다. 즉, 패권국으로서의 미국과 잠재적 도전국가로서의 중국, 두 양국 간의 힘의 역학이 이들 미국과 중국의 대한반도 동맹전략에 지대한 영향을 미쳐왔다. 보다 구체적으로, 미국과 중국의 양국관계가 대립적일 경우에는 상호 전략적 이유에서 자국의 기존동맹 강화, 상대국 동맹관계의 균열 선호, 상대국 동맹국의 유인을 시도했으며,[21] 양국관계가 우호적일 경우에는 그만큼 자국동맹 강화 및 상대방 동맹세력의 균열 혹은 유인에 대한 효용은 약화될 수밖에 없었다.

중국의 대북정책 변화 양상도 같은 맥락에서 이해할 수 있다. 중국은 대미관계의 중요성이 높게 평가되거나 실제로 우호적으로 변화된 경우에는 북한의 강압외교 또는 모험주의적 행태에 대해 보다 적극적인 제어 노력을 전개했다. 1차 북핵위기(1994년)와 2차 북핵위기(2002년)에 중국이 각각 보여준 상이한 대응자세가 대표적인 사례이다.[22] 1차 북핵위기 시에는 중국은 방관자적 자세를 취했다. 당시는 미국의 중국 견제로 미국과 중국의 양자관계가 경쟁적·갈등적이었다. 반면에 2차 북핵위기는 미국과 중국의 양자관계가 우호적으로 변하기 시작하던 시기에 발생했다.

---

21) 박홍서, 「중국의 부상과 탈냉전기 중미 양국의 대한반도 동맹전략: 동맹전이 이론의 시각에서」, 《한국정치학회보》, 제42집 제1호(한국정치학회, 2007), 299~317쪽.

22) 박홍서, 「북핵위기 시 중국의 대북 동맹안보딜레마 관리 연구: 대미관계 변화를 주요 동인으로」, 《국제정치논총》, 제46집 1호(한국국제정치학회, 2006), 103~122쪽.

중국은 2차 북핵위기 시에는 예전의 방관자적인 자세를 벗어나 보다 적극적으로 문제해결을 시도했으며 이는 미중 양자관계의 개선과 밀접한 연관이 있다. 그러나 미중관계의 악화는 중국의 북한 지원확대 등 북한 끌어안기로 이어졌다. 천안함 피습 침몰사건의 뒤처리를 놓고 미국과 중국 간의 힘겨루기가 중국의 북한 경사와 한국 무시를 가져온 것이 최근의 사례이다. 이렇듯 중국의 대북한 정책은 미중관계에 큰 영향을 받고 있고 또 미중관계의 향후 변화에 따라 달라질 수 있다. 즉, 만약에 미중관계가 크게 개선되어 양국 간의 굳건한 우호협력관계가 구축된다면 이는 중국의 대북 압박을 강화하고 나아가 중국의 대북경시 및 대한경사 그리고 중국의 대북포기로까지 이어질 수도 있다.

3. 동맹과 적대의 상호연계

동맹게임과 적대게임의 상호연계는 한반도 동맹구조에서도 기능하고 있다. 동맹게임에서 포기 또는 연루의 위협 회피를 위한 전략적 선택은 적대게임에도 영향을 미쳐 자국 또는 자국동맹에 대한 적국의 강경정책 또는 유화정책을 유발하며, 역으로 적대게임에서 적국의 선택은 자국 동맹국들 간의 전략적 게임에 지대한 영향을 미친다.

중국의 대북정책과 대한정책은 동맹게임과 적대게임의 상호연계 속에서 이해할 수 있다. 북한은 한국·미국과 한국전쟁 이후 적대적 관계를 지속하고 있다. 남북갈등과 북미갈등은 타협의 여지없이 제로섬 게임의 형태를 보여 온 것이 일반적이다. 북한과 적대국들과의 갈등 지속은 중국의 입장에서는 대북정책의 행동반경이 그만큼 유연할 수 있다는 것을 의미한다. 즉, 적대국들과 장기적이고도 심각한 갈등을 빚고 있는 군사안보환경으로 인해 북한의 동맹 이탈과 포기 위협이 크지 않기에 중국은 '경직된 동맹정책(rigid alliance policy)'에서 벗어나 보다 '유연한 동맹정책

(flexible alliance policy)'을 구사할 수 있었다. 1992년 중국의 한중 수교 결정도 이러한 맥락에서 이해할 수 있다. 중국이 북한의 적대국인 한국과 국교를 체결한다는 것은 북한의 입장에서는 커다란 외교적 배신이자 동맹 결속력의 약화가 아닐 수 없다. 그러나 북한이 이에 반발하여 선택할 수 있는 것은 외교적 불만 표시 외에는 별다른 전략적 대안이 없었다(no alternative or nowhere to go). 북한의 이러한 사정을 꿰뚫고 있는 중국은 한국과의 수교를 전격적으로 추진했다. 즉, 북한이 갖고 있는 적대게임전략의 경직성이 중국의 대북한 동맹게임전략의 유연성을 가능하게 했다.

그러나 중국은 한중 수교 및 한중 경제협력을 넘어서는 수준의 협력, 즉 한중 간의 정치적·외교적 결속까지는 추구하지 않고 있으며, 이는 일정부분 동맹게임의 제약에 기인하는 것으로 설명할 수 있다. 중국에게는 적대적 동맹이라 할 수 있는 한미동맹의 구성국 한국과 수교를 하고 경제협력을 유지한다는 것은 중국이 적(즉, 한국)에 대해서 '유화전략(con-ciliation strategy)'이라는 일종의 적대게임을 벌이고 있는 것이다. 중국은 앞에서 언급했듯이 북한의 동맹 이반이나 포기를 겪지 않으면서도 성공적으로 한국에 대한 적대게임을 진행해왔다. 그러나 한국과의 적대게임을 한중 간의 정치적·외교적 결속으로까지 상향조정할 경우, 북한의 북중동맹 이반 또는 북중동맹 포기 가능성은 크게 증대될 것이며, 아울러 북한의 급격한 대미 관계개선 시도 가능성도 무시할 수 없을 것이다. 이에 따라 중국은 현재의 수준에서 한중관계를 관리하는 것에 주안점을 두고 있다.

한국의 입장에서도 중국과의 급격한 유대 강화와 전방위적 협력은 미국의 한미동맹 이반 또는 한미동맹 포기를 가져올 수 있다는 우려를 가지지 않을 수가 없다. 즉, 한국도 현재 시점에서는 한중관계의 개선에는 일정한 한계가 있다는 것을 알고 있다. 결론적으로, 한중관계의 급격한 개선과 정치적·외교적 결속이라는 적대게임의 추가적 진화 시도는 동맹게임의 제약으로 인해 용이하지 않다. 즉, 적어도 이 영역에서는 동맹게임이 적대게임을 지배하는 모습을 보이고 있다.

4. 관리와 결박의 행사

외부의 공동위협에 대처하기 위해 형성된 동맹이 동맹국 간의 관리와 결박을 위해 활용되는 것은 한반도 동맹구조에서는 초기부터 나타났다. 한국전쟁 중 한국과 미국은 북한과 중국이라는 공동의 적에 대항하여 동맹을 맺고 함께 싸웠지만, 내부적으로는 한국 정부의 이승만 대통령에 대한 통제와 관리가 미국 정부의 주요 관심사 중의 하나였다. 이승만은 38선 진격, 북한에 대한 종주권 확보 시도, 만주 폭격 주장, 반공포로 전격 석방 등을 통해 한국전쟁의 전면전(total war)화와 한반도 통일을 기도했지만, 미국은 한국전쟁의 제한전(limited war)화와 조기 종전을 추구했다. 미국은 한미동맹의 해체 및 미군의 개입 중지 등으로 위협하며 이승만의 요구와 행태를 통제 및 관리하고자 했다.

박정희 정부에서도 미국의 통제와 관리 노력은 지속되었다. 1968년 1·21사태와 1976년 판문점 도끼만행사건의 경우 한국 정부는 북한에 대한 보복계획을 수립했으나 미국은 한미동맹의 해체 위협 및 한국군 전력 증강이라는 양면전술을 구사하며 한국 정부의 보복시도를 무산시켰다. 당시 미국은 북한의 무력공격에 대처하는 것과 더불어 한국 정부의 반격을 저지하는 것이 주요 관심사였다. 박정희 정부 말기 한국의 자체 핵개발 무산, 전두환 정부의 중장거리 미사일 개발 포기 선언 등도 한미동맹을 바탕으로 한 미국의 한국 관리와 통제의 결과였다. 한국 정부 또한 미국의 관리와 통제 노력을 결박전략으로 응수했다. 즉, 이승만과 박정희는 호전적 엄포와 국가존립의 위급성 호소·위협 등을 적절히 구사하면서 미국으로부터 한미동맹의 유지와 한국군 전력의 증강을 얻어냈다.

관리와 결박의 행사는 북중 동맹관계에서도 뚜렷이 나타나고 있다. 구소련과 사회주의권 국가들의 붕괴 이후 북한의 중력중심(center of gravity)이자 생명줄(life line)은 북중 동맹관계이다. 국제적으로 고립되어 있는 북한은 중국의 지원과 원조 없이는 국가로서 존립하기 어려운 상황에 처해 있다.[23] 따라서 북중 동맹관계의 지속과 강화는 북한에게는 사활적 국가이익이다.

그러나 최근까지의 북중 동맹관계는 연대를 통한 대외적 전략의 공동 추구보다는 관리와 결박을 위한 대내적 상호통제에 중점을 두는 기형적 모습을 보여 왔다. 즉, 국제사회주의운동의 추진과 세계혁명역량의 보급 및 육성 그리고 한미일 남방 3각 동맹에 대한 견제 및 한반도의 공산화를 겨냥했던 대외적 동맹전략은 그 실천적 유효성을 상실했고, 상호에 대한 관리와 결박을 핵심으로 하는 대내적 동맹 목적이 핵심기능으로 대두되었다. 중국은 한반도와 동북아의 평화와 안정을 위해 돌출적이고 돌발적인 북한을 관리할 필요가 있으며, 북한은 전략적으로 계산된 행위들을 통해 중국을 지속적으로 유인하고 결박하는 외교전략을 펼쳐왔다.[24] 중국은 북한의 붕괴와 소멸을 바라지 않지만 북한이 한반도에서 긴장과 불안을 야기하는 것에 대해서는 적극 반대하고 있다. 북한은 통제와 관리를 목적으로 하는 중국의 대북정책에 거부감을 갖고 있지만 중국의 경제적·군사적·외교적 지원을 포기할 수가 없다. 한마디로 말해 서로 간에 매우 불편하지만 그렇다고 버릴 수도 없는 동맹관계가 북중동맹의 현주소이다.

북중 동맹관계가 이처럼 기형화된 것은 중국의 국가전략 변화에 기인

---

23) 조명철, 「북한의 대중국 경제의존 실태와 함의」, 『제21회 한반도 평화포럼 자료집』 (한반도 평화연구원, 2010.4.1.), 32~46쪽.

24) 최명해, 『중국·북한 동맹관계: 불편한 동거의 역사』(서울: 오름, 2009).

한다. 중국은 1978년 덩샤오핑의 개혁·개방정책 도입 이후 경제성장을 제1의 국가 목표로 설정하고 서방국가들과의 관계개선과 경제협력을 적극적으로 추진해왔다. 이에 따라 중국의 한반도 정책은 동북아시아에서의 평화와 안정이라는 상위목적에 복속되면서 한반도의 현상유지와 안정적 관리가 핵심전략으로 부상했다. 한반도의 적화통일을 제1의 국가목표로 삼고 있는 북한으로서는 받아들이기 어려운 변화였다. 중국이 이후 지속적으로 경제성장에 주안점을 두면서 대외정세 판단과 대외전략 수립에 있어 북한과 중국 간의 간극은 더욱 더 벌어질 수밖에 없었다.[25]

국가 간의 동맹관계는 일반적으로 구성국가 간에 포기(abandonment)와 연루(entrapment)의 위협을 내포하고 있다. 북중 동맹관계에서 북한은 포기의 위협을, 중국은 연루의 위협을 느껴왔다. 지난 30여 년간 덩샤오핑, 장쩌민, 후진타오로 이어지는 중국의 지도부는 전통적 대외안보전략보다는 실용적 대외경제전략에 상대적 주안점을 두었으며, 이에 따라 중국에 대한 북한의 안보전략적 가치는 상대적으로 저하된 반면에 북한의 돌출행위로 인한 연루의 위협은 높아졌다. 이는 곧 북한이 중국에 대해 갖는 포기 또는 방기의 두려움이 높아짐을 의미한다. 북한의 입장에서는 멀어져가는 중국을 다시 붙들어 매기 위해서는 벼랑끝 전술, 강도 높은 돌발행위, 자살적 전략행위가 더욱 많이 구사되어야 했다. 즉, 원심적인 동맹관계를 구심적인 동맹관계로 환원하는 작업이 절대적으로 필요한 상황이었다.

2010년 3월 발생한 천안함 피습 침몰사건은 북한의 '중국 붙들어 매기', 즉 북한의 중국 결박전략의 맥락에서 해석할 수 있다. 북한의 천안함 공격은 표면적으로는 2009년 11월 대청해전에서 한국 해군에게 당한 패

---

25) You Ji, "China and North Korea: a fragile relationship of strategic convenience," *Journal of Contemporary China*, Vol.10, No.28(2001), pp.387~398.

배를 설욕하기 위한 것처럼 보인다. 대청해전의 패배 후 북한의 김정일은 북한의 남포 서해함대사령부를 방문해 "어떻게 하든 꼭 복수를 하라"며 보복명령을 내린 것으로 전해지고 있다. 이에 따라 북한의 천안함 공격은 단순 복수극이라는 해석이 일단 제기되고 있다. 이 밖에도 다른 추측들이 가능하다. 김정일의 3남 김정은의 세습을 앞두고 후계자의 업적 쌓기 및 북한 내부 단결, 남북경색과 남남갈등을 통한 이명박 정부의 대북정책 흔들기, 서해상의 긴장고조를 야기하여 NLL의 국제적 이슈화 등이 그것이다.

그러나 북한이 열강들이 즐비한 동북아의 전략적 요충지에서 60년 이상 버텨온 실질적인 국가임을 감안할 때 북한의 전략적 지평은 이보다 넓고 깊다. 북한이 한국전쟁 이후 미국의 압박, 중소분쟁의 격랑, 중국 문화혁명의 소용돌이, 구소련과 사회주의 국가들의 붕괴, 그리고 이어진 국제적 고립 속에서도 지금껏 살아남을 수 있었던 것은 북한이 중요한 고비마다 극히 전략적으로 사고하고 행동해왔기 때문이다.

한국의 군함을 기습공격하여 침몰시킨다는 것은 대한민국이라는 한 국가에 대한 직접적인 타격을 의미하는 것으로서 전쟁행위나 다름없으며 그 후과는 매우 클 수밖에 없다. 이것은 종래의 잠수정 침투나 무장간첩 남파 등과는 괘를 달리하는 것으로서 북한의 소행임이 드러날 경우 제2의 한국전쟁도 발발할 수 있는 매우 중대한 도발이다. 제1차 세계대전이 한창이던 1917년 3월 독일 잠수함이 미국 상선 3척을 공격하여 침몰시킨 것은 당시 관망 중이던 미국의 대독일 선전포고와 참전을 불러왔다. 1964년 북베트남 어뢰정에 의해 미군 구축함이 공격받은 것으로 알려진 '통킹만 사건' 또한 진위야 어떠하든 미국이 베트남전에 본격적으로 개입하는 계기가 되었다.

북한은 이처럼 한국 군함의 침몰이 가져올 엄청난 파장을 모를 리가 없으며 그에 따른 전략적 계산을 이미 마쳤을 것이다. 그렇다면 '단순 복수극', '업적 쌓기', '내부 단결', '대북정책 흔들기', 'NLL 이슈화' 등의 추측은 설득력이 부족하다. 행동의 강도는 목적의 크기에 비례하며 위험도가 높을수록 결실은 커야 한다. 북한이 짊어져야 할 고단위의 위험도를 고려할 때 이와 같은 목적들은 그 이득이 상대적으로 빈약하다. 결국 북한은 천안함 공격을 통해 이보다 더 큰 것을 바랐다고 볼 수 있다.

북한의 천안함 공격의 진정한 의도는 북중 동맹관계의 복원과 동북아 역내 세력질서의 변동과 재구성에 있다. 북한은 천안함 공격을 통해 ① 한국 정부의 강경대응과 서해 및 한반도에서 한미 합동군사력의 강화를 유발하고, ② 이에 위협을 느낀 중국으로 하여금 어쩔 수 없이 북한의 군사적·전략적 가치를 재확인토록 하고, ③ 중국을 다시금 북한의 동북아전략 구도로 끌어들여서, ④ 동북아 역내세력질서가 북중동맹과 한미동맹 간의 대결·대립구조로 재구성되는 것을 목적으로 했다. 즉, 천안함 공격을 촉매변수로 하고 한국 정부의 강경대응을 매개변수로 하여 북한이 바라는 동북아 세력질서를 재창출하겠다는 것이 북한의 의도이자 전략이었다고 볼 수 있다.

즉, 한국의 군함을 공격하고 침몰시킴으로써 한국 정부의 강경한 대응을 촉발하고 심지어는 북한 군사지역에 대한 한국의 국지적 무력보복을 유도함으로써 한반도 전체를 긴장의 도가니로 몰아놓겠다는 것이 북한의 계산이다. 또한 한국은 2012년으로 예정된 미국으로부터의 전시작전권 이양을 당연히 재고할 것이며 한국군 자체 군사력의 증강은 물론 한미연합사 전력의 강화와 확충을 요청하고 추진할 것이다. 나아가 미국이 적극적으로 추진하고 일본이 이미 수용한 '지역 미사일 방어시스템(TMD)'의 도입과 구축을 한국 정부가 전향적으로 검토할 가능성도 커질 것이다. 이것이 바로 한국 정부의 대응에 대한 북한의 예측이다. 상황이 이렇게 진전이 된다면 중국은 다시금 자국의 대외안보전략에 눈을 돌릴 것이며 군사·안보(high politics)가 경제·교류(low politics)에 우선하는 노선으로 선회하고 북한의 군사안보적 전략적 가치를 재평가할 것이다. 즉, 아직은 쓸모가 있는 북한의 고립과 곤경을 좌시할 수 없을 것이며 또한 서해와 한반도에서의 미군전력 증강을 중국에 대한 즉각적 내지는 잠재적 군사위협으로 받아들일 것이다. 동북아시아의 세력질서는 북중동맹과 한미동맹·미일동맹이 대결하는 구도로 복원되며 북한은 이와 같은 대립구조 속에서 북중동맹에 기대어 자국의 생존을 공고히 함과 더불어 새로이 '북한판 기회의 창(NK version of window of opportunity)'을 엿볼 수 있을 것이다. 이것이 바로 천안함을 공격한 북한의 최종적 전략목표라고 해석할 수 있다.

실제로 천안함 침몰사건 이후 전개된 일련의 상황들은 상기의 논의들을 뒷받침하고 있다. 한국과 미국의 군사협력은 강화되었으며 전작권 전환은 2015년으로 연기되었다. 미국의 힐러리 클린턴(Hillary Diane Rodham Clinton) 국무장관과 로버트 게이츠(Robert Michael Gates) 국방장관은 서울에서 한국의 외교·국방 장관들과 전략회담을 개최하고 판문점에서 북한의 천안함 공격을 직설적으로 비판하며 한미동맹의 중요성을 강조했다. 한국과 미국은 이어 동해와 서해에서 한미 합동군사훈련을 실시했다. 이에 중국은 초기의 관망 자세에서 벗어나 한미 합동군사훈련을 거세게 비난하는 한편 2010년 5월과 8월의 김정일 방중을 적극 환대하는 등 북한 끌어안기에 나섰다. 서해(황해)를 내해로 간주하는 중국의 입장에서 볼 때, 한반도 수역에서의 한미 합동군사훈련은 자국 영해와 영토의 안보라는 핵심적 이익을 침해하는 것으로 받아들여졌으며 이에 따라 한미동맹에 대한 적극적인 대응 필요성과 북한의 전략적 가치와 중요성을 다시금 깨닫는 계기가 되었다. 결국 한반도의 안보정세는 다시금 한미동맹과 북중동맹의 대립과 갈등이라는 신냉전구도로 회귀했으며 이는 북한이 의도하는 바였다.

북한이 안보환경의 변환과 위기국면의 전환을 위해 상당한 위험이 따름에도 불구하고 의도적으로 전략적 도발행위를 저지른 사례는 적지 않다.[26] 1968년 1월 미해군 정보수집함 푸에블로(Pueblo)호 나포, 1969년 4월 EC-121 미정찰기 격추 등은 북한의 '계산된 모험주의'의 사례들이다. 북한은 이들 사건을 통해 중국의 외적 위협과 연루 위험을 자극하면서 북중 동맹관계의 대외적 기능을 복원하고자 했다. 1976년 8월 판문점 미군장교 도끼살해사건도 중국과 미국 간의 데탕트에 우려를 느낀 북한이 한반도에서의 긴장고조를 위해 자행한 의도적 도발이라는 분석이 유력하게 제기되고 있다. 1983년 버마 랭군 폭탄테러도 당시 한반도 문제 해결을 위해 중국이 북한에게 종용한 3자회담(미국, 한국, 북한)의 회피와 무산을 위한 소행이라고 분석할 수 있다. 1987년 KAL 858기 폭파사건도 서울 올림픽의 방해와 함께 남북한 UN 동시가입 논의와 한중 접근 및 수교 움직임을 봉쇄하기 위한 선제적 도발이라고 볼 수 있다. 북한의 천안함 공격은 이처럼 계산된 모험주의의 연장선상에서 이해할 수 있으며 한반도에서의 전쟁위기를 조장하여 중국을 북한의 전략구도로 끌어들이는 것이 북한의 구상이라고 할 수 있다.

북한의 천안함 공격은 시기적으로도 더 이상 늦출 수 없었을 것이다. 북한의 핵 폐기를 위한 미국의 결의와 압박은 확고하며 중국 또한 북한의 핵무장을 바라지 않고 있다. 북한 핵 폐기를 위한 6자회담의 소집은 가시화되는 상황이었으며 중국의 경제적 지원을 단념하지 않는 한, 북한은 6자회담에서 핵 폐기에 대한 전향적인 입장을 표명해야만 했다. 그러나 북한은 생존전략상 핵을 포기할 수 없다. 북한은 더 많은 핵무기를 만들고 보유하기 위해 시간이 더 필요한 시점이었다. 한편 북한 문제를 둘러싼 중국 내부의 정치적 동학도 고려해야 했을 것이다. 중국의 대북한 정책그룹은 북한의 군사안보적 전략가치를 높이 평가하는 전통주의

---

26) 최명해, 『중국·북한 동맹관계: 불편한 동거의 역사』.

자(traditionalists)와 남북한 균형외교와 실용주의를 주창하는 전략주의자(strategists)로 나뉘어져 있다.[27] 전통주의자는 북한을 자산으로, 전략주의자는 북한을 부담으로 인식하고 있다. 아직까지는 전통주의자가 우세를 점하고 있으나 전략주의자들의 목소리가 점차 커지고 있으며 멀지 않은 장래에 역전의 가능성도 무시할 수 없는 상황이다. 즉, 시간은 북한 편이 아닌 것이다. 중국으로 하여금 남북한 양국 간에 결정적 선택을 하게 한다면 나중보다는 지금이 그리고 그것도 빠르면 빠를수록 좋다는 것이 북한의 셈법일 수밖에 없었을 것이다.

5. 포기와 연루의 회피

한반도 동맹구조에서도 동맹 구성국가들 간의 포기와 연루의 위협은 상존한다. 앞에서 논의한 관리와 결박은 포기와 연루의 위협을 회피하기 위한 수단이라 할 수 있다. 즉, 포기와 연루 그리고 관리와 결박은 동일한 딜레마의 앞뒷면이라고 할 수 있다.

한미동맹과 북중동맹 모두 약소동맹국은 포기의 위협을, 강대동맹국은 연루의 위협을 상대적으로 더 많이 느껴왔다. 한국은 미국의 동맹포기 위협에 대해 전반적으로는 '충실한 동맹자(super loyal ally)' 전략으로 대응해왔다. 국제무대와 이슈에서의 미국 추종, 베트남전 한국군 파병, 이라크 파병 등은 미국의 한미동맹 포기를 예방하기 위한 한국의 고육지책이라고 할 수 있다. 물론 한국은 미국의 동맹포기의 위협에 대응하여

27) International Crisis Group, "Shades of Red: China's Debate over North Korea," *Asia Report*, No.179(November, 2009), pp.1~28. 한편, 중국의 대외전략 일반에 관해서는 전통적 지정학론, 발전도상국 외교론, 신흥대국 외교론 등 세 부류로 나눌 수 있다; 김흥규, 「미국 오바마 행정부의 출범과 미·중관계의 형성」, ≪주요국제문제분석≫, 2009-4 (외교안보연구원, 2009), 8~9쪽.

수동적인 자세만 보이지는 않았다. 이승만과 박정희는 종종 북한의 남침 가능성과 국가안보위기를 강조하여 지속적인 주한미군 주둔과 한국군 군사력의 강화를 이끌어냈다. 한편, 노태우 정부는 적극적인 북방정책을 통해 한국 안보환경의 개선을 추구했으며 노무현 정부는 '동북아균형자론'을 내세워 미국의 동맹포기와 한국의 동맹연루라는 두 가지 가능성 모두에 대비하고자 했다. 1990년대 이후 지속적으로 추진되어온 한중관계 개선 노력도 넓은 의미에서는 미국의 동맹포기 가능성에 대한 일종의 예방 또는 회피전략이라 할 수 있다.

그러나 1970년대 중반 이후 한국경제의 성장으로 동맹포기 대응전략으로서 국가존립위기를 강조하는 자폭적 위협은 더 이상 설득력을 잃었으며, 또한 일본이라는 또 하나의 아시아 방벽으로 인해 한국의 지정학적 전략가치〔즉, 미국의 대한국 간접의존관계(indirect dependence)〕에만 기대어 미국의 동맹포기를 예방하는 전략은 효과성을 상실했다. 아울러 동북아의 역학구조와 한국 국력의 취약함으로 인해 한국의 '균형자' 역할은 불가능하거나 시기상조임이 드러났다. 이에 따라 동맹포기 위협에 대한 한국의 회피전략은 여전히 '충실한 동맹자' 전략이 핵심을 이루고 있으며 이명박 정부의 한미포괄동맹선언 배경은 바로 이러한 맥락에서 해석이 가능하다.

북한 또한 동맹포기의 위협에 노출되어왔다. 냉전 초기에는 상대적으로 강력한 사회주의 연대를 통해 동맹포기의 위협은 크지 않았으나, 중소 갈등기에 들어서서는 소련과 중국에 대한 '등거리 외교' 또는 '양다리 전략'을 통해 강대동맹국들의 동맹포기의 위협에 대처했다. 동맹포기에 대한 북한의 위협인식이 강해지기 시작한 것은 동구권 사회주의 국가들의 붕괴와 중국의 한국수교결정 이후부터이다. 북한은 동맹포기의 위협에 대응하는 전략으로서 앞에서 논의한 대로 벼랑끝 전술, 강도 높은 돌발행위, 자살적 전략행위 등 다양한 형태의 결박전략을 구사했다. 북한의 핵개발은 이러한 결박전략의 가장 극한적 형태이자 중국의 북중동맹 포기가 실제로 발생했을 경우에 대비한 최후의 생존전략이라고 할 수 있다.

미국과 중국은 한국과 북한과는 달리 상대적으로 연루의 위협 회피에 더 많은 노력을 기울여왔다. 앞에서 언급했듯이 미국은 한국전쟁의 확전 방지에 심혈을 기울였으며, 이후 이승만 정부의 북침통일 주장, 박정희의 핵개발 시도, 북한의 연이은 테러(1968년 1·21사태, 1968년 울진삼척지구무장공비 침투사건, 1974년 육영수 여사 저격사건, 1976년 판문점 도끼만행사건, 1983년 버마 랭군 폭탄테러, 1987년 KAL 858기 폭파사건, 1996년 북한잠수정 강릉침투사건, 2010년 천안함 피습 침몰사건 등)에 대한 한국 정부의 보복계획 등을 묵살, 저지, 만류해왔다. 미국은 북한의 무력공격에 대항하여 한국의 안보를 지키는 것에는 동의하지만, 미국이 아닌 한국의 이해관계에 의해 제2의 한국전쟁이 일어나는 것에는 반대하며, 아울러 한국의 행동으로 인해 발생하는 어떠한 형태의 한반도 및 동북아 불안정에 대해서도 반대했다. 즉, 연루의 회피는 한미동맹을 바라보는 미국의 또 다른 시각이었다.

중국 또한 북한으로 인해 한반도와 동북아의 안정과 질서가 깨지는 것을 우려하고 있으며, 이에 따라 북한에 대한 관리와 통제 노력을 기울여 왔다.[28] 1976년의 판문점 도끼만행사건의 경우, 중국은 미국의 항공모함이 한반도 수역에 들어오는 긴급한 상황에서도 '싸늘한 침묵'으로 일관했으며 심지어는 주미 중국대사가 키신저와의 회담에서 상황 악화 시 중국의 대북지원은 없을 것이라고 확인시켜주었다.[29] 즉, 북한의 모험주의적 행동에 대한 중국의 깊은 불만을 표출한 것이라고 해석할 수

---

28) 최명해, 「중국의 대북 정책: 변화와 지속」, ≪JPI 정책포럼≫, 2010-22(제주평화연구원, 2010), 1~13쪽.

29) 최명해, 『중국·북한 동맹관계: 불편한 동거의 역사』, 318~320쪽.

있다. 최근 들어 북한의 핵개발 또한 중국의 연루위협 인식을 제고했다. 북한의 핵개발은 한반도와 동북아 전체에 불안정을 야기하는 매우 중대한 도발행위로서 최악의 경우 미국의 무력행사와 북한의 한국 공격 그리고 한반도와 동북아 전체가 전쟁의 소용돌이로 빠져들 수 있는 위험성을 내포하고 있는 것이다. 북한 핵문제에 대한 중국의 적극적인 중재 노력은 연루의 늪에 빠지지 않기 위한 중국의 연루 회피전략의 일환으로 해석할 수 있다.

그러나 한국과 북한 또한 연루의 위협에서 자유롭지 못하다. 한국은 미국과 중국 간의 갈등이 최악의 상태로 악화되어 전면적인 대결상태로 접어들거나 대만을 둘러싸고 양국이 군사적으로 충돌할 경우, 양자택일 또는 원하지 않는 전쟁에의 참여가 불가피할 것이다. 북한 또한 중국과 러시아 간의 갈등이 다시 불거져서 중국과 러시아 간에 전면전이 발발할 경우 매우 곤혹스러운 상황을 맞이할 것이다.

6. 자주안보와 동맹의존의 모순

한반도 동맹구조는 또한 자주안보와 동맹의존의 모순을 보이고 있다. 일종의 '안보딜레마(security dilemma)'로 규정할 수 있는 자주안보와 동맹의존의 모순은 약소동맹국들인 한국과 북한에서 특히 두드러진다.[30]

한국전쟁 이후 한반도의 남과 북에서 각각 추진된 자주안보 노력은 상대방의 반작용을 초래하여 오히려 대외안보환경을 저해하고 동맹국에의 의존도를 강화하는 결과를 초래했다. 즉, 북한은 1960년대 중소갈등에 연루되지 않고 자주적인 생존방식을 확보하고자 주체노선을 적극 추

---

30) 조동준, 「'자주'의 자가당착: 한반도 국제관계에서 나타난 안보모순과 동맹모순」, ≪국제정치논총≫, 제44집 3호(한국국제정치학회, 2004), 25~49쪽.

진했으나 이에 위협을 느낀 한국의 국방비 증액으로 북한의 대남 안보환경은 오히려 약화되었으며, 한국이 1970년대 들어 적극적으로 추진하기 시작한 자주국방 정책은 북한의 군사력 강화라는 역풍을 불러일으켜 1980년대 초반 한국의 대북 안보환경은 악화되었다. 1980년대 후반 한국의 방위력 개선사업과 북방정책도 유사한 결과를 초래했다. 점점 벌어져 가는 남북 간의 군사력 격차와 국제적 고립을 탈피하는 수단으로 북한은 핵무기 개발에 더욱 더 집착하지 않을 수 없었다. 결국, 안보환경을 개선하기 위한 남북한의 자주적 노력은 상호 간의 안보모순을 초래하여 각자의 동맹국에 더욱 의존하는 결과를 가져왔다.[31]

반면에, 미국과 중국의 국방력 강화는 상호 간의 안보딜레마를 야기했지만 동맹의존의 강화로 이어지지는 않았다. 이는 미국과 한국, 중국과 북한 간의 현격한 국력차로 인하여 동맹에의 의존 필요성이 크지 않기 때문이다. 그러나 미국과 중국의 국방력 강화는 한국과 북한의 동맹의존성을 증대시켰다. 결국, 한반도 동맹구조에서의 안보경쟁은 비록 그것이 약소동맹국들 스스로가 촉발한 것이든 아니면 강대국 간의 경쟁에서 비롯된 것이든, 약소동맹국들의 강대동맹국들에 대한 의존성 강화로 이어졌으며, 이에 따라 강대동맹국들의 약소동맹국들에 대한 영향력이 확대되는 현상을 보여 왔다.

7. 중국의 대북한 간접의존관계와 북한 모험주의의 동학

한반도 동맹구조에서 가장 두드러진 특징은 중국의 대북한 간접의존관계와 북한의 모험주의이다. 제2장에서 논의했듯이 북한은 중국에 직접적으로 의존해 있고 중국은 북한에 간접적으로 의존해 있다. 북한은 중

---

31) 같은 글, 25쪽.

국의 외교적·군사적·정치적·경제적 지원 없이는 독자 생존이 불가능하다. 반면에 중국에게 북한의 지정학적 가치는 매우 지대하여 중국은 북한의 생존과 안보에 절대적인 국가이익을 부여하고 있다.[32] 중국의 항의와 저지 노력에도 불구하고 북한이 빈번하게 모험주의적 행태를 보이는 것은 바로 이러한 관계에 배경을 두고 있다. 즉, 자국의 생존이 중국의 주요 국가이익이라는 것을 북한은 매우 명확하게 인식하고 있으며 이에 따라 북한은 자신들이 어떠한 행동을 취하더라도 중국이 이를 강하게 제재할 수 없을 것이라는 판단을 하는 것이다.

중국의 대북 간접의존관계와 북한 모험주의전략의 결합은 북중동맹에 있어서 북한의 비대칭적 영향력[또는 비대칭적 레버리지(leverage)] 유지로 나타나고 있다. 즉, 강대국과 약소국이 동맹관계를 맺을 경우 강대국이 동맹을 주도하면서 약소국에 대해 막대한 영향력을 행사하는 것이 일반적이나, 북중동맹의 경우는 국력격차에 비해 북한의 중국에 대한 영향력이 비대칭적으로 존재한다.

또한, 북중 동맹관계는 한미동맹 관계와는 달리, 양국 간 동맹유지의 기본적 전제조건인 '포괄적 위협평가(comprehensive threat assessment)'가 상이하다. 즉, 동맹 형성의 가장 중요한 동인을 누가 적이고 누가 우군인지 그리고 이에 대처하기 위해 무엇을 해야 하는지에 대한 상호 간의 공감대 형성이라고 전제한다면 북한과 중국은 공감대 형성에 어려움을 겪어 왔다. 북한과 중국은 1960년대 중소분쟁 시기에는 소련에 대한 위협평가에 있어 견해차를 노정했고, 1970~1980년대 미중 화해 시기에는 미국과의 접촉, 화해, 관계개선, 수교 등에 있어 상이한 시각과 입장을 보였다.[33]

---

32) 장공자, 「북한의 대중협상전략과 우리의 대응전략」, ≪통일전략≫, 제9권 제2호(한국통일전략학회, 2009), 97쪽.

중국과 북한 간에는 '전통우의'의 외양하에 상호전략적 이해의 편차, 외적 위협평가의 상이성, 북한의 개혁·개방 거부 등으로 상당한 내면적 긴장감이 존재해왔다. 중국은 북한에 대한 의구심, 북한의 급변사태 가능성 때문에 역설적으로 북한과의 전통우의 기치를 강조하고 있으며, 북한은 이러한 중국의 딜레마를 경제지원을 유인하는 데에 활용해왔다. 중국에게 있어 전통우의는 북한관리 및 한반도 상황전개에 대비하기 위한 수단이다. 즉, 전통우의는 한반도의 현재와 미래가 중국의 안보이익에 위배되는 방향으로 전개되는 것을 방지하는 '대(對)한미 균형기제(balancing mechanism)'이자, 북한에 대해 상호 통보 및 협의의 의무를 강조함으로써 북한의 돌출행동을 제어하는 '대(對)북한 관리기제(management mechanism)'라고 할 수 있다.[34]

전통우의의 이와 같은 양면성을 명확히 인식하고 있는 북한은 '모험주의적 돌출행동'을 통해 중국에 대해 자국의 지정학적 가치와 갈등적 이해관계를 부각시키면서 핵무장과 선군정치 등과 같은 '자구책'으로 중국과의 군사동맹에 대한 의존도를 최소화하는 전략을 취해왔다. 중국은 북한의 이러한 행위들로 인해 자국 안보에의 위협은 미국, 일본, 러시아, 인도 등의 잠재적 적국들뿐만 아니라 동맹국인 북한의 돌출적·모험주의적 행보에서도 야기될 수 있다고 인식하고 있다. 북한의 핵개발은 특히 동북아 지역의 불안정과 핵 경쟁을 불러일으킴으로써 중국을 안보위기로 몰아넣을 수도 있는 매우 중대한 우려사항으로 받아들여지고 있다.[35]

33) 최명해, 「북한의 대중 '의존'과 중국의 대북 영향력 평가」, ≪주요국제문제분석≫, 2010-15(외교안보연구원, 2010), 9쪽.
34) 같은 글, 11~12쪽.
35) 같은 글, 9쪽.

8. 현상유지 기조와 불안정한 미래

　한반도 동맹구조는 구조형성 이후 지금까지 현상유지 기조를 보여 왔다. 냉전기 미국과 소련·중국 간의 치열한 갈등, 베트남·캄보디아의 공산화에 따른 동북아 정세 불안, 북한의 연이은 무력 도발과 이로 인한 남북한 간의 긴장고조 등 여러 위기에도 불구하고 대규모 군사충돌 없이 한반도와 동북아가 안정을 유지할 수 있었던 것은 한반도 동맹구조의 절묘한 세력균형과 구성국가들의 현상유지 기조에 기인했다.

　우선, 한반도 동맹구조는 상호 적대하는 동맹 간의 세력분포가 비교적 균등하게 이루어져 왔다. 물론 전 세계적인 초강대국으로서 총체적인 국력 면에서는 미국이 다른 모든 나라를 압도하지만 한반도와 동북아라는 미국의 역외지역에서는 '군사력 투사(military power projection)'의 한계와 제약을 받을 수밖에 없다. 일본 또한 경제대국이지만 자체방위력을 제외한 대외적 군사력은 상대적으로 미미하다고 할 수 있다. 중국은 개발도상국의 위치에 있지만 막대한 군사력을 보유하고 있으며 무엇보다도 한반도와 인접해 있기에 군사력의 투사가 상대적으로 용이하다. 소련·러시아는 군사적으로는 최강대국 중의 하나이나 미국과 마찬가지로 전 세계적으로 군사력을 투사 및 배치하고 있어 한반도와 동북아에 대한 군사력의 배분은 한계를 가질 수밖에 없었다. 남과 북의 군사력은 대등하다고 전제한다면, 한반도의 동맹구조는 전반적으로 균등한 세력배분을 갖고 있다고 할 수 있다.

　아울러 한반도 동맹구조를 구성하는 국가들의 한반도 및 동북아 대외전략 기조는 '현상타파(revisionist)'보다는 '현상유지(status-quo)'에 중점을 두었다. 미국은 동북아시아의 패권국가로서 동북아 역내 기존 질서의 수호와 안정에 우선적인 가치를 두었으며 일본은 미국의 군사적 보호 아래 자국 경제력의 강화에 중점을 두었다. 중국은 1970년대 후반 개혁·개방

정책을 채택하면서부터는 냉전 초기에 보여주었던 기존질서의 타파 및 변혁 경향에서 탈피하여 자국의 경제발전에 전념하기 위해 한반도와 동북아의 안정과 평화를 역내의 주요 전략목표로 설정했다. 소련은 미국과의 또 다른 세계대전을 방지한다는 차원에서 한반도와 동북아에서의 현상유지를 원했고 소련의 뒤를 이은 러시아 또한 국력의 약화와 경제 재건이라는 내부적 요인으로 인해 한반도와 동북아에서의 무력분쟁을 원하지 않았다. 한국 또한 북한으로부터의 남침대비 및 한국방어라는 현상유지적 또는 수동적 전략목표에 머물러왔다. 예외적으로, 북한은 한반도 적화통일이라는 현상타파적 국가목표를 줄곧 유지해왔으나, 1990년대 이후 북한의 국력 약화 및 동맹국인 중국을 포함한 역내국가들의 제지와 견제로 북한의 현상타파 및 기존질서 변혁 노력은 실효성 있는 성과를 거두지 못했다. 결론적으로, 동맹진영 간의 세력균형과 구성국가들의 현상유지 기조는 지난 60년간 한반도와 동북아에서의 안정과 전쟁재발 방지에 기여했다.

그러나 한반도 동맹구조는 동맹진영 간의 세력균형이 허물어지거나 구성국가들의 대외전략이 바뀔 경우 심대한 변화를 겪을 수밖에 없으며, 이에 따라 한반도와 동북아는 불안정한 미래를 맞이할 수 있다. 중국의 부상과 강대국화는 동북아 역내질서의 세력판도가 변화될 수 있음을 의미한다. 중국의 국력이 일정수준 이상 올라섰을 경우 중국은 현상유지적 국가에서 현상타파적 국가로 선회할 수 있으며, 이는 미국과 중국 양국 간의 갈등과 대결을 가져올 것이다. 또한, 일본이 정상국가화를 적극적으로 추진하고 군사적으로 방위력뿐만 아니라 대외공격력까지 갖출 경우에도 한반도 동맹구조의 세력균형은 무너질 것이다. 중국은 일본의 재무장에 또 다른 군비증강으로 대처할 것이며 중일 간의 상호경쟁과 공포는 열전으로까지 이어질 수 있다. 아울러 일본이 미일동맹을 파기하고 독자적인 세력을 형성할 가능성도 무시할 수 없다. 러시아가 성공적으로 경제재건을 이루고 다시 세계강대국의 반열에 오를 경우, 러시아와 중국 간의 갈등이 재현되거나 러시아와 미국 간의 갈등이 격화될 수도 있다. 한편, 북한이 경제난으로 결국 정권과 체제가 와해될 경우, 한반도 북부는 힘의 진공상태가 되면서 한국, 미국, 중국, 일본, 러시아의 치열한 각축이 전개될 것이다. 반면에 북한 정권이 건재한 가운데 북한 핵문제가 해결되지 않을 경우, 북한은 동북아 지역의 시한폭탄으로 작용할 것이다. 아울러 한국이 현재의 분단관리정책에서 적극적인 통일정책으로 국가전략을 수정할 경우 한국은 한반도와 동북아의 '현상타파 국가(revisionist power)'로 새로이 자리매김하게 되면서 한반도 동맹구조와 지역질서 변환의 시발점이 될 것이다.

제4장

기회와 위협

제1절 21세기 동북아 외교안보구조의 변화와 전망

1950년의 한국전쟁 이후 탈냉전기에 이르기까지 동북아의 외교안보구조는 상대적으로 안정적이었다. 미국의 패권적 영향력과 역내 강대국들 간의 세력균형이 그 원인이었다. 미국은 제2차 세계대전 종전 후 유럽 및 기타 지역과 마찬가지로 동북아에서도 미국 주도의 패권적 질서를 형성했다. 미국이 유럽지역에서 북대서양조약기구(NATO) 등 다자간 협력체를 바탕으로 자신의 영향력을 행사했다면, 동북아에서는 '축과 살 체제(hub and spoke system)'를 토대로 동북아 질서를 구축해 나갔다.

미국은 패전국가인 일본과 미일안보조약을 체결하여 일본의 재무장을 견제하는 한편 일본을 자국의 자유무역경제 질서에 적극 편입시켰다. 일본은 전적으로 미국에 안보를 의존하면서 과거의 군국주의 국가에서 경제통상 국가로 탈바꿈했다. 미일동맹은 일본이 다시금 안보위협을 초래하지 않도록 일본을 자국의 외교적·군사적 영향력하에 묶어두는 한편 소련과 중국에 대항하기 위한 동맹국으로서 일본을 활용하기 위한 미국의 전략이었다. 즉, 유럽에서 프랑스가 패전국 독일을 끌어안았듯이 동북아에서 미국은 패전국 일본을 끌어안았다. 미일동맹은 중국의 입장에서도 불리한 것만은 아니었다. 일본 제국주의 침략의 최대 피해자 중의 하나인 중국은 미일동맹을 통해 일본의 재무장에 재갈이 물려진다면 내심 수용할 수 있었다. 미국은 또한 한국과 한미상호방위조약을 체결하여 공산권 세력의 팽창을 저지하고 자국의 영향력을 지키기 위한 교두보를 유라시아 대륙의 한반도 남단에 확보했다. 미국은 한미동맹을 통해 북한의 무력행사와 재침을 억제하는 한편 내부적으로는 한국에 대한 외교적·군사적 영향력을 행사할 수 있었다. 미국은 또한 필리핀(1951년), 대만(1955년),[1] 호주·뉴질랜드(1951년)와도 상호안보조약을 체결하여 아시아·태평양 연안 일대에 자국의 방어선을 구축했다. 미국은 일본에서 시작하여 동남아시아를 거쳐 인도에까지 이르는 지역을 '위대한 초승달(great crescent)'이라 지칭하며 역내에 미국이 주도하는 시장경제와 자유무역 질서를 수립하는 한편 반공산주의의 방어선으로 활용했다. 결론적으로 미국은 동북아 및 동아시아 지역에 쌍무적 동맹을 바탕으로 하는 미국 중심의 패권체제를 확립하고 역내의 안정과 질서를 유지해왔다.

강대국들 간의 세력균형도 동북아의 안정에 기여했다. 냉전기 동안 미국과 소련 간의 경쟁은 치열했으며 동북아시아도 예외는 아니었다. 한국전쟁은 냉전이 열전으로 분출된 대표적인 사례였다. 그러나 한국전쟁 이후 미소 간의 냉전은 적어도 동북아 지역에서는 현상유지라는 묵시적 합의와 전제하에서 진행되었다. 미국과 소련은 동북아에서 또 다른 전쟁이 발발할 경우 이는 핵전쟁으로까지 확대될 수 있다는 우려를 공유하고 있었으며 아울러 양국 모두 당시에는 아시아보다는 유럽을 중시하는 대외전략을 전개했기에 미소 양국은 동북아에서 새로운 모험을 하기보다는 지역의 안정적 관리에 주력했다. 북한이 제2의 '조국해방전쟁'을 일으

---

1) 미국과 대만 간의 '중미상호방위협정'은 1954년의 대만해협 위기를 명분으로 1955년에 체결되었으나 1971년 중국의 UN 가입 및 대만 축출로 미국에 의해 폐기되었다.

킬 수 없었던 것은 한미동맹의 억지력뿐만 아니라 소련과 중국의 만류와 저지가 작용했기 때문이다. 또한 1960년대 들어 뚜렷해지기 시작한 중소 간의 갈등과 분열은 역설적으로 동북아의 안정적 세력균형에 도움을 주었다. 소련과 중국 대 미국이라는 냉전 초기의 2 : 1 대립 구도는 미중소 3국의 동북아 3자 정립 구도로 전환되었으며, 미국은 대소 및 대중정책에 있어 각기 '중국 카드'와 '소련 카드'를 적절히 활용함으로써 동북아에서의 안정적 세력균형과 질서 유지를 도모했다.

현재의 시점에서 지난 세월을 회고할 때, 동북아는 상대적으로 안정적인 지역안보질서를 누려왔다. 비록 중국과 소련 간의 국경 충돌, 수차례의 대만해협 위기, 북한의 거듭된 대남 무력도발과 남북한 간의 지속적인 갈등 등 크고 작은 사건들과 안보위협이 있었지만 동북아 지역에서는 지난 60년간 대규모 전쟁이 발발하지 않았다. 이제 동북아의 국가들은 태어나서 죽을 때까지 전쟁을 경험하지 않은 세대를 배출하게 되었다. 역사적 관점에서 볼 때 이는 좀처럼 찾아보기 힘든 '오랜 평화(long peace)'였다.

그러나 현재시점에서 미래를 전망한다면 동북아는 보다 불확실하고 불안정적인 내일을 맞이하게 될 것이다. 이와 같은 전망은 단순히 앞날에 대한 불가지성에 연원하는 것이 아니다. 현재 벌어지고 있는 동북아 외교안보구조의 변화가 미래의 동북아 안보질서를 불확실하고 불안정적인 경로로 이끌어가고 있기 때문이다. '중국의 급격한 부상과 초강대국화', '미국 패권적 지위의 변환', '일본의 정상국가화와 군사력 증강', '러시아의 재부상', '북한의 핵개발과 체제불안' 등이 바로 동북아의 미래를 지난 시절과 다르게 이끌고 있는 주요 변화들이다. 이제 이러한 변화들로 인해 기존의 현상유지적 구질서는 사라지고 강대국 간 세력다툼과 안보경쟁을 특징으로 하는 신질서가 동북아의 미래를 열어가고 있다. 미국 프린스턴 대학의 아이켄베리(G. John Ikenberry) 교수가 우려했듯이, 21

세기의 동북아는 영국의 패권적 질서가 붕괴되기 시작한 1870년대의 유럽처럼 힘의 전이(power transition)가 일어나면서 안보딜레마(security dilemma)와 군사력 경쟁(military competition)이 격화되고 종국에는 동북아의 지배를 위한 강대국들 간의 치열한 다툼과 투쟁(great power rivalry)이 재개 및 확산될 가능성이 높아지고 있다.[2] 확실한 것은 앞으로의 동북아는 더 이상 과거의 동북아가 아니라는 것이다. 미국의 패권적 질서와 더불어 현상유지에 대한 강대국들 간의 '타협협정(modus vivendi)'하에서 안정과 평화를 누리던 동북아는 이제 미국의 패권적 질서에 대한 본격적인 도전과 함께 전통적 세력균형 정치가 부활하는 불확실과 불안정의 동북아로 변모하고 있다.

  21세기 동북아 안보구조의 최대 변화 요인은 중국의 부상이다. 비록 중국이 17~18세기 청조의 전성기까지만 하더라도 세계 최대의 강국이자 문명대국이었지만 서세동점의 기세 앞에 무릎을 꿇기 시작하면서 아편전쟁과 난징조약(1842년)을 분기점으로 중국은 서구와 일본 제국주의의 희생양으로 전락했다. 이후, 중국은 국제사회와 동북아에서 1세기 이상 주변적·보조적·피수탈적 존재에 불과했다. 비록 중국이 1949년 '중화인민공화국'을 건설하면서 사라졌던 존재감을 회복하기 시작했지만, 동북아의 주역은 미국과 미국의 패권적 질서 그리고 소련이었다. 그러나 중국은 1978년 개혁·개방정책을 도입하면서 급속히 성장했으며 탈냉전기에는 구소련을 대신하여 미국과 함께 동북아의 양대 주역으로 떠올랐다. 21세기에 들어서도 중국의 부상은 거듭되어 오늘날의 중국은 미국의 패권적 질서마저 도전할 수 있는 위치에 도달했다. 이는 난징조약 이후

---

2) G. John Ikenberry, "From Hegemony to the Balance of Power?: Six Theses on American Grand Strategy toward East Asia," paper on A Special Conference with Global Eminent Scholars at Kyung Hee University(July 23, 2010), p.15.

150여 년 만에 처음으로 나타난 동북아 국제질서의 대변혁이라고 할 수 있다. 그러나 더욱 주목해야 할 것은 중국의 성장은 현재진행형이며 앞으로도 계속될 것이라는 점이다.

중국의 부상은 무엇보다도 동북아의 국제질서에 중대한 변환을 가져올 수밖에 없다. 케네스 왈츠(Kenneth Waltz)가 말했듯이 국제질서는 '힘의 분배(distribution of power)'에 따라 그 모습을 달리한다.[3] 기존의 동북아 국제질서가 미소 간의 세력균형 및 미국의 패권적 질서에 기초했다면 앞으로의 동북아 국제질서는 중국의 영향력이 크게 반영된 형태를 띨 수밖에 없다.[4] 그 모습은 크게 대별하여 미중 양국의 '협조체제 또는 공동통치(concert or condominium)'와 미국과 중국의 '세력전이 격돌(power transition struggle)' 중의 하나가 될 것이다. 중국이 미국 주도의 국제질서를 수용하고 미국과 파트너십을 형성한다면 동북아는 전자의 모습을 갖게 될 것이며 미국의 힘과 패권질서에 도전한다면 후자가 동북아 국제질서의 미래가 될 것이다.[5] 만약 미국과 중국이 동북아의 주도권을 놓고 격돌하게 된다면 두 가지 시나리오가 가능하다. 미국이 승리할 경우 동북아시아는 미국 패권질서의 지속과 더불어 중국의 전면적 변환 내지는 분열·해체를 목격하게 될 것이다. 그러나 중국이 승리한다면 동북아시아는 '새로운 패권국가 중국(a new Chinese hegemony)'을 맞이하게 될 것이다.

중국이 미국과의 전면적인 '세력전이 격돌'을 의도하지 않더라도 중국이 미국 또는 주변국들과 충돌할 가능성은 매우 높다. 이는 세계사적인

3) Kenneth Waltz, *Theory of International Politics* (Reading: Addison Wesley, 1979).

4) 이삼성, 「21세기 동아시아의 지정학: 미국의 동아태지역 해양패권과 중미관계」, ≪국가전략≫, 제13권 1호(세종연구소, 2007), 5~32쪽.

5) Zbigniew Brzezinski and John J. Mearsheimer, "Clash of the Titans," *Foreign Policy* (January 5, 2005); Alastair Iain Johnston, "Is China a Status Quo Power?," *International Security*, Vol.27, No.4(Spring 2003), pp.5~56.

<그림 4-1> 중국의 세력확장 구도와 충돌지점

자료: Map by Kenneth Velasquez, published in The Grand Chessboard by Zbigniew Brzezinski
copyright ⓒ 1997, p.167. Reprinted by permission of Basic Books, a member of the
Perseus Books Group.

관점에서 볼 때 팽창하는 국가들의 한결같은 숙명이다.[6] 중국은 자국의
경제력이 급성장함에 따라 지속적인 성장을 위해 에너지, 식량, 고무, 금
속 등의 자원 확보 노력을 배가할 수밖에 없으며 아울러 경제력에 걸맞
은 초강대국 위상을 공고히 하기 위해 군사력의 강화를 추구할 것이다.[7]
이에 따라 중국은 자국의 경제지도·안보지도를 다시 그리고 세력권(영향
권)을 재설정할 것이다. 즉, 중국의 힘을 반영하는 새로운 '대외전략지형

---

6) Woosang Kim, "Power Transitions and Great Power War from Westphalia to Waterloo,"
World Politics, Vol.45(October 1992), pp.153~72.

7) 박병광, 「최근의 중국 군사력 발전 현황과 함의」, ≪JPI 정책포럼≫, 2010-2(제주평화
연구원, 2010), 1~13쪽; 박창희, 「중국의 대한반도전략」, 『한반도전략평가 2009~
2010』(국방대학교, 2009), 29~44쪽; Robert Ross, "China's Naval Nationalism: Sources,
Prospects, and the U.S. Response," *International Security*, Vol.34, No.2(Fall 2009), pp.46~81.

(a new geography of Chinese power)'이 필요한 것이다.[8] 미국의 전략가 브레진스키(Zbigniew Brzezinski)는 중국의 새로운 전략지형과 미국 및 주변국과의 충돌 지점을 <그림 4-1>과 같이 제시했다.

중국은 동쪽과 남쪽으로는 아시아·태평양의 해상 방어선을 확장하는 노력을 전개하고 있다. 중국이 1단계 목표로 삼고 있는 제1전략범위(first island chain)는 한반도의 휴전선으로부터 시작하여 오키나와 서쪽 근해와 대만 '동쪽 해상'을 거쳐 남중국해와 말라카 해협을 확보하고 인도양을 지나 미얀마까지 이르는 해상 방어선을 말한다. 2단계 목표이자 중장기적으로 추진하고 있는 제2전략범위(second island chain)는 한반도 전체를 영향권 안에 두면서 일본해협을 거쳐 태평양으로 진출하여 괌 서쪽 근해까지 해상 방어선을 확대하고 호주 북쪽 해상과 인도네시아 남쪽 해상을 통과하여 인도양으로 진입하는 것을 말한다. 즉, 중국은 서태평양과 동남아시아 전체를 자국의 세력권 안에 두겠다는 중장기적 의도를 갖고 있다. 이는 해상수송로의 확보, 자원 확보, 그리고 미국에 대한 해상 방어선의 전진 배치 등의 전략적 목적에 따른 것이다. 따라서 대만 흡수 및 대만해협 확보는 중국의 사활적 국가이익이며 센카쿠 열도(Senkaku Islands/조어도), 서사군도(Paracel Islands), 남사군도(Spratly Islands) 등을 둘러싼 일본 및 동남아 국가들과의 갈등도 중국의 이러한 전략적 지평과 깊은 관련을 갖고 있다.

중국은 남서쪽으로는 인도를 견제하면서 인도의 경쟁국인 파키스탄과 전략적 협력관계를 강화하고 있다. 신흥경제대국 BRICs의 일원인 인도는 인도 대륙이라는 광활한 영토와 12억이 넘는 인구를 가진 대국으로서 중국 못지않은 경제성장률을 기록하면서 세계경제의 주역으로 떠오르고

---

8) Robert Kaplan, "The Geography of Chinese Power: How Far Can Beijing Reach on Land and at Sea," *Foreign Affairs* (May/June 2010), pp.22~41.

있다. 상호 국경을 맞대고 있는 두 대국의 동반 팽창은 언젠가는 커다란 파열음을 내며 충돌할 소지를 충분히 갖고 있다. 중국이 파키스탄과의 관계를 중시하는 이유가 여기에 있다. 중국은 서쪽으로는 석유, 천연가스 및 광물자원이 풍부한 중앙아시아에 대한 영향력 확대를 추진하고 있다. 중국은 러시아와 함께 중앙아시아의 카자흐스탄, 우즈베키스탄, 타지키스탄, 키르기스스탄 등과 '상하이협력기구(The Sanghai Cooperation Organiza-tion)'를 결성하고 회원국 상호 간 우호 증진과 분야별 협력 및 역내의 안보와 평화 증진을 동 기구의 목적으로 내세우고 있으나, 실제로는 중앙아시아의 자원 확보, 미국에 대한 견제, 신장 위구르 지역의 독립 방지, 러시아의 옛 연방지역에 대한 침투가 숨은 의도라고 할 수 있다. 중국의 중앙아시아 진출이 본격적으로 노골화될 경우 중국은 당사국인 중앙아시아 4개국은 물론 이 지역에 대해 종주권을 주장하는 러시아 그리고 중앙아시아에 전략적 이해관계를 갖고 있는 미국과 갈등을 빚을 수 있다. 중국 북쪽에 있는 러시아의 연해주 또한 잠재적 분쟁지역이다. 연해주는 원래 중국령이었으나 1860년 베이징조약에 의하여 러시아에 양도된 지역이다. 아편전쟁의 여파로 쇠약해가는 청조가 건네준 땅이었기에 이 지역에 대한 중국의 아쉬움은 클 수밖에 없다. 중국 동북3성의 개발이 확대되고 연해주에 진출해 있는 중국 화교들의 숫자가 지금보다도 훨씬 대규모로 증가할 경우 연해주는 고토회복을 원하는 중국과 태평양으로의 진출거점을 놓지 않으려는 러시아 간의 분쟁지역이 될 수 있다.

　<그림 4-2>는 중국의 '군사력 투사능력(power projection capability)'을 나타내고 있다. 중국의 군사력 투사능력을 최대치로 확대했을 경우, 중국은 서태평양과 동아시아 전체, 인도를 포함한 인도양 전역, 중앙아시아와 중동 일부, 그리고 시베리아 지역의 대부분에 자국의 군사력을 투사할 수 있다. <그림 4-2>는 <그림 4-1>과는 달리 태평양 지역에서의 중국의 제2전략범위가 미국의 괌 인근 해역까지 설정되어 있음을 보여주고 있다.

〈그림 4-2〉 중국의 세력확장 구도와 군사력 투사능력

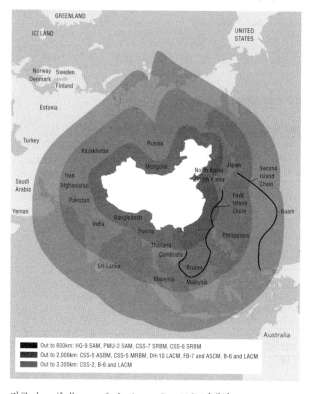

자료: http://bellum.stanfordreview.org/?p=1069(검색일: 2010.11.22).

중국은 또한 경제적·외교적·문화적 차원에서 국제적 영향력을 증대해 가고 있다. 중국은 EU의 두 번째 역외 교역국 위상을 갖고 있으며 남미의 경우에는 미국을 제치고 제1의 역외 교역국으로 올라섰다. 중국은 중국시장을 무기로 EU의 대중국 정책에 강한 영향력을 행사하고 있으며 남미에서는 일부 국가들의 반미 정서를 활용하여 자국의 국가 이미지를 부각시키면서 자원외교 강화와 영향력 확대를 추진하고 있다. 중국은 또한 아프리카 국가들에 대해서도 적극적인 원조정책을 발판으로 자국의 영향력 증대 및 자원 선점과 확보를 도모하고 있다. 중국이 세계 곳곳에

〈그림 4-3〉 중국의 국제적 영향력

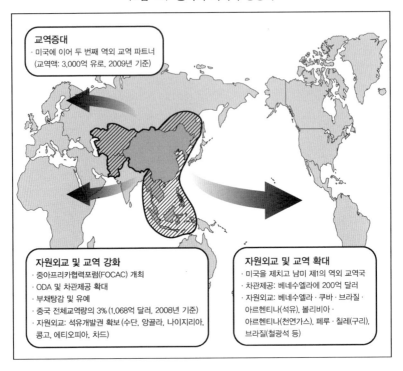

교역증대
· 미국에 이어 두 번째 역외 교역 파트너
  (교역액: 3,000억 유로, 2009년 기준)

자원외교 및 교역 강화
· 중·아프리카협력포럼(FOCAC) 개최
· ODA 및 차관제공 확대
· 부채탕감 및 유예
· 중국 전체교역량의 3%(1,068억 달러, 2008년 기준)
· 자원외교: 석유개발권 확보 (수단, 앙골라, 나이지리아,
  콩고, 에티오피아, 차드)

자원외교 및 교역 확대
· 미국을 제치고 남미 제1의 역외 교역국
· 차관제공: 베네수엘라에 200억 달러
· 자원외교: 베네수엘라 · 쿠바 · 브라질 ·
  아르헨티나(석유), 볼리비아 ·
  아르헨티나(천연가스), 페루 · 칠레(구리),
  브라질(철광석 등)

서 운영하고 있는 '공자학원'도 중국문화 전파를 통한 국제적 위상 제고
및 영향력 증대라는 전략적 목표를 내포하고 있다.

　미국의 패권적 지위의 변환 또한 21세기 동북아시아 안보구조를 변화
시키는 요인이다.[9] 미국은 소련의 해체와 냉전에서의 승리로 유일 초강

---

[9] 패권국가의 힘의 변화는 기존 국제질서의 근본적인 변화와 수정을 수반한다. 이에
　　대한 논의로는 Robert Gilpin, *War and Change in World Politics* (Cambridge: Cambridge
　　University Press, 1981); George Modelski, "The Long Cycle of Global Politics and the
　　Nation State," *Comparative Studies in Society and History*, Vol.20(1978); A. F. K. Organski,
　　World Politics (New York: Alfred A. Knopf, 1968); A. F. K. Organski and Jacek Kugler,
　　The War Ledger (Chicago: University of Chicago Press, 1980); William R. Thompson, *On*

대국이 되었으나 역설적이게도 일극체제하에서 미국의 패권적 지위는 오히려 약화되었다. 소련이라는 공동의 적이 사라지자 강력한 우군이었던 유럽은 기존의 '내부 협력세력'에서 '외부 방관자 내지는 간섭자'로 바뀌었다. 지금의 세상에 대해 불만을 갖는 국가, 단체, 개인들은 그 모든 원인을 미국의 정책에서 찾기 시작했다. 미국 또한 유일 초강대국이 범하기 쉬운 일방주의와 메시아니즘에 빠져들면서 스스로 만든 질서를 허물고 자국의 입맛에 맞는 신세계질서를 구축하고자 했다.[10] 미국에 대한 세계인들의 존경과 애정은 사라지고 경원과 우려가 그 자리를 대신하기 시작했다. 미국은 냉전을 이겼지만 미국에 대한 위협과 안보불안은 오히려 증가했다. 2001년의 9·11 테러는 미국 패권적 지위의 실제 모습을 보여주는 대표적인 사례였다.

미국의 패권적 지위는 이처럼 내용적 약화와 더불어 신흥세력들의 발흥으로 물리적으로도 상대적 하락을 경험하기 시작했다. 무엇보다도 중국의 부상이 가장 큰 도전이다.[11] 비록 미국이 군사력과 경제력 양 측면에서 중국보다 월등한 능력을 유지하고 있지만, 적어도 '동아시아 전역(East Asian Theatre)'에서는 중국이라는 존재가 미국에 주는 위협감과 압박감은 상당하다. 미국이 동북아에서 자국의 패권적 영향력을 더 이상 자신하지 못할 경우, 도전국가에 대한 회유와 더불어 한결 예민해진 대응이 병행 추진될 가능성이 높다. 즉, 중국에게 동반자 지위를 부여하면서 중

Global War (Columbia: University of South Carolina Press, 1988); Christopher Layne, "The Unipolar Illusion: Why New Great Powers Will Rise," *International Security*, Vol.17, No.4 (Spring 1993), pp.5~51.

10) 마상윤, 『21세기 미국의 동맹질서 구상: 역사를 통한 조망』(동아시아연구원, 2009), 1~13쪽.

11) Dan Blumental and Aaron Friedberg, "An American Strategy For Asia," *A Report of The Asia Strategy Working Group* (American Enterprise Institute, January 2009), pp.1~34.

국을 미국의 패권적 질서하에 편입시키려고 노력하겠지만, 중국의 비협조 또는 대립 행위에 대해서는 '눈에는 눈, 이에는 이 전략(tit for tat strategy)'을 추구하면서 중국의 도전 의지를 사전에 제압한다는 정책을 전개할 것이다. 그만큼 동북아시아의 안보상황은 불안정해질 수밖에 없다.

한편, 미국 군사·동맹전략의 변화도 동북아시아 안보구조에 변화를 초래하고 있다. 미국은 '군사혁신(RMA: Revolution in Military Affairs)'을 통해 주둔형 군대에서 신속기동형 군대로 군사전략을 수정했다. 새로운 군사전략의 도입은 동맹국의 입장에서는 두 개의 중대한 결과를 초래한다. 즉, 원치 않는 전쟁에 대한 연루의 위협과 미국에 의한 동맹포기의 가능성이다. 신속기동형 군대는 힘의 투사(power projection) 측면에서 주둔형 군대에 비해 훨씬 전방위적이다. 주둔형 군대는 '주둔하고 있는 지역'의 방어가 주요 기능이지만 신속기동형 군대는 '대기하고 있는 지역'의 방어와 더불어 전략상 필요지역으로의 신속한 파병과 개입이 주요 기능이다. 따라서 신속기동형 군대를 수용하고 있는 동맹국가(a hosting ally)는 타 지역에서의 분쟁에 휘말릴 가능성이 그만큼 높다. 또한 신속기동형 군대는 주둔형 군대에 비해 부대의 이전과 재배치가 용이하다. 따라서 미국과 동맹국 간의 갈등과 불화가 발생할 경우 미국의 동맹국 재조정도 그만큼 용이해진다. 신속기동형 군대의 타국 이전은 언제든지 가능하기 때문이다. 미국은 2001년 이후 테러와의 전쟁을 선언하면서 '같은 의지를 가진 국가들의 연합(a coalition of the willing)'을 동맹의 원칙으로 삼았다. 원하지 않는 국가는 미국의 동맹국에서 제외하겠다는 의미이다. 이제 미국의 동맹국들은 훨씬 증대된 연루와 포기의 위협 속에서 미국의 대외전략을 추수해야 할 입장에 처하게 되었으며 동북아시아도 예외는 아니게 되었다. 1914년 세르비아에서 울려 퍼진 총성이 순식간에 세계대전으로 비화된 것은 당시 동맹국 상호 간을 붙들어 맸던 결박전략(chain gang)이 주요 원인 중의 하나였다.[12] 결박전략에 의해 자동적으로 연쇄 개입이 일어났으며 협상과 타협이 들어설 시간적 공간은 없었다. 미국이 동북아시아에도 신속기동군 체제를 도입함으로써 역내 동맹국가가 느끼는 연루와 포기의 위협은 더욱 증가하게 되었으며 이와 더불어 국지적 갈등이 전체 권역의 대규모 전쟁으로 확산될 가능성 또한 더욱 높아졌다고 할 수 있다.

일본의 정상국가화는 동북아시아에 또 하나의 군사강국이 출현한다는 점에서 동북아 안보구조의 중대한 변화요인이라고 할 수 있다. 일본은 제2차 세계대전 패전 후 평화헌법 제9조에서 '전쟁과 무력행사 포기, 전력 불보유, 교전권 부인' 등을 명시하면서 최소한의 자위적 기능만 남기고 군사력 보유를 포기했다. 이후 일본의 국가방위는 미국에 의존하면서 경제에만 전념하는, 말 그대로의 '문민국가(a civilian state)'를 지향해왔다. 그러나 전후 세대가 일본사회의 주류를 형성하면서 '정상적인 국가(a normal state)'로의 복귀에 대한 국민적 요구가 거세지기 시작했으며 정상 국가화는 오늘날 일본 정치의 핵심화두로 대두되었다. 정상적인 국가란 주권국가를 말하며 주권국가는 국가안보를 위한 군사력 보유가 필수적이다.

제2차 세계대전 종전 후 60년 이상의 세월이 흘렀음을 감안할 때, 일본의 정상국가화는 실현될 가능성이 매우 높다. 우선, 일본 국내적으로 국가에 대한 국민적 자긍심이 제고될 필요가 있으며 전후 세대들에게 더 이상 과거 전쟁의 책임을 물을 수도 없게 되었다. 아울러 중국의 급부상과 북한의 핵개발은 자국안보에 대한 일본인들의 우려를 심화시켰으며 이는 대응 군사력의 확보 요구로 이어졌다. 대외적인 측면에서도 일본의 정상국가화는 호기를 맞이하고 있다. 즉, 종전 직후 일본의 군사력 포기를 요구했던 미국이 이제는 동북아에서의 안보분담 차원에서 일본

---

12) Thomas J. Christensen and Jack Snyder, "Chain gangs and passed bucks: predicting alliance patterns in multipolarity."

의 적극적인 역할을 스스로 주문하고 있기 때문이다. 특히, 중국이 급부
상하는 현시점에서 아시아·태평양을 함께 방어할 강력한 동맹국의 필요
성은 더욱 절실해지고 있다.[13]

일본의 거대한 경제력과 높은 기술수준을 감안할 때, 일본의 정상국가
화는 곧 군사강국의 출현을 의미한다. 미국, 소련(러시아), 중국이 벌였던
동북아 3자 게임은 이제 일본을 포함하여 4자 게임으로 전환되며 이는
동북아가 다시금 19세기 말과 20세기 초의 강대국 경쟁구조로 복원되는
것을 의미한다. 게임의 참여자가 증가할수록 관계는 복잡해지며 갈등의
발생 가능성 또한 증가한다. 더구나 참여자 간에 해묵은 구원이 있을 경
우 갈등구조는 더욱 확대된다. 일본과 중국은 침략국과 피침략국이라는
역사적 악연을 갖고 있다. 일본과 중국의 민족주의는 세계주의·보편주의
에 의해 약화되기는커녕 시간이 갈수록 세력을 확장하고 있다. 일본은
정체되어 있는 반면에 중국의 부상과 질주는 계속되고 있다. 중일 간의
갈등과 충돌은 언제든지 동북아의 현실이 될 수 있다.

러시아의 재부상은 동북아 안보구조를 한층 중층적인 구조(multi-layered
structure)로 전환시킬 것이다. 즉, 국가 간의 협력과 갈등, 제휴와 이반이
단일 경로가 아닌 다수의 층위에서 다방면으로 전개되는 매우 복잡한
관계망이 러시아의 재부상이 가져올 변화라고 할 수 있다. 냉전기의 동
북아는 상대적으로 매우 단순한 구조로 출발했다. 미국과 소련의 대립구
도가 동북아 안보구조의 핵심이었으며 일본과 중국은 각기 미국과 소련
의 지도를 받는 부수적인 존재(adjunct states)였다. 한국과 북한은 미국과
소련의 힘이 맞닿는 지역에 위치한 초병국가들(sentry states)에 불과했다.
냉전기 중반, 중국이 독자세력화하면서 미국과 소련의 동북아 양자 대립

---

13) 송화섭, 「일본의 군사전략과 군사력 증강 추세」, 《JPI 정책포럼》, 2010-1(제주평화
    연구원, 2010), 1~17쪽.

구도는 미중소 3국의 3자 정립구도로 바뀌었으며 탈냉전기에 들어서는 소련이 퇴장하면서, 미국이 앞서고 중국이 추격하는 모양새의 양자 구도가 등장했다. 그러나 2000년대 들어 러시아는 강대국 지위 복원을 꿈꾸며 다시 동북아 무대에 복귀했다. 하지만 다시 돌아온 러시아는 과거의 사회주의 국가도, 서방의 자유민주주의 국가도 아닌 국익우선의 현실주의 국가였다. 이념과 가치보다는 세력균형과 전략적 행동이 러시아의 행동준칙이 되었다.[14]

러시아는 우선 미국 주도의 일극체제와 동북아에서의 미국 패권을 허물기 위해 중국과 동맹에 준하는 협력관계를 맺고 이를 공고히 할 것이다. 또한 한국과 북한에 대해 등거리 외교 전략을 추진하면서 한반도에의 영향력을 다시금 복원하려 할 것이다. 일본과는 경제협력을 양국관계의 기본기조로 유지하는 한편 북방 4개 섬에 대한 양국 간의 분쟁을 일정 수준 이내로 통제하면서 이를 일본 유인의 전략 카드로 활용할 것이다.

그러나 러시아는 중국의 부상에 언제까지나 편승하지는 않을 것이다. 중국과의 협력관계는 동북아에서 미국의 패권적 영향력이 크게 약화되고 중국이 동북아를 장악하려는 시점에서 그 수명을 다할 것이다. 러시아는 스스로 동북아의 주도적 국가가 되는 것이 궁극적인 목표이며 그것이 여의치 않을 경우에는 최소한 다른 패권국가의 출현을 막는 것이 차선의 목표이다. 중국의 팽창이 지나치다고 판단할 경우 러시아는 미국과 손을 잡을 것이다. 러시아는 또한 한반도의 미래에 있어 '조커 내지는 캐스팅보트(a joker or a casting vote)'의 역할을 할 것이다. 러시아는 미국이나 중국에 비해 한반도에 대한 영향력이 제한적이다. 그러나 한반도 상황이 결정적인 국면을 맞이할 경우에는 자신의 한 표를 행사함으로써 자국의 이익에 맞도록 국면의 반전 또는 확대를 도모할 것이다. 즉, 러시

---

14) 신범식, 「21세기 러시아의 동맹·우방 정책의 변화와 전망」, 3~11쪽.

아의 대한반도 정책은 한국 및 북한과의 협력 가능성을 각기 열어둔 상태에서 상황에 따라 처신하는 기회주의적 속성을 가질 것이다. 결론적으로 러시아의 재부상은 동북아에서의 협력 및 갈등 구조를 '닫힌 게임(closed game)'에서 '열린 게임(open game)'으로 이끌면서 국가들 간의 합종연횡을 더욱 다양하고 복잡하게 만들 것이다.

북한의 핵개발과 체제불안도 21세기 동북아 안보구조에 중대한 영향을 미치는 또 하나의 요인이다. 앞서 논의한 중국의 부상, 미국 패권적 지위의 변환, 일본의 정상국가화, 러시아의 재부상 등은 동북아 지역의 '힘의 분배'를 직접적으로 재구성하는 구조적인 변화들인 반면에, 북한의 핵개발과 체제불안은 개별국가의 정책과 행태로서, '개체(unit)'가 '구조(structure)'에 영향을 미치는 대표적인 경우라고 할 수 있다.

북한은 2006년 10월과 2009년 5월 등 모두 두 차례에 걸쳐 핵실험을 하면서 핵개발의 의지를 명확히 했고 또 스스로 핵보유 국가임을 선언했다.[15] 국제사회의 반발과 제재에도 불구하고 현재 북한의 핵보유 의지는 전혀 달라지지 않고 있으며 북한의 핵 포기는 매우 요원한 실정이다. 북한의 핵개발은 일반적인 군사력 증강과는 차원을 달리하는 문제로서 그 자체로서도 동북아의 커다란 안보위협일 뿐만 아니라 주변국들에 대한 파급효과도 엄청나다. 우선, 북한이 핵을 가진다는 것은 동북아에서 핵보유 국가가 하나 더 늘어나 의도적이든 우발적이든 그만큼 핵전쟁의 가능성이 높아진다는 것을 의미한다. 더 큰 문제는 북한의 핵개발과 보유가 한국, 미국, 일본의 대응 군사력 강화를 야기하고, 이는 다시 중국과 러시아의 반작용을 불러일으킨다는 것이다. 즉, 북한 핵개발로 인해 주변국들 간의 군비경쟁과 상호대립이 악화될 가능성이 높다. 가장 파국적인 시나

---

15) Larry A. Niksch, "North Korea's Nuclear Weapons Development and Diplomacy," *CRS Report For Congress* (Congressional Research Service, January 2010), pp.1~30.

리오는 북한의 핵개발이 일본과 한국의 핵무장 시도로 이어지는 상황이다. 특히, 일본이 핵보유를 추진하거나 실제로 보유하게 되었을 경우 중국의 반발은 상당할 것이며 중국은 '2차 공격력(the second-strike capability)'의 확보를 위해 곧바로 추가적인 핵무기 생산에 나설 것이다. 미국과 러시아도 이러한 '핵 경쟁(nuclear competition)'에 말려들 수밖에 없으며 결국 동북아시아 전체가 핵공포의 늪에 빠져들게 될 것이다. 20세기 끝 무렵에 불거진 북한 핵개발 문제는 21세기에 들어서도 상당기간 동북아의 안보를 위협하는 최대 이슈 중의 하나로 남아 있을 것이다.

북한의 체제불안은 핵개발과는 반대의 이유로 동북아의 안보구조를 흔들 수 있다. 후자가 북한의 존재감 강화로 인한 위협이라면 전자는 북한의 존재감 상실 또는 부재로 인한 위협이다. 동북아시아는 한국전쟁 이래 한국과 북한 그리고 주변 4개국의 6개국 체제를 유지해왔다. 그러나 현재 북한은 국내 정치경제의 구조적 모순으로 심각한 체제불안을 겪고 있으며, 이에 따라 북한 붕괴 및 급변사태 가능성이 심각하게 제기되고 있는 상황이다. 북한이 붕괴하거나 여타의 급변사태에 빠질 경우, 한반도의 북부에서 나타나는 '힘의 공백(power vacuum)'은 주변국들을 거세게 빨아들일 것이다. 6개국 체제의 동북아 안보질서는 무너지면서 한국은 물론 미국과 중국 그리고 일본과 러시아도 북한지역을 둘러싸고 치열하게 각자의 이해관계를 관철시키려고 할 것이다. 이에 따른 갈등과 충돌은 불가피할 것이다. 그러나 북한이 동북아 국제질서의 '필수적인 구성국가(an essential member state)'가 아니라는 인식이 사전에 공유되어 있을 경우, 북한의 붕괴에 따른 갈등과 충돌은 최소화될 수 있다. 즉, 동북아의 모든 국가들이 북한을 '실패국가(failed state)'로 판정하고 북한의 궁극적인 소멸을 기정사실화하면서 통일 한반도를 포함한 5개국 체제의 동북아라는 새로운 국제정치지형을 사전에 구상한다면 북한의 붕괴에 따른 충격과 혼란은 최소화될 수 있다.

제2절 한반도에의 기회요인과 위협요인

21세기 동북아 안보구조의 변화가 한반도에 미치는 기회요인과 위협
요인은 무엇인가?

한반도 또는 한국이 맞이하는 최대의 기회요인은 구질서의 붕괴와 신
질서의 생성에 따른 새로운 전략공간의 마련이다. 이미 주어진 구조하에
서는 각 개별국가들의 활동공간은 제한적일 수밖에 없다. 또한 기존의
구조는 대부분의 경우 구조형성을 주도한 국가들의 이해관계가 깊이 반
영되어 있기 마련이며 기타 국가들의 국가이익은 상당부분 무시될 수밖
에 없다. 그러나 기존의 구조가 새로운 구조로 전환되는 시점에서는 한
시적이나마 국가들이 누릴 수 있는 활동공간이 넓어지면서 개별국가들
의 역량에 따라 새로이 생성되는 구조에 자국의 이익을 최대한 반영할
수 있는 기회를 얻게 된다. 한국은 제2차 세계대전 후 미국과 소련이 주
도적으로 형성한 동북아 질서와 구조 속에서 60여 년을 지내왔다. 한국
의 활동공간은 크게 제한되었으며 주어진 틀 속에서 부분적인 국익 개선
만 가능했다. 그러나 동북아의 역내 질서가 구조적인 변화를 보이는 현
시점에서는 한국은 구질서의 틀을 벗어나 자신의 전략적 지평을 크게
확대할 수 있는 여지를 가질 수 있다. 즉, 한국은 노력 여하에 따라 한국
의 국익에 부합하는 신동북아 질서를 이끌어낼 수 있는 기회를 맞이하고
있다.

한국의 국력 신장과 국제적 위상 강화에 따른 주변 강대국들의 구애도
한국에게는 커다란 기회요인이다. 동북아의 안보구조가 새롭게 변환되
면서 강대국들의 경쟁은 더욱 치열해지고 있다. 경쟁에서의 승리는 스스
로의 국력 확충과 더불어 동맹국 또는 우호국의 확보와 협력을 필요로
한다. 한국은 동북아의 강대국은 아니지만 이미 '중추적 국가(pivotal
state)'라는 위상을 확보하고 있다. 중추적 국가란 전략적 요충지에 있으

면서 일정수준 이상의 인구, 경제력, 군사력과 더불어 국제적 영향력을 갖고 있는 국가들을 지칭한다. 한국은 OECD 가입 국가이자 GDP 기준 세계 10~15위권의 경제강국이다. 따라서 동북아에서 한국의 전략적 가치는 매우 높으며 한국과의 동맹 또는 우호협력은 동북아 세력경쟁에 참여하는 모든 국가들의 바람이다. 현재 미국은 한국의 중요성을 재인식하면서 한미동맹을 더욱 강화하는 정책을 취하고 있으며, 일본 또한 한일 양국의 우호협력관계를 군사 분야로까지 확대하고자 하는 속내를 갖고 있다. 러시아도 북한과의 우호관계를 복원하면서도 한국과의 경제협력은 적극적으로 추진하고 있다. 한편, 북한과 실질적인 동맹관계에 있는 중국은 한국과의 우호협력에 대해 전략적으로 매우 높은 가치를 부여하고 있으며 한국 유인과 포섭을 중국의 장기적인 목표로 삼고 있다. 동북아 국가들의 이와 같은 대한국 구애는 동북아에서의 세력경쟁이 심화될수록 강화될 것이다. 한국의 입장에서는 그만큼 선택과 운신의 폭이 넓어지면서 대외전략의 다양성과 유연성을 확보할 수 있다.

북한의 체제불안과 한국과 북한 간의 격차 확대도 한국에게는 기회요인이다. 한국과 북한의 체제경쟁은 1970년대 중반을 기점으로 하여 한국이 앞서기 시작했으며 1980년대에 이미 승패가 갈렸다. 오늘날의 북한은 한국과의 경쟁에서 패배했을 뿐만 아니라 국가존립마저도 장담할 수 없는 상황에 봉착했다. 북한은 실패국가라는 인식이 확산되는 반면에 한국은 대표적인 성공사례 국가로 꼽히고 있다.[16] 북한이 현재의 체제를 고수할 경우, 북한의 붕괴와 소멸은 정해진 미래이다. 한국 주도의 한반도 통일 가능성은 그 어느 때보다도 높아졌다. 북한의 체제불안이 자포자기적 무력도발로 이어지지 않고 동북아의 주요 국가들이 모두 동의한다고

---

16) Hahm Chaibong, "South Korea's Miraculous Democracy," *Journal of Democracy*, Vol.19, No.3(July 2008), pp.128~142.

전제할 경우, 한국은 최대의 국가목표인 한반도의 평화적 통일을 달성할 수 있는 절호의 기회를 맞이하고 있다.

그러나 21세기 동북아 안보구조의 변화에 따라 한국이 직면하게 될 위협요인은 앞서의 기회요인들이 무색하리만큼 산적해 있다. 우선, 보다 치열하게 벌어질 강대국들 간의 세력각축전은 한국이 맞이하게 될 대외적 환경이다. 동북아의 신질서 구축을 두고 주도권을 잡고자 하는 국가들의 다툼에서 한국이 정확한 착지점을 찾지 못한다면 한국은 구한말의 경우처럼 경쟁의 소용돌이에 휩쓸려 희생양으로 전락할 수 있다.

중국 대외전략의 향방도 주목해야 한다. 중국 정부의 공식적인 입장과 거듭된 부인에도 불구하고 중국이 동북아에서 패권주의적 행로를 밟을 가능성은 높다. 중국은 전통적으로 주변국들과 조공관계를 맺은 이후에야 비로소 국제질서의 안정화를 받아들였다.[17] 중국 동북부에 경쟁국의 동맹국가가 존재한다는 것은 매우 불편한 현실이다. 중국은 한반도가 통일될 경우 최소한 통일한국의 '핀란드화(finlandization)'를 요구할 가능성이 높다.

중국과 미국 간의 갈등 또한 한국에게는 외교적 시련을 야기할 수 있다. 중국에의 경제의존도가 높은 한국의 입장에서는 미중 간의 갈등 심화는 안보와 경제의 교환이라는 어려운 선택을 하게 만든다. 또한 미중 간의 갈등 심화는 북중동맹의 강화로 이어질 것이며, 이는 한반도에서 한미동맹과 북중동맹 간의 대립구도를 고착화시킬 뿐더러 한국의 대북정책 및 통일정책에 심대한 장애요인으로 작용할 것이다. 아울러 미국과 중국이 대만문제를 둘러싸고 무력충돌을 빚을 경우 한국은 신속기동군 체제로 재편되고 있는 주한미군의 존재로 인해 원하지 않는 전쟁에 불가피하게 연루될 수 있다. 중국과 미국 간의 지나친 밀월관계도 한국에게

---

17) 문대근, 『한반도 통일과 중국』(서울: 늘품플러스, 2009), 2~60쪽.

는 위협요인이다. 중국과 미국이 일정수준의 협력관계를 넘어서서 동북아시아에 대한 미중 협조체제(concert) 또는 공동통치체제(condominium)를 구축하게 될 경우, 모스크바 3상회의의 한반도 신탁통치 결정처럼 동북아의 주요 국제현안들이 한국의 국가이익과는 무관하게 전개될 소지가 크다. 예를 들어, 한국의 머리 위에서 미중 양 강대국들 간에 대만문제와 북한문제가 상호 교환될 수 있으며 주한미군의 역할 및 주둔 여부도 한국의 의사에 관계없이 조정될 수 있다.

일본의 군사대국화도 한국에게는 안보적·전략적 위협이다. 물론 중국의 부상에 대한 견제라는 측면에서는 일본의 군사력 강화가 동북아의 세력균형에 기여하는 바가 일정부분 있겠지만 군사력 보유를 금한 평화헌법이 수정되는 경우 자위적 수준의 군사력 확보에서 대외투사적 군사력 확대까지 이르는 길은 멀지 않다. 과거사에 대한 한일 양국의 견해차가 해소되지 않는 상황에서 일본이 군사력을 강화하는 것은 한국의 입장에서는 잠재적인 안보위협이 아닐 수 없다. 또한 일본의 군사력 강화는 중국의 반작용을 초래할 수 있다. 중국과 일본 간의 군비경쟁은 치열해질 것이며 이에 따라 중일 간의 갈등도 심화될 것이다. 중국과 일본의 군사력이 함께 강화되는 경우 양국 간의 무력충돌 가능성은 그만큼 높아질 것이며 1894년의 청일전쟁과 같이 한국이 양국의 틈바구니에서 큰 고난을 겪을 수 있다.

북한체제의 불안 또한 한국에게는 기회요인이면서도 커다란 위협요인이다. 북한의 급작스러운 붕괴나 내전, 대량탈북 등의 급변사태는 한국의 경제력과 현재의 대비수준으로는 감당하기가 매우 어렵다. 또한 북한의 급변사태는 미국과 중국 등 주변국들의 개입을 초래할 가능성이 높으며 자칫 한미중 3국 간의 충돌로 이어질 수 있다. 아울러 북한의 체제불안이 극도로 악화될 경우 북한 정권이나 군부는 자포자기적인 무력도발을 감행할 수 있다. 한반도에서의 또 하나의 전면전은 한국이 맞이할 수 있는 최악의 시나리오이다. 북한 핵문제가 여전히 해결되지 않는 상황 또한 한국에게는 커다란 안보위협이 아닐 수 없다.

대북정책을 비롯하여 대외전략 일반에 대한 한국사회 내부의 분열도 매우 중대한 위협요인이다. 동북아의 안보구조가 재편됨에 따라 적과 아군에 대한 기존의 분류가 새롭게 조정되면서 한국사회에는 대외전략에 대해 다양한 견해와 요구가 분출되고 있다. 대북 포용과 대북 강경이 맞서고 있으며 한미동맹 강화와 한국외교의 자주성 제고가 상호 대립하고 있다. 중국 위협론과 중국 활용론이 평행선을 달리면서 견제와 편승을 외치는 목소리가 각기 청중들을 찾고 있다. 대외전략의 큰 틀에 대한 합의가 있을 경우, 논의의 다양성은 정책의 실효성과 유연성을 제고해준다. 그러나 대외전략의 기본 방향과 원칙에 대한 공감대가 전제되어 있지 않은 상황에서는 혼란과 분열만을 가중시킬 뿐이다. 세계사적 관점에서 볼 때, 국가의 몰락은 외침보다는 내부분열에 기인하는 경우가 많았다. 한국사회가 한국의 생존과 번영을 담보할 수 있는 대외전략을 찾지 못하고 현재의 분열을 계속할 경우, 한국은 21세기의 새로운 동북아 안보환경 속에서 길을 잃을 수도 있다.

제3절 능동적 대외전략으로의 전환[18]

시대를 막론하고 '현재'를 살고 있는 모든 사람들에게 세상은 항상 격변의 현장이었다. 세상은 언제나 전쟁과 평화의 교체, 경제의 부침, 귀속집단의 이동과 집산 등 다양한 변화가 동시에 혹은 교차되면서 일어났고

---

18) 본 절은 경기개발연구원 주최 제3차 동북아포럼(2010년 4월 16일)의 발표문 "한국의 대외전략, 이제는 능동적으로 바뀌어야 한다"(류석진, 김동성)에 기초했다.

이는 각 집단 혹은 각 개별국가의 흥망성쇠에 큰 영향을 미쳐왔다. 지난 100년 혹은 200년을 돌아보아도 마찬가지이다. 유럽을 위시한 서구에서는 1815년 나폴레옹 전쟁 종전 이후 크리미아 전쟁과 보불 전쟁을 제외하고는 큰 전쟁을 경험하지 않으면서 1914년까지 '백년의 평화(Long Peace)'를 경험했다. 하지만 유럽 내부의 모습은 백년의 평화가 표상하는 것처럼 그리 평화롭지는 않았다. 산업화에 따른 물질적 부의 팽창이라는 긍정적인 측면의 이면에는 계급갈등과 민족국가의 수립이라는 격렬한 사회정치적 갈등이 이어져 왔다. 미국의 남북전쟁도 이러한 측면을 잘 보여주고 있다. 이러한 서구에서의 외면적 평화와 내면적 갈등의 분출과 해결이라는 이중적 모습은 세계적 차원에서는 서세동점이라는 형태로 나타나 중국에서의 아편전쟁, 태평천국의 난, 일본에서의 흑선 출현 등을 통해 결국 아시아의 문호개방과 서구에 의한 아시아 지배로 나타났다. 20세기의 격변은 더욱 더 격렬하다. 1930년대의 대공황, 양차 대전의 쓰라린 경험 그리고 연이은 냉전의 전개, 가공할 만한 수준의 군사력과 상호확증파괴를 전제로 했던 핵무기 경쟁 등을 목도했고, 1990년대 전후를 기점으로는 냉전의 해체, 경제의 세계화, 인터넷으로 대표되는 정보화의 진전 등을 경험하면서 21세기의 장밋빛 세계를 기대하도록 만들었다. 그러나 새로운 세기에 대한 낙관적 희망은 2001년 9·11 테러를 겪으면서 또 다른 세상에 대한 우려로 변했고, 2008년도에 시작된 경제위기는 불안정한 21세기를 전망케 하고 있다.

세상을 끊임없이 변화하는 하나의 거대한 지각판에 비유한다면, 한국 그리고 한반도는 지각판의 움직임에 직접적으로 그리고 지대하게 영향을 받아 왔고, 앞으로도 받을 수밖에 없다. 19세기 말 서세동점의 지각판 움직임은 쇄국이냐 개국이냐의 격렬한 국내적 논쟁을 불러왔고, 갑신정변, 갑오농민전쟁, 아관파천, 청일전쟁, 러일전쟁 등의 국내외 갈등을 거쳐 결국 일본 제국주의의 식민지화로 귀결되었다. 한반도는 제2차 세계대전 이후 독립을 이루었지만 곧이어 한국전쟁이라는 비극에 직면해야 했고, 이후 한반도 분단은 고착화되었다. 그러나 한국은 남북분단의 상황에서도 경제성장과 민주화를 달성했으며 원조수혜국에서 원조공여국으로 탈바꿈하는 세계 최초의 국가가 되기도 했다. 하지만 1997년 세계의 지각판 변화에 제대로 적응하지 못하면서 엄청난 금융위기를 겪기도 했다.

지각판이 격렬하게 움직이면 강력한 지진이 일어나 큰 피해를 입는 것은 자명한 사실이다. 인류가 지진을 조절하지 못하는 것처럼, 한국과 한반도가 세계사적 흐름이라는 지각판 운동 자체를 조절하기는 쉽지 않다. 아마도 세계사적 흐름이라는 지각판을 관리 통제하여 자신의 의도대로 지각판의 운동을 조절할 수 있는 국가는 상승기 혹은 융성하고 있는 패권국 정도에 불과할 것이다. 로마제국, 중화제국, 몽고제국, 19세기 전반부 대영제국, 그리고 20세기의 미국 정도를 예로 들 수 있다. 이들은 자신들이 구축한 막강한 군사력과 경제력을 기반으로 하여 세계의 지각판을 자신들의 의지와 이익에 맞도록 스스로 구성하면서 조정·통제해왔다. 하지만 이들 또한 자국의 경제력과 군사력이 쇠퇴하면서 지각판에 대한 관리능력을 상실하게 되었고 새로운 지진대가 만들어지면서 이 지진대에서 발생하는 지진에 의해 스스로가 몰락하는 과정을 반복해왔다. 폴 케네디(Paul Kennedy)가 자신의 저서 『강대국 흥망사(Rise and Fall of the Great Powers)』에서 주장한 '제국의 과대팽창(imperial overstretch)'이라는 명제가 여기에 해당될 것이다. 로마제국, 중화제국, 몽고제국, 대영제국 등이 모두 그러했고 21세기의 미국도 그 귀추가 주목되고 있다.

거대 제국들의 운명도 이러할진대 세계의 지각판을 주조하거나 통제·관리할 수 있는 능력을 지니고 있지 못한 대다수의 일반국가들은 지각판의 운동에 운명론적으로 그리고 수동적으로 대처할 수밖에 없는 것일까? 결코 그렇지 않다. 국가의 역량에 따라서는 지각판의 변화에도 불구하고 국가의 이익을 지켜내고 확장할 수 있다. 2010년 1월과 2월 아이티와

칠레는 각기 지진을 겪었다. 그러나 7.0 진도의 지진에 아이티가 당한 피해와 이보다 훨씬 강력한 8.8 진도의 지진에 칠레가 당한 피해는 천양지차였다. 아이티는 수십만 명의 인명이 희생된 반면에 칠레의 인명피해는 수백 명에 불과했다. 지각판을 바꾸지는 못하더라도 어떻게 사전에 지진의 위험성을 감지하고 준비했는가에 따라 엄청난 차이가 발생한 것이다. 내진 설계를 어떻게 하고 예보 체계와 비상시 위기 매뉴얼을 어떻게 마련했느냐에 따라 발생한 차이였다. 일본 또한 19세기 후반 서세동점의 상황에서 세계 지각판의 변화를 일찌감치 감지했고 이에 적극적으로 대처함으로써 제국주의의 희생양이 아니라 스스로 제국주의 국가들의 반열에 올랐다. 지각판의 변화를 읽지 못했던 한국과 중국은 일본의 침략을 겪게 되었다.

한 국가의 대외전략은 크게 '수동적 전략(passive strategy)'과 '능동적 전략(active strategy)'으로 구분할 수 있다. 수동적 전략은 기존의 질서와 구조를 주어진 것으로 간주하고 이 바탕 위에서 국가 생존과 국가이익을 최대한 보호하는 것이라고 정의한다면, 능동적 전략은 기존의 질서와 구조를 주어진 것으로 간주하기 않고 이를 변화코자 하는 노력을 통해 국가 생존과 국가이익을 적극적으로 확대하는 것으로 정의할 수 있다. 이제 한국의 대외전략은 능동적으로 바뀌어야 한다.

능동적인 대외전략의 시작은 세계 지각판에 대한 다층적이면서도 주체적인 이해이다. 한국은 지각판의 지형과 움직임을 다양한 층위에서 정확히 읽어내야 한다. 특히 지각판을 한국의 입장에서, 한국의 국익이라는 차원에서 주체적으로 읽어내고 이해하는 것이 중요하다. 19세기 말 조선의 관리들과 지식인들이 크게 심취했던 『조선책략』[19]〔조선의 친중(親中), 결일(結日), 연미(聯美), 방로(防露)를 주장〕은 청의 주일공사관 참사관인 황

---

19) 黃遵憲, 『私擬朝鮮策略』(1880).

쭌셴이 이른바 '조선의 자구를 위해' 집필했던 전략서였다. 그러나 조선책략은 청의 입장에서 청이 러시아를 견제하기 위한 목적으로 청의 관리가 집필한 대본이었다. 당시의 조선의 위정자들은 대본의 이러한 주관성을 제대로 파악하지 못한 채 황쭌셴의 책략을 무비판적으로 받아들였다. 남이 써준 대본을 읽고 행동하는 것은 나의 자구가 아니라 남의 자구를 위한 것이다. 지금의 시점에서도 한국의 자구를 위한 대본을 한국 스스로가 자신의 국익을 위해서 올바르게 쓰고 판단하고 있는지, 아니면 미국, 중국, 혹은 일본이 쓴 대본을 무비판적으로 받아들이고 있는지에 대한 면밀한 성찰이 필요하다.

지각판에 대한 주체적 이해가 중요한 또 다른 이유는 우리의 능력과 의지를 통해 바꿀 수 있는 부분과 절대로 바꿀 수 없는 부분을 구별해내는 데에 있다. 즉, 지각판의 여러 구성요소들 중 한국의 역량에 의해 절대로 바꾸지 못할 상수(constants), 지속적이지만 바꿀 가능성이 있는 변수(enduring variables), 그리고 상시적으로 바뀔 수 있는 일반 변수(variables)를 구별해내는 작업이 필요하다. 능동적 대외전략의 두 번째 단계라고 할 수 있다.

능동적 대외전략의 세 번째 단계는 상수, 지속변수, 변수의 구분과 도출에 기반하여 구체적인 실천전략과 전술을 모색하고 실행하는 것이다. 즉, 한국의 인지와 전략에 따라 바꿀 수 있는 변수들을 찾아내어, 이를 한국의 국익에 부합하게 적극적으로 변용 및 이용하는 전략이 필요하다. 능동적 대외전략의 핵심이 여기에 있다. 흔히 항구적이라고 여겨지는 한미 동맹관계도 북중 동맹관계도 지속되는 변수일 뿐 영원한 상수는 아니다. 동맹의 속성과 내용 그리고 형태는 물론 동맹 자체도 변할 수 있다. 한미동맹의 역사적 변천이 그래왔고, 북중동맹의 역사적 변천도 그러하다. 한국의 대외전략은 한미·북중 동맹관계의 이익구조(payoff structure)와 가치관계를 면밀히 분석하고, 이익구조와 가치관계의 변환을 도모 및 유인하여, 한국에게 우호적인 환경을 조성해내는 능동적인 성격을 가져야 한다. 이는 한국 스스로가 동북아의 지각판을 바꿀 수 있다는 가정에 기초하여 한국의 대외전략을 수립하자는 주장이 아니다. 지각판의 변환 시도는 한국의 역량을 넘어서는 일이다. 그러나 한국은 지각판의 미세한 변화라도 잘 판독하여 그 변화가 한국에게 주는 함의를 분석하고 이에 따른 행동반경의 확대 가능성 등을 정확히 포착하고 이를 적극 활용하자는 것이다. 이것이 한국이 취해야 하는 능동적 대외전략의 방향이자 요체이다.

역사 속에서 한국이 취했던 능동적 외교의 한 가지 사례를 든다면 1948년 UN의 대한민국 승인 외교를 꼽을 수 있다. 1948년 12월 UN의 대한민국 승인은 당시 UN을 압도적으로 주도하고 있던 미국에게 한국이 전적으로 의존하면서 자동적으로 이루어진 것으로 생각하는 것이 일반적인 통념이었다. 하지만, 실제의 역사는 이와 달랐다. UN의 대한민국 승인에는 한국의 능동적이고 적극적인 외교가 큰 힘을 발휘했다. 당시 소련 진영은 남한 정부 단독승인에 대해 반발했고, 미국 주도의 캠프 또한 일사분란하게 움직였던 것은 아니었다. 특히 영국, 호주, 뉴질랜드 등의 영연방 국가들과 프랑스, 이탈리아 등이 대한민국 단독승인에 적극적으로 반대했다. 즉, 미국과 영연방 국가들 및 일부 국가들 간에 전후질서 구축에 대한 입장에서 미묘한 차이가 있었던 것이다. 이를 감지한 이승만 정부는 장면을 특명전권대사로 임명하여 국제사회의 가톨릭 세력을 활용하는 적극적인 외교를 펼쳤다. 그 결과, 한국의 단독승인에 대한 기존의 거부감을 적극적인 찬성으로 전환시켜 압도적인 표차로 대한민국 승인을 통과시킬 수 있었다. 만약 당시의 한국 정부가 미국과의 관계에만 전적으로 의존하고 자유주의 진영 내부 지각판의 미묘한 균열을 파악하지 못했다면 압도적인 승인이라는 외교적 성과는 얻지 못했을 것이다. 즉, 지각판에 대한 정확한 읽기와 정세판독에 기초한 능동적 외교가 미국이 해결하지 못했던 부분을 한국이 독자적으로 돌파해낼 수 있도록 만든 기초가 되었다고 할 수 있다.

결론적으로, 21세기 한국의 능동적 대외전략은 한반도 동맹구조와 작동과정을 세계 지각판의 변동과 균열구조에 대한 정확한 파악과 해독을 통해 규명하고, 향후 어떤 변화가 지속적이지만 변화가능한 변수로서 작동하게 되는지를 예측하여, 우리가 능동적이고 적극적으로 개입하여 결과에 변화를 줄 수 있는 부분에 역량을 집중하는 방식으로 이루어져야 할 것이다. 물론 우리의 의지(willingness)와 능력(capabilities)이라는 내부역량에 대한 객관적이고도 냉정한 평가 및 역량의 극대화 노력이 선행되어야 할 것이다.

제5장

한국의 신대외전략

제1절 대외전략 방향

1. 한반도 통일을 국가목표로 재정립

한국의 신대외전략 방향은 한국의 국가목표와 국가이익에 대한 명확한 정립에서 비롯되어야 한다. 모든 국가들은 안보와 번영을 핵심적인 국가목표로 하고 있으며 이를 달성하기 위한 국가전략을 수립하고 있다. 그러나 한국은 안보와 번영과 더불어 한반도의 평화적 통일을 또 하나의 국가적 목표이자 과제로 안고 있다. 한국은 헌법에 ① 국민의 안전보장, 영토의 보전, 주권의 보호를 통해 독립국가로서 생존하는 것, ② 국민생활의 균등한 향상과 복지를 증진하고 국가의 발전과 번영을 기하는 것, ③ 자유와 평등, 인간의 존엄 등 기본적인 가치와 자유민주 체제를 유지·발전시키며 민족문화를 창달하는 것, ④ 국위 선양, 세계평화와 인류공영에 이바지하는 것, ⑤ 조국의 평화적 통일을 달성하는 것을 국가목표로 명시하고 있다. 이와 같은 국가목표는 다음과 같이 요약할 수 있다. 첫째, 자유민주주의 이념하에 국가를 보위하고 조국을 평화적으로 통일하여 영구적 독립을 보존한다. 둘째, 국민의 자유와 권리를 보장하고 국민생활의 균등한 향상을 기하여 복지사회를 실현한다. 셋째, 국제적인 지위를 향상시켜 국위를 선양하고 항구적인 세계평화에 이바지한다. 이 처럼 한국은 모든 국가들이 공통적으로 지향하는 안보와 번영 외에 한반도의 통일을 적어도 명목상으로는 핵심적인 국가목표로 설정하고 있다. 이는 남북분단이라는 한국의 지정학적 특성상 한반도의 통일이 확보되어야만 한국의 항구적인 안보와 지속적인 번영이 가능하기 때문이다. 따라서 한국의 국가전략은 논리적으로는 안보전략, 번영전략, 한반도 통일전략의 삼위일체로 구성되어야 한다.

그러나 지금까지의 한국의 국가전략은 한반도 통일전략에 대해서는 미흡하거나 소극적이었다. 한반도의 통일은 헌법에 명시된 국가목표이었음에도 불구하고 그동안 한국의 역대 정부는 통일을 위한 적극적이고 능동적인 정책이 부재했다. 한국은 북한에 비해 국력의 상대적 열세를 보였던 1970년대 중반까지는 북한의 대남 위협에 대처하는 것에 급급했으며, 국력의 역전이 일어나기 시작한 1980년대부터는 한국 안보의 공고화와 한반도의 평화유지에 역점을 두었다. 즉, 북한의 대남 위협에 대한 대처 및 한반도의 분단관리가 한국 역대 정부가 취했던 '한반도 통일전략'의 실체였다.

분단관리 위주의 소극적 통일정책은 대외전략에도 영향을 미쳤다. 한국은 한미동맹을 근간으로 하는 대외전략을 전개하면서 기존의 질서를 변경하기보다는 받아들이는 현상유지적 정책을 취해왔다. 즉, 한반도의 통일이라는 질서 변경보다는 한반도의 안정이라는 질서 유지가 우선이었다. 물론 동북아에서의 영향력 유지와 한반도에서의 안정이라는 미국의 동북아 전략목표도 한국 대외전략의 현상유지적 경향을 강화시켰다. 비록 한국이 노태우 정부 시절 북방정책의 추진을 통해 적대국이었던 소련, 중국 등과의 수교를 체결했지만 이는 한반도 통일보다는 한반도에서의 평화 유지라는 목표에 방점을 둔 외교였다. 즉, 북한의 동맹국가를 우군으로 확보하고 북한을 고립시켜 적극적으로 한반도의 통일을 추진하겠다는 것이 아니라 북한의 대남 도발을 억지하기 위한 국제적 환경의 조성이 우선이었다. 한반도의 통일을 위해서는 일단은 한반도에서의 평화 유지 및 남북관계 개선이 필수적이다. 하지만 한반도 평화 유지와 남북관계 개선은 한반도 통일이라는 근본적 목표를 달성하기 위한 과정상의 목표이자 중간단계의 전략이라고 할 수 있다. 그러나 한국의 대외전략은 근본적인 목표에 대한 적극적인 의지를 상실한 채 과정상의 목표가 지배해왔다.[1] 아울러 미국을 비롯하여 일본, 중국, 러시아 등 주변 강대국들 모두도 한반도에서의 현상 변화를 원하지 않았다. 한국은 한반도 통일이라는 국가 목표를 명목상으로만 내세우면서 지난 60여 년간 '현상 유지 국가(status-quo power)'로 존재해왔다.

한국의 항구적인 안보와 지속적인 번영을 위해서는 한반도의 통일이 필수적이다. 미국은 엄청난 손실을 감내하면서도 남북전쟁을 통해 분열을 막고 통일을 유지했었기에 오늘의 미국이 가능했다. 중국의 국공내전이 대륙의 분할로 끝났을 경우, 현재 이루어지고 있는 중국의 부상은 상상하기 어렵다. 히틀러의 독일은 전략적 요충지인 남부독일을 체코로부터 할양받음으로써 유럽의 강자로 부상할 수 있었다. 한국은 그 어느 때보다도 한반도 통일의 호기를 맞이하고 있다. 경제력과 국제적 위상 및 영향력을 기준으로 할 때 한국과 북한의 국력 격차는 돌이킬 수 없을

---

1) 통일 비용에 대한 두려움도 적극적인 통일정책의 부재에 기여했다. 즉, 통일에 소요될 비용이 천문학적 수치에 이를 것임을 내세워 분단의 안정적 관리와 점진적 통일만이 최선의 방안이라는 주장이 통일담론의 중심을 형성해왔다. 그러나 통일비용과 더불어 통일편익에 대한 고찰도 함께 이루어질 경우 통일에 대해 보다 적극적으로 접근할 수 있다. 조동호의 논문은 통일편익에 대해서도 본격적인 연구가 필요하다는 주장을 담고 있다: 조동호, 「통일비용논의의 바람직한 접근」, ≪JPI 정책포럼≫, 2010-9(제주평화연구원, 2010), 1~13쪽.

정도로 크게 벌어졌다. 북한은 정치경제체제의 구조적인 모순으로 극심한 경제난과 체제불안을 겪고 있으며 현재 진행 중인 3대 세습 또한 북한의 미래를 불확실하게 하고 있다. 특히, 대다수의 북한 주민들이 인권은 물론 기본적인 생활조차 영위하지 못하는 현실은 한반도 통일의 도덕적 당위성까지 제공하고 있다. 한국은 이제 한반도 통일을 명목적인 국가목표에서 실질적인 국가목표로 재정립해야 한다. 현재의 분단관리정책을 적극적인 통일정책으로 바꾸어야 한다. 한반도의 통일을 위해서는 한국은 어쩔 수 없이 '현실타파 국가(revisionist power)'가 되어야 한다.

2. '결미친중협일교아포북(結美親中協日交俄包北)'의 대외관계 지향

한국의 안보와 번영 그리고 한반도의 통일을 위해서는 주변국 모두와의 선린우호관계가 필수적이다. 특히 한반도의 통일은 동북아의 기존 세력질서를 변경하는 매우 중대한 사안이기에 주변국들의 이해관계 조율이 무엇보다도 중요하다. 주변국들이 한반도에서의 현상유지를 원하는 가장 큰 이유는 통일 한반도가 어떠한 형태의 국가를 만들어낼지가 불확실하기 때문이다.

미국은 한반도의 통일국가가 현재의 한미동맹을 이탈하여 중립적 내지는 친중국적 국가로 전환할 가능성을 우려하고 있다. 중국은 한미동맹 하의 한반도 통일국가는 자국의 전략적 재앙이 될 것이라고 인식하고 있다. 일본은 현재의 남북한에 비해 훨씬 강력해질 한반도 통일국가를 불편함과 불안감으로 바라볼 것이다. 러시아는 미국 또는 중국의 패권적 영향력하에 있는 한반도 통일국가는 원하지 않을 것이다. 북한은 당연히 한국 주도의 한반도 통일을 용납하지 않을 것이다. 결국 한반도의 통일을 위해서는 주변국들의 우려를 해소할 수 있는 통일한국의 미래상이 필요하다. 그러나 통일한국의 미래상은 어느 한순간에 만들어지는 것이 아니며 설사 만들어진다 하더라도 주변국들이 그 미래상을 신뢰하지 않으면 아무런 소용이 없다. 통일한국의 미래상은 현재의 모습에서 유추할 수밖에 없다. 현재 한국이 추진하는 대외전략의 방향성이 그래서 중요하다.

한국은 공식적으로는 '결미친중협일교아포북(結美親中協日交俄包北)'의 대외관계를 지향해야 한다. 한국은 미국과는 현재의 한미동맹을 유지 및 강화(結美)하여 통일한국이 여전히 미국의 동맹국으로 존재할 것임을 확신시켜야 한다. 중국과는 전략적 동반자관계의 실질적 구축(親中)을 바탕으로 통일한국이 중국의 우호국가가 될 것임을 보여야 한다. 일본과는 현재의 우호협력을 전 분야로 확대(協日)하여 통일한국이 아시아의 민주주의와 시장경제를 함께 지탱해 나가는 중요한 파트너임을 주지시켜야 한다. 러시아와는 인프라 공동개발과 물류시스템 연결 그리고 경제교류를 강화(交俄)하여 통일한국이 러시아와 상생 공영하는 국가가 될 것임을 일깨워야 한다. 북한의 경우는 특수하다. 한국은 한국 주도의 한반도 통일을 결코 수용할 수 없는 북한 정권과 일반 북한 주민들을 분리하여 전략을 수립해야 한다. 한국은 북한 주민들에게는 인도적 지원을 지속적으로 제공하는 한편 남북한 주민들이 동등하게 대접받고 함께 잘사는 한반도 통일국가상을 제시함으로써 한반도 통일에 대한 북한 주민들의 거부감 해소와 지지를 이끌어내야 한다. 아울러 북한 정권의 구성원이라도 북한의 개혁·개방에 기여하는 경우에는 통일한국에서의 삶을 보장함으로써 이들의 동조와 협력을 유도해야 한다(包北).

그러나 한국의 '결미친중협일교아포북(結美親中協日交俄包北)' 전략은 대외관계의 공식적 지향점이며 내부적으로는 한국의 국가이익에 맞추어 우선순위와 중요도를 구분해야 한다. 또한 국제정세의 변화에 따라 특정 국가와의 대외관계 방향은 수정될 수 있다. 현재 시점에서 한국의 국가이익에 가장 중요한 최우선순위는 결미(結美)이며 그 다음이 친중(親中)이다. 협일(協日)은 한국의 중장기적 전략방향이며 교아(交俄)는 향후의 상황 발생에 대비한 전략카드로서 가치가 있다. 포북(包北)은 한국의 지속적인 대북정책방향이다. 그러나 중국이 노골적으로 패권주의적 행태를 보이거나 미국과 중국 간의 대결이 크게 심화될 경우, 결미(結美)와 협일(協日) 그리고 교아(交俄)가 우선순위를 갖게 되면서 친중(親中)은 반중(反中) 내지는 항중(抗中)으로 바뀌어야 한다. 반면에 미국과 중국 간의 협력관계가 강화될 경우 한국은 결미연중(結美聯中) 또는 연미연중(聯美聯中)의 전략을 추진해야 한다. 마찬가지로 일본 또는 러시아가 과거의 제국주의적 국가로 회귀한다면 한국은 미국·중국과의 협력하에 배일(排日)·방아(防俄)의 전략을 채택해야 한다. 북한 핵문제가 악화되고 북한과의 갈등이 격화될 경우 한국은 포용(包容)이 아닌 포위(包圍)의 개념에서 포북(包北)을 추진해야 한다.

3. 미중 양강(G-2) 시대의 도래와 미중관계 변화에 대비

한국이 직면한 최대의 대외환경 변화는 G-2로 표현되는 미중 양강 시대의 도래이다. 또한 한국의 대외전략과 남북관계에 가장 크게 영향을 미치는 독립변수가 미중 양국관계이기도 하다. 이에 따라 한국은 미중 양강 시대의 도래가 갖는 의미를 정확히 파악하고 미중 양국 관계의 향후 변화 양상에 대비해야 한다.[2]

중국의 급격한 부상은 국제체제에서 미국과 중국 양자 구도의 형성을 야기하고 있다.[3] 현재 중국은 전략적 이유에서 G-2의 개념을 수용하지

---

2) 손병권, 「오바마 행정부 등장 이후 미중관계의 전개양상과 전망」, ≪JPI 정책포럼≫, 2010-16(제주평화연구원, 2010), 1~13쪽.

3) 김흥규, 「미국 오바마 행정부의 출범과 전략적 미·중관계의 형성」, 1~15쪽; 「중국 외교와 G-2 및 G-20: 한국에 대한 함의와 더불어」, ≪주요국제문제분석≫, 2009-36 (외교안보연구원, 2009), 1~15쪽; 「미·중 갈등과 북핵문제」, ≪주요국제문제분석≫,

않고 있지만 미중 양강 구도는 최소한 동북아시아에서는 이미 가시적으로 나타나고 있다. 미국의 패권적 영향력에 대한 중국의 도전은 시작되었으며 중국의 국가이익에 대한 고려와 계산은 미국 동북아전략의 핵심적 검토사항이 되었다. 이제 동북아의 국제질서는 미국과 중국 양국이 상호 협력, 견제, 대립하면서 주도하는 시대가 되었다.[4] 한국이 미국과의 동맹에만 의존해서 생존을 추구하던 시대는 지났다. 양대 강국의 하나로 부상한 중국의 행보를 주목하면서 동북아의 기존 동맹구조에 대한 전면적인 전략적·전술적 재검토가 필요하게 되었다.

2010년 3월의 천안함 피습 침몰사건은 남북관계 및 동북아 국제정세에서 중국의 중요성을 다시 한 번 일깨워주면서 한국 대외전략의 새로운 패러다임 구축 필요성을 제기하는 계기가 되었다. 천안함 피습 침몰 이후 한국과 미국은 한미연합전력의 강화와 함께 대북 시위성 합동군사훈련을 한반도 수역에서 대대적으로 전개했다. 중국은 이를 동북아의 안정과 중국의 국가안보를 위협하는 행위라고 비난하고 곧바로 자국의 황해 수역에서 대응훈련을 전개하면서 북중관계를 다시금 강화했다. 이 책의 제3장에서 언급했듯이, 북한이 천안함을 공격한 진정한 의도는 북중 동맹관계의 복원과 동북아 역내 세력질서의 변동과 재구성에 있었다. 북한은 천안함 공격을 통해 한국과 미국의 연쇄반응을 유발하고 이에 위협을 느낀 중국을 북한의 동북아전략 구도로 끌어들여서 동북아 역내세력질서가 다시금 북중동맹과 한미동맹 간의 대결·대립구조로 재구성되는 것을 목적으로 했다고 할 수 있다. 따라서 한국 정부의 대응방향은 자명했다. 북한의 최종적 전략목표인 북중 동맹관계의 복원을 정확히 타격하는

2010-07(외교안보연구원, 2010), 1~18쪽.

4) 강선주, 「신국제 질서 논의: '워싱턴 컨센서스'와 '베이징 컨센서스'」, ≪주요국제문제분석≫, 2009-29(외교안보연구원, 2009), 1~17쪽.

것이었다. 즉, 북중 동맹관계의 약화와 해체 그리고 북한의 전면적 고립이 한국 정부의 핵심적 대응방향이 되어야 했었다.

그러나 천안함 피습 침몰에 대해 한국은 전략적 사고 없이 기존의 안보 패러다임에 의거하여 전통적인 방식으로 대처했다. 그 결과는 참담했다. 북중관계는 강화되었고 한중관계는 오히려 멀어졌다. 즉, 한국은 동북아 지역에서 북한에 대해 중국이 갖고 있는 중장기적 이해관계에 대한 현실주의적 분석과 전략적 판단의 결여로[5] '한중협력관계의 약화'와 '한미동맹에 대한 중국의 대결정책 강화'라는 외교적·전략적 실패를 경험했다. 한국은 천안함 사건 이전에 이미 대북정책에서도 소기의 성과를 거두지 못했다. 한국은 이명박 정부 들어 남북관계와 대북정책에 있어 상호주의 원칙을 천명하면서 지난 정부가 취했던 일방적 유화정책의 단점은 해소했으나, 원칙과 유연성 간의 균형적 배분 미숙 등 전략적 사고와 정책의 부재로 적어도 단기적으로는 '북한 정권 관리 실패', '북핵문제의 악화 및 난항', '남북 간의 긴장 격화'라는 의도하지 않은 결과에 봉착했다. 물론 천안함 피습 침몰을 계기로 한국은 미국과의 동맹 확인 및 강화라는 성과를 거두었지만 그 이면에는 '한국외교안보의 대미 의존도 확대'와 '중국의 동북아 패권국가화 저지라는 미국 동북아전략에의 귀속'이라는 과거 회귀적 모습이 있었다. 결국 천안함 피습 침몰사건 이후 한반도와 동북아는 미중 간의 전략적 대립구도하에서 한미·북중 양대 동맹 간의 '내부결속과 상호적대의 상승작용(integrative spiral and insecurity spiral)'으로 인해 역내 안보불안은 오히려 증가하는 결과를 맞이했다. 이는 한국 외교안보전략 환경의 명백한 퇴행이라고 할 수 있다. 천안함 사건은 동북아의 안정과 한반도 통일을 위해서는 한국의 새로운 전략지평 개척

---

5) 김흥규, 「천안함 사태와 한·중관계」, ≪주요국제문제분석≫, 2010-23(외교안보연구원, 2010), 1~17쪽.

이 절실하다는 것을 역설적으로 보여주고 있다.

한국의 안보와 한반도의 통일을 위해서는 중국에 대한 전략적 접근과 함께 동북아 기존 동맹구조의 재구성과 유연성 제고가 필요하다. 우선, 미중 양강(G-2) 시대의 도래에 대비하고, 한반도 평화와 통일을 위한 중국의 건설적 역할을 확대하고, 동아시아 세력구조 속에서 한국의 국가이익을 확보하기 위해서는 한미동맹의 틀 내에서 중국을 명실상부한 전략적 협력자·동반자 국가로 격상하는 것이 불가피하다. 즉, 안보·군사 분야에서는 한미동맹을 중심축으로 유지하고, 경제·사회·문화 분야에서는 한중지우(韓中之友) 관계를 구축하여 동맹과 우의의 이중외교를 바탕으로 미중 양강 시대에 대처해야 한다. 한편, 한미일과 북중러가 상호 맞서는 현재의 대립적 동북아 동맹구조를 상호교차적 협력구조로 전환하여 '대결의 함정(confrontation trap)'에서 탈피하는 것도 시급하다. 한국은 중국과 러시아와의 협력을 강화하는 한편 전략적인 차원에서 미국과 일본의 대북접근과 관계정상화를 지원해야 한다.

그러나 중국의 부상에 대응하는 한국의 대외전략은 내부적으로는 한미동맹을 기초로 하는 '균형대응(balancing)'이 핵심이 되어야 한다. 즉, 한국의 대중국 접근은 중국에의 '편승(bandwagoning)'이나 대미·대중 '등거리 외교'를 의미하는 것은 아니다. 한국은 미국과의 동맹관계를 지속적으로 유지해야 한다.[6] 미국은 세계 제1의 초강대국이며 미국의 힘은 앞으로도 수십 년간 지속될 것이다. 무정부 상태의 국제체제에서는 가장 강한 국가와 동맹을 맺는 것이 국가생존전략상 가장 유리하다. 미국은 또한 영토적 야심이 없다. 태평양을 건너면서까지 한국을 자국의 영토로

---

6) Nicholas Eberstadt, Richard Ellings, Aaron Friedberg, Christopher Griffin, Roy Kamphausen, and Travis Tanner, "A World without the U.S.-ROK Alliance: Thinking about 'Alternative Futures'," Conference Report(The National Bureau of Asian Research, October 2007), pp.1~28.

복속시킬 것이라고는 상상하기 어렵다. 미국은 또한 자유민주주의와 인권, 시장경제를 핵심가치로 내걸고 있다. 한국 사회가 지향하는 가치와 동일하다. 반면에, 중국은 한국의 동맹국가가 되기에는 너무나도 위협적이다. 강대국과 국경을 마주하는 국가들은 대부분의 경우 복속되거나 주종관계를 맺어야 했다. 중국은 역사적으로 한국에게 조공관계를 강요해 왔으며[7] 이러한 행태는 언제든지 다시 출현할 수 있다. 영토적 복속은 아니더라도 확실한 지배권은 행사할 가능성이 높다. 중국의 정치·경제·사회 체제는 한국과 매우 다르다. 자유민주주의와 인권에 대한 인식도 크게 차이가 난다. G-2의 하나로 부상한 중국을 알고, 이해하고, 활용하는 것은 매우 중요하다. 그러나 중국과의 동맹관계 설정은 중국의 국력이 크게 성장하여 미국을 추월하고 중국이 진정한 민주국가로 탈바꿈했을 때에만 검토가 가능하다. 그런 의미에서 한국의 대중국 접근은 한국의 국가이익 수호와 동북아 대립구조 탈피를 목적으로 하는 일종의 '세련화된 균형대응전략(refined and adaptive balancing)'이 핵심이 되어야 한다.

미중관계는 동북아 국제질서의 형태와 내용을 결정짓는 핵심적 요인이자 남북관계의 향방에 지대한 영향을 미치는 중대 변수이다. 따라서 미중관계의 변화에 대한 예측과 대비는 한국 대외전략의 중점과제가 아닐 수 없다. 향후의 미중관계 변화 양상은 크게 대립, 협력, 공모 등 세 가지의 시나리오가 가능하다.[8]

첫째, 미중 적대적 경쟁관계와 신냉전구조의 태동이다. 미중 적대적 경쟁관계는 '힘의 전이이론(power transition theory)'이 주장하는 대로, 부상하는 중국의 이해관계와 기존 패권세력인 미국의 이해관계가 충돌할 경

---

7) 문대근, 『한반도 통일과 중국』, 64~116쪽.
8) 미중관계의 향후 변화 양상과 한국의 대응전략은 국가안보전략연구소 이수형 박사와의 인터뷰 및 본 연구를 위한 원고기고에 기초했다.

우에 발생할 것이다. 이는 중국이 동아시아 지역 전체에 걸쳐 영향력 확대를 추구하고 미국이 이를 적극적으로 견제 내지는 억제하고자 할 때 나타날 수 있는 시나리오로서, 특히 미중 적대적 경쟁관계가 동아시아 전역에서 여러 쟁점 영역에 걸쳐 상당기간 지속될 경우 새로운 냉전구도로 고착될 가능성도 배제할 수 없다. 또한 미중 적대적 경쟁관계는 미국과 중국을 각각의 중심축으로 하는 연합세력 간의 대립 및 각축 현상으로까지 확대될 가능성이 높다. 즉, 미중 적대적 경쟁관계 심화는 미국·일본·인도·한국·호주 등을 한 축으로, 중국·러시아·북한·캄보디아·미얀마·라오스 등을 또 다른 축으로 하는 국가집단 간의 세력전으로 이어질 수 있다. 이 경우 1960~1970년대 냉전기의 국제체제처럼 미국과 중국을 제외한 다른 국가들의 외교안보적 자율성은 많은 제약을 받을 것이다. 그러나 미중 적대적 경쟁관계가 미중 간의 직접적인 군사 충돌로 이어질 가능성은 낮다. 미국과 중국 간의 경제력·군사력 편차를 감안할 때 중국의 과감한 군사 행동은 당분간은 어렵다고 볼 수 있다. 그럼에도 불구하고 미중 적대적 경쟁관계는 중국의 지속적 부상에 따라 점진적이면서도 주기적으로 나타날 개연성은 높다.

둘째, 미중 경쟁적 협력관계와 다자안보체제 구축 가능성이다. 중국의 부상이 현 패권국 미국이 제도화한 기존의 국제질서를 인정하는 가운데 진행된다면, 지역적·국제적 차원에서 미중 경쟁적 협력관계가 출현할 가능성이 높다. 즉, 미국은 중국의 부상을 기정사실로 인정하면서 중국을 전략적 파트너로 대우하고 중국은 기존 체제 내에서 미국에 대해 점진적이면서도 타협적인 행태를 유지하는 경우, 지역적·국제적 차원에서 미중 경쟁적 협력관계가 유지·지속될 것으로 예상할 수 있다. 미중 경쟁적 협력관계는 동북아 및 동아시아 지역 전반에 걸쳐 지속적인 경제성장을 위한 발판을 마련함과 동시에 지역적·국제적 안보현안 문제를 해결하기 위한 동아시아 또는 동북아 다자안보체제 구축에도 기여할 것으로 예상

된다.

셋째, 미중 양국이 주도하는 강대국 협조 및 공모체제의 출현 가능성이다. 강대국 협조 및 공모체제는 주요 강대국 간에 지역적·국제적 핵심이익에 대한 상호 이해를 바탕으로 현존 질서를 유지·지속시켜 나가는 체제를 의미한다. 나폴레옹 전쟁 이후 1815년에 출현한 '유럽협조체제(Concert of Europe)'가 강대국 협조(공모체제)의 대표적인 사례이다. 영국, 오스트리아, 러시아, 프러시아가 창립 멤버 국가들인 유럽협조체제는 1848년까지 존속하면서 유럽 전역에 대해 이들 강대국들의 이해관계를 관철시키는 기구로 기능했다. 강대국 협조(공모체제)의 가장 큰 특성은 강대국 간 상호 핵심적인 이해관계에 대해서는 상호 경쟁적 협력관계를 취하면서도 다른 쟁점 영역에 대해서는 상호 이해관계의 정도에 따라 제3자의 입장을 무시, 양보, 타협, 강압, 희생시키는 등 다양한 공모 행태를 보일 수 있다는 점이다. 즉, 강대국 협조(공모체제)에서 가장 우선시하는 것은 기존 질서의 유지 및 자국이익의 증진이기 때문에 경우에 따라서는 약소국의 희생이 수반될 가능성이 있다. 만약 동북아시아에 미중 간의 강대국 협조(공모체제)가 등장할 경우 다른 나머지 국가들의 국가이익은 미중 간의 합의 여부에 따라 일방적으로 침해받거나 굴절될 수 있다.

한국은 상기의 미중관계 변화 시나리오별로 각 상황에 맞는 적절한 전략을 수립해야 한다. 먼저, 미중 적대적 경쟁관계가 대두되는 경우 한국의 외교안보전략은 미국과의 동맹 강화 및 여타 우방국과의 협력 강화에서 길을 찾아야 한다. 미중 간 적대적 경쟁관계와 이에 따른 동북아 신냉전구조의 도래는 한국의 외교안보적 자율성을 상당부분 제약할 것이기 때문이다. 비록 동북아의 신냉전구조가 지난 냉전시대의 상황과는 같지 않을지라도 한국으로서는 한미동맹 강화를 추진할 수밖에 없는 구조적 제약에 놓일 것이다. 한국은 또한 일본, 호주 등과의 안보협력 강화와 북대서양조약기구(NATO)와의 전략적 제휴방안을 적극적으로 모색해야 한다. 그러나 한국은 미중 대결이 결정적인 국면을 맞이하기 전까지는 중국과의 우호적 관계를 유지해야 한다. 특히 중국의 국력이 크게 확장되고 한중 간의 경제관계가 심화될수록 친중전략의 유지 필요성은 더욱 커질 수밖에 없다. 또한 미중 적대적 관계가 완화되거나 미중 격돌 이후 필연적으로 찾아올 관계회복 국면에서 한국이 유리한 위치를 점하기 위해서는 한중 우호협력관계의 여지를 남겨두어야 한다. 한편, 미중 간 적대적 경쟁관계하에서는 남북관계의 개선과 한반도 통일의 가능성은 낮을 수밖에 없다. 한미동맹과 북중동맹의 결속력이 각기 강화되고 동맹 간 적대는 높아질 것이기 때문이다. 따라서 이 경우에는 남북관계를 미중관계라는 구조적 틀에서 뜯어내어 별도로 관리하는 전략이 필요하다. 결론적으로 미중 적대적 경쟁관계하에서의 한국의 대외전략은 미국과 우방국들의 동맹신뢰를 잃지 않으면서도 중국과의 적대적 관계를 최소화할 수 있는 최적점을 찾는 데에 있다.

미중 간의 경쟁적 협력이 대두되는 경우는 한국으로서는 가장 바람직한 상황이다. 한국의 안보 자율성은 극대화 될 수 있으며 남북관계 개선과 한반도 통일의 가능성은 그 어느 시나리오보다도 높다. 미중 경쟁적 협력관계에서는 미국과 중국 모두 한국의 지정학적·지경학적 위상을 높이 평가할 수밖에 없으며 한국은 이에 따라 보다 자율적으로 상황을 이끌어 나갈 수 있다. 한국의 대외전략은 한미동맹을 유지·발전시키면서 중국과의 협력관계도 기존의 경제·사회 분야에서 정치·안보 분야까지 넓혀나가는 것을 추진해야 한다. 즉, 결미친중(結美親中) 전략을 내실화하거나 이를 결미연중(結美聯中) 전략으로까지 발전시키는 것을 적극 검토해야 한다. 한국은 또한 한중관계의 발전을 통해 중국의 대한국 경사(傾斜) 및 북중관계의 균열과 와해를 적극 모색해야 한다. 한국은 이를 통해 남북관계의 개선과 한반도 통일의 기회를 잡아야 한다. 한국은 또한 동북아 다자안보체제의 구축을 적극 추진해야 한다. 미국과 중국이 경쟁적으로 협력하는 상황에서는 동북아 구성국가들 간의 이해관계 조율이 그만큼 용이할 수 있으며 무엇보다도 미중관계가 다른 방향으로 선회하기 전에 다자안보기구의 출범을 통해 동북아 안보환경의 제도화를 확보해야 하기 때문이다.

미중 협조 및 공모체제가 출현하는 경우는 한국을 비롯하여 미국과 중국의 동맹국 및 우방국들에게는 가장 어려운 상황일 수 있다. 미중 협조 및 공모체제는 기본적으로 강대국 관점에서 지역의 안정과 평화, 그리고 분쟁 문제들을 관리·해결하기 위한 질서유지 장치이기 때문이다. 즉, 미중 협조 및 공모체제하에서는 미국과 중국 양 강대국들의 이익 관리가 우선시되고 동맹국이나 우방국의 안보이익은 무시 혹은 희생될 가능성이 높다. 이를 한반도의 경우에 대입하면, 미중 양국의 협의와 공모에 따라 한반도와 남북한 문제가 자기편의적 방법으로 관리될 가능성이 높다. 즉, 한반도의 분단이 보다 고착화되거나 또는 대만 문제와 한반도 문제를 둘러싸고 남북한 당국의 의사와 관계없이 강대국들 간의 '큰 거래(big deal)'가 있을 수도 있다. 요약하면 한국의 외교안보전략은 설 자리를 잃을 수도 있다. 따라서 미중 협조 및 공모체제하에서의 한국의 대외전략은 강대국 간의 공모 저지 및 여타 국가들과의 연합을 통한 한국의 활동 공간 확보에 주력해야 한다. 한국은 우선 미국과 중국 양국의 외교안보 결정과정에 적극적으로 참여하는 방안을 강구해야 한다. 강대국 수뇌부들과의 정상회담 수시 개최, 고위관료집단 설득 및 로비 확대, 상대국 여론 조성 및 환기 등의 방법을 동원해야 한다. 또한, 한국과 유사한 상황에 처하게 되는 여타 국가들과 공조체제를 구축해야 한다. 특히, 일본, 러시아와의 협력이 중요하다. 냉전시대 미국과 소련의 '지구적 공모체제(global condominium)'에 대항하여 제3세계를 중심으로 비동맹 전선이 형성되었듯이 미국과 중국의 공모에 대항하기 위한 한일러 연합전선이 필요하다. 아울러 동북아 및 국제사회의 다자기구를 적극 활용하는 방안도 강구해야 한다. 강대국의 힘에 맞서 국제사회의 목소리와 명분을 활용해야 한다. 한국이 주변국 외교전략을 강화하고 국제사회에의 적극적인 참여를 추진해야 하는 또 다른 이유이다.

결론적으로 미중관계 변화 양상은 향후 동북아 역내질서를 결정짓는 가장 핵심적인 변수로 작용할 것이다. 한국의 입장에서는 미중 간의 경쟁적 협력관계가 최상의 시나리오이다. 물론 한국이 미중관계의 변화를 조절할 수 있는 능력은 없다. 그럼에도 한국은 동북아의 안보 지형이 미중 간의 경쟁적 협력관계의 방향으로 자리 잡을 수 있도록 치밀하게 대미·대중전략을 세워 나가야 한다. 미국과 중국이 상호 반목하는 한, 북중 동맹관계는 지속될 것이며 한반도의 통일은 그만큼 요원해지기 때문이다. 미국과 중국 간의 대결과 격돌이 불가피하다는 판단이 서기 전까지는 한국은 미중 간의 갈등은 중재하고 협력은 촉진해야 한다. 최소한, 한국 스스로가 미중 갈등을 확대시키는 요인으로 기능해서는 안 된다. 천안함 피습 침몰사건에 대한 한국 정부의 대응 방식은 전략적 판단력이 얼마나 중요한지를 보여주는 반면교사라고 할 수 있다.

4. 대외전략의 유연성 제고

모든 국가들은 자국의 국가이익을 수호하고 확대하기 위해서 내부 역량과 외부역량의 극대화를 도모한다. 즉, 자국의 국가적 역량 확충을 통해 외부의 위협과 공격에 대비하는 한편 동맹, 제휴 등 타국과의 관계설정을 통해 국가이익 수호와 확대의 추가적인 방편을 마련하는 것이 일반적이다. 타국과의 관계설정을 대외전략이라고 정의한다면 대외전략은 그 추진 방식과 내용에 따라 '균형전략(balancing)', '편승전략(bandwagoning)', '특화전략(specializing)', '회피전략(hiding)', '초월전략(transcending)', '가교전략(bridging)' 등으로 구분할 수 있다.[9]

균형전략은 상대국 또는 적대국의 세력과 동향 그리고 변화에 대응하여 자국의 이익을 수호하거나 상대국의 이익을 억제하는 것으로서 다시 '경성균형전략(hard balancing)'과 '연성균형전략(soft balancing)'으로 구분할 수 있다. 경성균형전략은 다른 국가(들)로부터 군사적 지원을 받거나 동맹을 맺는 외적 차원과 자신의 경제력에 기반하여 군비를 증강하는 내적 차원이 있다. 연성균형전략은 국제기구와 제도 활용, 정치력 발휘 및 외교력 구사, 통상정책 연계 등 비군사적 수단을 사용하여 상대국과의 직접적 대립을 초래하지 않으면서도 상대국의 권력 사용을 지연시키거나 상황을 복잡하게 만들어 권력 사용의 비용을 증대시키는 것을 목적으로 한다. 편승전략은 보다 강한 국가와 동맹을 맺거나 연합하는 것을 의미하며 국가들은 편승을 통해 강대국이 주는 위협에서 벗어나는 한편 강대국의 전리품을 함께 나누는 것을 기대한다. 특화전략은 국제적으로 중요한 역할을 수행하거나 다른 국가들이 행하지 못하는 특별한 임무를 담당함으로써 국제사회 또는 주요 국가들로부터 국가적 위상과 존립 근거를 확보하는 것을 의미한다. 특화전략은 '틈새 외교(niche diplomacy)'와 매우 유사하다. 틈새외교는 강대국은 관심이나 인센티브가 적고 약소국은 능력이 부족한 쟁점영역에서 자신의 외교자산을 집중해서 두드러진 역할을 수행하는 것을 말한다. 회피전략은 위협적인 국제환경 또는 급박한 위기 상황에서 중립 선언, 비동맹노선 천명, 고립주의 지향, 등거리 외교 구사 등을 통해 국가의 생존과 안전을 추구하는 것을 말한다. 회피전략은 국제정치의 비용을 다른 국가들에게 떠넘기거나 국제 현안의 해결에 있어 적극적 참여를 회피한다는 측면에서 '책임전가전략(buckpassing)'과 유사하다. 초월전략은 국제적 합의, 규범, 규칙, 절차 등 국제적 협약을

---

9) 이수형 박사는 앞서 언급한 원고기고를 통해 여섯 가지 유형의 대외전략을 제시하고 가교전략과 초월전략이 21세기 한국 대외전략의 핵심이 되어야 한다고 주장했다.

수반하는 제도적 기반(institutional arrangement)을 통해 국제체제의 무정부 상태를 극복하고 국제 문제 해결, 위협 종식, 재발 방지 등을 추구하는 것을 말한다. 가교전략은 주변국들 모두와 협력관계를 구축하여 동맹딜 레마를 탈피하면서 자국에게 우호적 안보환경을 조성하는 것을 목적으로 한다. 가교전략은 특정 국가를 적대하거나 또는 특정 국가와의 동맹 관계에 의존하지 않으면서 국가의 생존과 안전을 추구하는 전략이다.

한국이 국가의 생존과 안보를 확고히 하고 그 밖의 국가이익 및 국가 목표를 달성하기 위해서는 한국의 대외전략은 어떠한 방식과 내용으로 추진되어야 할까? 한국의 대외전략은 앞에서 열거한 여섯 가지 전략 모두를 수용하고 이를 한국이 당면하는 각각의 상황별로 적절히 구분하여 적극 활용해야 한다. 한국은 주변에 4대 강대국이 모두 포진해 있다. 강대국에 둘러싸여 있는 한국의 지정학적 위치는 한국의 대외전략이 매우 유연해질 필요성을 제기하고 있다. 어느 특정 전략에 대한 고수는 한국 대외전략의 민첩성과 적용성을 떨어뜨리게 되며 이는 곧 한국의 국가이 익에 치명적인 결과를 가져올 수밖에 없다.

한국은 우선 한미동맹을 기반으로 하는 균형전략을 당연히 유지해야 한다. 그러나 사안별 편승전략 또한 무시해서는 안 된다. 예를 들어, 과거 식민제국으로부터의 문화재 반환이나 과거사 반성 등의 이슈에서는 중국에의 편승을, 미국의 보호무역주의 대두에 대한 대응에서는 일본과 중국에 대한 편승을 적극 도모해야 한다. 특화전략 또한 한국 대외전략의 '새로운 개척지(blue ocean)'가 되어야 한다. 한국은 이제 '중추적 중견국가(pivotal middle power)'로 성장했다. 한국은 선진국들에게는 경이롭고 대견 스러운 국가이자 대부분의 개도국들에게는 선망의 대상이다. 한국은 국 제사회에서의 높아진 위상을 발판으로 선진국과 개도국 간의 이해 조정, 개도국 지역사회 개발, 국제무역분쟁의 중재, 동서양 국제문화교류의 중심 등의 국제적 역할을 수행해야 한다. 회피전략도 상황에 따라서는 적

절히 구사해야 한다. 예를 들어, 한일 양국 간 우호협력관계 유지의 전략
적 필요성을 감안할 때, 일본의 군국주의화 등의 이슈에 대해서는 중국
의 반발에 기대어 무임승차하는 것도 필요하다. 남이 해결해줄 수 있는
일에 대해서는 함께 나설 필요가 없다. 초월전략도 항상 준비하고 있어
야 한다. 한국은 미국이나 중국의 일방적 행동에 대해서는 국제기구를
통한 해결을 추진해야 하며 특히 미중 또는 중일 간의 갈등이 발생하고
이에 대한 한국의 입장 표명이 난처한 상황에서는 국제기구와 제도를
해결의 주체로 내세우는 전략을 도모해야 한다. 가교전략은 각별히 중요
하다. 한국은 미국은 물론 중국, 일본, 러시아 모두와의 협력 연결망을
확보해야 한다. 이는 동맹을 유지하면서도 동맹의 딜레마를 벗어나기 위
한 방편이자 통일 한반도라는 한국의 미래를 위한 중점전략이다. 한국은
균형전략과 가교전략을 한국의 안보와 생존 그리고 한반도 통일을 위한
쌍두마차로 활용해야 한다.

한편, 한국 대외전략의 유연성을 제고하기 위해서는 앞서 논의한 다양
한 전략의 구사와 더불어 한국의 국가이익에 대한 위계 설정과 보다 큰
이익을 위해 작은 이익을 버리는 '전략적 상호교환(picking up larger
interests)'이 필요하다. 국가이익은 중요도에 따라 '사활적 이익(vital
interests)', '결정적 이익(critical interests)', '중요한 이익(major interests)', '지엽
적 이익(marginal interests)' 등의 순으로 구분할 수 있다. 사활적 이익은
국가의 생존과 안보와 직결된 것으로서 반드시 수호해야 하는 국가이익
이다. 결정적 이익은 사활적 이익을 확보하기 위한 전 단계의 국가이익
으로서 결정적 이익의 망실은 사활적 이익을 위태롭게 한다. 중요한 이
익은 어느 정도의 희생을 감수하고서라도 지켜내야 하는 국가이익이며
지엽적 이익은 상황이 압박할 경우 비교적 포기가 용이한 국가이익이다.

한국이 자신의 국가이익을 어떻게 사활적 이익, 결정적 이익, 중요한
이익, 지엽적 이익 등으로 구분할지는 한국사회 내부의 논의와 합의에

따라 달라질 수 있다. 중요한 것은 국가이익 간의 위계 설정은 반드시 필요하며 각 위계별로 국가이익 수호를 위한 대처방안이 수립되어야 한다는 것이다. 무정부 상태의 국제체제하에서는 각 개별국가의 국가이익은 끊임없이 도전받을 수밖에 없다. 국가이익의 전부를 지켜내는 것이 가장 바람직하지만 현실에 있어서는 불가능하다. 결국 국가이익에 대한 도전에 직면했을 경우 버릴 수 없는 국가이익과 버릴 수 있는 국가이익을 구분해서 대응해야 한다. 그래야만 국가 역량과 자원의 효율적 배분이 가능하고 사활적 이익과 결정적 이익을 확보할 수 있다. 보다 큰 이익에 대해서는 보다 많은 노력을 동원해야 하며 작은 이익에 대해서는 그만큼의 노력만 부여해야 한다. 또한 국가이익의 교환에 대해서도 항상 대비해야 한다. 국가 간의 갈등은 상호 대립되는 국가이익에서 비롯된다. 상호 대립하는 국가이익이 각자의 사활적 이익 내지는 결정적 이익일 경우 해결방안은 전쟁이나 무력행사를 제외하고는 찾기가 어렵다. 그러나 하위 단계의 국가이익들이 충돌하는 경우에는 국가이익의 교환을 통해 갈등이 해결될 수 있다. 하나를 내주고 다른 하나를 받는 것이 국가이익의 교환이다. 최상의 국가이익 교환은 하위의 국가이익을 내주고 상위의 국가이익을 확보하는 것이다. 즉, 지엽적 이익을 중요한 이익과 바꾸고 중요한 이익을 내주면서 결정적 이익 또는 사활적 이익을 확보하는 것이다. 한국이 자신의 핵심적 국가이익을 수호하고 최상의 국가이익 교환을 얻어내기 위해서는 사전에 국가이익의 위계 설정과 전략적 교환전략의 수립이 있어야 하며 아울러 상황발생 시 이를 실행할 수 있는 외교적 역량이 준비되어 있어야 한다.

제2절 핵심전략

1. 한미 포괄적 전략 · 가치 동맹의 지속

한국 대외전략의 핵심은 한미동맹의 유지이다. 한국의 생존과 번영을 위해서는 이념과 가치를 같이하는 세계 패권국가 미국과의 동맹 유지가 절실하다. 한국의 입장에서 한미동맹은 북한의 무력도발을 억지하고 중국의 대한반도 영향력·지배력 확대에 맞서기 위한 사활적 안보장치이다.[10] 아울러 러시아의 강대국 복원과 일본의 정상국가화 또는 군사대국화가 한반도에 가져올 부정적 영향에 대비하기 위한 필수적인 안보보험이다. 또한 한미동맹은 한국이 국제사회로 진출하고 적극적으로 참여하기 위한 핵심 통로이자 발판이다. 미국의 입장에서 한미동맹은 동북아 세력균형과 미국의 영향력 유지 그리고 중국의 부상을 견제하기 위한 주요 전략수단이자 유라시아 대륙에 대한 포위와 진출을 위한 동북아

---

10) 중국은 전통적 현실주의 세력균형정책을 추구하지 않을 것이라는 견해도 있다. 이 견해는, 중국의 부상에 대비하여 한미동맹 또는 한미일 군사협력을 통해 한국의 안보를 확보코자 하는 것은 시대적 흐름과 변화하는 지역질서를 제대로 파악하지 못한 인식과 대응일 뿐이라고 주장하고 있다. 물론, 중국은 공식적으로는 전통적인 동맹정책을 추구하지 않는다고 선언했으며 미국에 대한 세력균형 또한 최근까지는 눈에 띄는 경성균형정책보다는 연성균형정책을 취해왔다. 그러나 그야말로 중장기적으로 시대적 흐름과 변화하는 지역질서를 제대로 파악한다면 중국의 궁극적인 목표가 최소한 동북아시아에서의 미국 영향력 축소와 자국 중심의 패권적 질서 확보라는 것은 자명하다. 중국이 공식적으로 전통적인 동맹정책도, 현실주의적 세력균형정책도 추구하지 않는다고 선언하는 것은 미국과의 현격한 격차가 존재하는 현시점에서는 중국의 당연한 대외전술일 수밖에 없다. 대외전술은 국력의 크기 및 상대국과의 격차에 따라 달라질 수 있다. 대외전술에서 궁극적인 국가이익과 국가전략을 유추할 수는 없다. 타국의 국가이익과 국가전략을 고찰하는 데에 있어서 외양과 본질의 차이는 항상 염두에 두어야 한다.

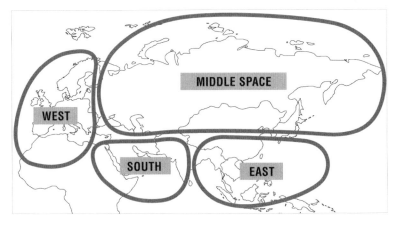

자료: Map by Kenneth Velasquez, published in The Grand Chessboard by Zbigniew
　　Brzezinski copyright ⓒ 1997, p.34. Reprinted by permission of Basic Books, a member
　　of the Perseus Books Group.

교두보이다. 한국은 한미 양국 국가이익의 교집합을 최대한 확대 및 유
지하여 한미동맹의 지속성과 견고성을 확보해야 한다.

　한미동맹의 유지와 강화를 위해서는 미국의 유라시아전략에서 한국의
중요성을 유지하고 또 이를 제고하는 것이 필요하다. 미국의 세계전략
중 가장 큰 비중을 차지하는 것은 역시 중국, 일본, 러시아, 독일, 영국,
프랑스 등 강대국들이 두루 포진해 있는 유라시아 대륙이다.

　미국의 유라시아전략은 <그림 5-1>이 나타내듯이 4개의 권역으로 나
누어져 있다. 서유럽과 동유럽 모두를 포함한 서부권역(west), 중동과 중
앙아시아를 중심으로 하는 남부권역(south), 러시아와 시베리아 일대를 포
괄하는 북부권역 또는 '중간 공간(middle space)', 그리고 한중일 3국과 동
남아시아가 포함된 동부권역(east)이 미국 유라시아전략의 4대 권역이
다.11) 미국은 전통적으로 서부권역에 높은 비중을 부여해왔으나 탈냉전
기에 들어와서는 석유, 천연가스, 광물 등 에너지 자원과 천연자원이 풍

부한 남부권역에 집중적으로 힘을 투사하기 시작했다. 그러나 국제경제에서 동아시아의 역할이 크게 확대되고 또 중국이 급격히 부상함에 따라 미국의 유라시아전략은 무게중심을 동부권역으로 이동시키고 있다. 버락 오바마(Barack Hussein Obama) 미국 대통령이 여러 차례에 걸쳐 "미국은 아시아·태평양 국가이다"라고 천명한 것은 미국 유라시아전략의 핵심이 어디에 놓여 있는가를 잘 보여주고 있다.[12] 동부권역에서 제일 중요한 지역은 역시 한국, 중국, 일본, 러시아, 북한 5개국이 맞닿아 있는 동북아시아이다. 미국은 동북아시아에서 확실한 동맹국가를 필요로 하며 현재 한국과 일본이 그 역할을 수행하고 있다. 미국 유라시아전략의 변환은 당연히 한미동맹과 미일동맹의 중요성을 배가시킬 수밖에 없다. 천안함 피습 침몰사건 이후 미국의 클린턴 국무장관과 게이츠 국방장관이 함께 판문점을 방문한 것은 미국이 한미동맹의 중요성을 크게 인식하고 있음을 보여주는 대외적 이벤트였다.

한국은 미국의 전략적 이해관계를 최대한 활용해서 한미동맹을 미국 유라시아전략 지도의 부동의 상수로 만들어야 한다. 미국의 유라시아전략에 적극 동조 및 동참하는 한편 한국 내 주한미군에 대한 정책적 지원을 확대해야 한다. 즉, 주한미군의 전략적 이해가 깊은 평택기지 이전·확충 사업을 적극 지원하고 주한미군 주둔비용의 한국 측 부담에 대해서는 앞서 논의한 국가이익의 상호 교환이라는 전략적 시각에서 접근하는 것

---

11) Zbigniew Brzezinski, *The Grand Chessboard: American Primacy and Its Geostrategic Imperatives* (Perseus Books Group, 1997). p.34.

12) Ralph A. Cossa, Brad Glosserman, Michael A. McDevitt, Nirav Patel, James Przystup, and Brad Roberts, "The United States and the Asia-Pacific Region: Security Strategy for the Obama Administration," *Pacific Forum CSIS* (February 2009), pp.1~82; 김현욱, 「오바마 대통령의 동아시아 순방과 신아시아 정책」, ≪주요국제문제분석≫, 2009-39(외교안보연구원, 2009), 1~15쪽.

이 필요하다. 한국은 이를 통해 한미동맹의 위상을 미일동맹 수준 이상으로 제고하고 한미동맹에 대한 미국의 의존성을 확대해야 한다.

한미연합방위체제는 한미동맹의 가장 핵심적인 부분이다. 한국은 한미연합군사력의 지속적인 증강을 추진하고 한미연합훈련을 정례화해야 한다. 또한 전시작전권 환수가 2015년으로 연기됨에 따라 한국은 자체방위능력 제고를 적극 추진하는 한편 전작권 환수 이후의 한미 양군의 협력시스템 구축에 만전을 기해야 한다. 한편 한미연합방위체제는 방어적 성격임을 대외적으로는 명확히 하되 대테러전에는 적극 기여해야 한다.

한국은 또한 현재 양국 의회의 비준을 기다리고 있는 한미 FTA의 조속한 발효를 추진해야 한다. 한미 FTA는 한미 양국의 경제를 상호 연계 및 통합시켜 한미관계의 불가분성을 증대시키는 효과를 가져다 줄 것이다. 아울러 한미 FTA는 한국을 동북아 지역에서 미국과 FTA를 체결한 유일한 국가로 자리 잡게 하면서 한국에 대한 다른 국가들의 투자와 교역을 크게 증대시킬 것이다. 즉, 한미 FTA를 활용하여 미국시장에 진출하고자 하는 국가들의 경제자원들이 한국에 대거 유입될 것이다.

한미동맹의 미래는 포괄적 전략·가치 동맹이다.[13] 한국과 미국은 2009년 6월 16일 한미정상회담을 통해 향후 한미동맹은 가치, 신뢰, 평화를 핵심으로 하는 포괄적 전략·가치 동맹을 지향할 것이라고 선언했다. 이는 한미동맹의 성격을 기존의 지역적 군사동맹에서 지구적 전략동맹으로 전환하다는 것을 의미한다. 즉, 이제 한미동맹은 한반도 방위와 더불어 동북아의 안정, 세계의 평화, 자유민주주의와 시장경제의 수호, 상호 신뢰와 가치의 공유 등을 추구하는 포괄적 전략·가치 동맹이 될 것임을 천명한 것이다. 이는 매우 올바른 정책방향이다. 한국은 한미동맹을 포괄

---

13) Nirav Patel and Lindsey Ford, "The future of the U.S.-ROK alliance: global perspectives," *The Korean Journal of Defense Analysis*, Vol.21, No.4(December 2009), pp.401~416.

적 전략·가치 동맹으로 격상시킴으로써 한미관계의 강화, 미국 세계전략에의 참여 및 발언권 확보 그리고 미국의 동맹포기(alliance abandonment) 가능성 축소 등의 성과를 거두었다고 할 수 있다.

그러나 포괄적 전략·가치 동맹으로서의 한미동맹이 적절히 운영 및 유지되기 위해서는 몇 가지 해결해야 될 과제가 남아 있다. '한미동맹의 잉여통제권 조정', '연루 위험의 관리', '대중국전략과의 정합성 확보', '대북정책의 조율' 등이 한미동맹의 숙제이다.

둘 이상의 국가가 동맹을 결성할 경우 동맹의 목적과 각국의 역할분담 등 기본적인 틀과 구조에 대해서는 명시적인 조항을 통해 합의를 보지만 동맹을 운영함에 따라 발생하는 구체적인 사안들에 대해서는 사전에 합의하기가 어렵다. 즉, 동맹조약에서 명확하게 규정하지 않은 영역에서는 '잉여통제권(rights of residual control)'의 문제가 발생한다. 이 경우 상대적으로 우월한 위치에 있는 동맹국이 더 많은 잉여통제권을 장악하는 것이 일반적인 현상이다. 잉여통제권의 확보는 동맹관리비용(동맹의 유지 및 추가적인 역할분담에 따르는 외교적·군사적·경제적 비용을 포괄)과 밀접한 관련이 있다. 잉여통제권을 많이 확보할수록 동맹관리비용은 줄어든다. 한미동맹은 포괄적인 동맹을 지향하기에 잉여통제권의 문제는 더욱 심각할 수 있다. 또한 한미동맹은 전형적인 비대칭동맹이기에 한국이 잉여통제권의 행사에 있어 주도권을 확보하기가 쉽지 않다. 따라서 한국은 지금부터라도 미국과 잉여통제권의 분할과 행사에 대해 구체적인 논의를 추진해야 한다.[14]

'연루(entrapment)'는 잉여통제권 문제가 야기할 수 있는 극단적인 사례 중의 하나이다. 연루는 동맹으로 인해 원치 않는 분쟁에 휘말리는 것을 말한다. 한미동맹은 포괄적 동맹으로서 평화구축동맹의 성격도 아울러

---

14) 국가안보전략연구소 이수형 박사와의 인터뷰 및 본 연구를 위한 원고기고에 기초했다.

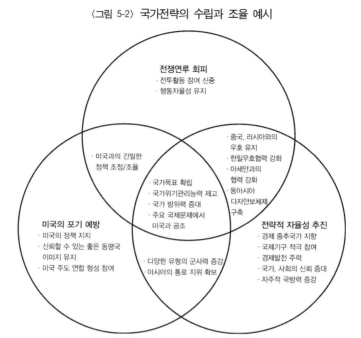

〈그림 5-2〉 **국가전략의 수립과 조율 예시**

전쟁연루 회피
· 전투활동 참여 신중
· 행동자율성 유지

· 미국과의 긴밀한
  정책 조정/조율

· 중국, 러시아와의
  우호 유지
· 한일우호협력 강화
· 아세안과의
  협력 강화
· 동아시아
  다자안보체제
  구축

· 국가목표 확립
· 국가위기관리능력 제고
· 국가 방위력 증대
· 주요 국제문제에서
  미국과 공조

미국의 포기 예방
· 미국의 정책 지지
· 신뢰할 수 있는 좋은 동맹국
  이미지 유지
· 미국 주도 연합 형성 참여

전략적 자율성 추진
· 경제 중추국가 지향
· 국제기구 적극 참여
· 경제발전 주력
· 국가, 사회의 신뢰 증대
· 자주적 국방력 증강

· 다양한 유형의 군사력 증강
· 아시아의 통로 지위 확보

자료: http://www.army.mil/professionalwriting/volumes/volume2/august_2004/ima
ges/rapp-graphic.gif(검색일: 2010.11.22.)를 토대로 재작성.

담고 있다. 만일 미국이 한반도 외의 특정지역에서 '평화구축전쟁'이 불
가피하다고 주장하면서 한국의 직접 참전 또는 전략적 지원을 요청해
올 경우, 한국은 연루에 위협에 노출될 수밖에 없다. 한국이 미국의 요청
을 거절할 경우, 미국은 한국과의 동맹 포기를 선언하고 한미동맹은 와
해될 수 있다. 즉, 한국은 전형적인 동맹딜레마에 빠질 수밖에 없다. 한국
은 따라서 한국의 역할분담이 어디까지인가를 사전에 미국과 합의해야
한다. 한미 간에 미래의 여러 상황에 대한 동맹 매뉴얼이 수립되어 있을
경우 연루의 위험은 상당부분 관리될 수 있다.[15] <그림 5-2>는 포기와

15) 경기개발연구원 주최 제3차 동북아포럼(2010년 4월 16일)의 발표문 "한미동맹의

연루의 위협에 대한 한국의 대응전략개념을 도식화한 것이다.

한국의 입장에서 한미동맹이 던져주는 최대의 난제는 한국이 추진하는 대중국전략과의 정합성 확보 문제이다. 한국은 한미동맹을 유지하면서도 한중협력관계의 강화를 추진해야 하는 입장이다. 그러나 한미동맹의 포괄적 전략·가치 동맹화는 이미 중국의 반발을 불러일으켰다. 또한 한국과 중국의 지나친 상호접근은 동맹국 한국에 대한 미국의 의심과 신뢰저하를 야기할 수 있다. 한국 외교안보전략의 최대의 딜레마가 아닐 수 없다. 딜레마를 탈피하는 방법은 딜레마 자체를 성립시키지 않는 것이다. 즉, 한국은 한미동맹을 대외전략의 핵으로 설정하고 있음을 미국과 중국 양국에 명확히 인식시켜야 한다. 그리고 여기서부터 해법을 찾아나가야 한다. 먼저 강력한 한미동맹이 한국의 대중국 관계에서 부담이 아닌 자산으로 기능할 수 있음을 한국은 자각해야 한다. 중국은 한미동맹을 '냉전적 사고의 소산'이라고 비난하고 있지만 미국이 떠난 한국은 중국에게 있어 '카지노에서 칩을 모두 잃은 힘없는 도박사'에 불과할 것이다. 한미동맹이 존재하기에 중국은 한국을 경시할 수 없는 것이다. 한국은 역으로 한중관계의 개선에 맞추어 한미동맹의 강도를 완화시키는 전략을 취해야 한다. 즉, 북중 동맹관계가 약화 또는 해체과정을 밟고 중국의 한국경사가 확실해지는 것을 관찰하면서 점차적으로 한미동맹의 군사적 성격을 완화시켜주는 전략으로 나아가야 한다. 한반도 통일 시점에서는 한미동맹을 연성동맹과 같은 유연한 동맹체제로 전환하여 중국의 안보적 우려를 해소시켜주는 방안도 검토할 수 있다. 미국에 대해서는 한국과 중국의 지정학적·지경학적 특수 관계에 대한 전략적 이해와 협조

현황·전망과 한국의 대응전략"(이수형); 한편, 주한미군의 전략적 유연성 논의 또한 연루의 문제와 밀접한 관련이 있다. 한미동맹과 전략적 유연성에 대해서는 다음 논문을 참조 이상현, 「한미동맹과 전략적 유연성: 쟁점과 전망」, ≪국제정치논총≫, 제46집 4호(한국국제정치학회, 2006), 155~178쪽.

를 구해야 한다. 남북관계의 개선과 한반도 통일 그리고 한국경제의 운영을 위해서는 한국의 전략적인 대중국 접근이 필요하다는 것을 설득해야 한다.

한국은 또한 미중 양국의 우호협력관계를 유도해야 한다. 한국은 현재 미국에서 논의되고 있는 '중국 위협론'과 '중국 기회론' 간의 논쟁 양상을 면밀히 고찰하여 미국의 대중국 정책동향을 주시하는 한편, 한국의 전략적 필요성에 의거하여 '중국 기회론'의 확산을 도모해야 한다. 즉, 한국은 '현실주의적' 사고와 전략에 입각하여 미국의 대중국 '자유주의적' 정책 도입을 유도해야 한다. 한국은 또한 미중 갈등 시 사안별로 중재역할(honest broker)을 자임해야 하고 특히 중국에 대한 외교적 배려를 강화해야 한다.16) 아울러 한미일중을 엮는 복합적·중층적 협력네트워크를 적극적으로 구축해야 한다. 정치, 군사, 경제, 과학·기술, 문화, 교육, 여성, 청소년 등 다양한 분야와 영역에서 정치인·관료·학자·청소년·일반인들 간의 교류와 협력 기회를 마련해야 하며 한국은 외교안보적 차원에서 이에 대한 행정적·재정적 부담을 자임할 필요가 있다.

대북정책의 조율은 한미동맹의 또 다른 과제이다. 한국과 미국은 한국의 안보에 대해서는 이해관계를 공유하지만 한반도의 통일에 대해서는 상호 간의 입장차이가 있다. 한국은 한반도의 통일이 국가목표이지만 미국은 한반도의 안정과 역내 질서유지가 우선이다. 한국은 국가이익의 상호교환 기제를 동원해서라도 미국의 한반도전략을 한반도 통일이라는 현상타파적 방향으로 전환시켜야 한다. 한편, 한국은 북한의 개혁·개방 유도 차원에서 미북관계 개선과 미국의 대북전략적 개입을 권유하고 지지해야 한다. 물론 미북 간의 관계 정상화는 한반도 분단의 영구적 고착

---

16) Deborah Welch Larson and Alexei Shevchenko, "Status Seekers: Chinese and Russian Responses to U.S. Primacy," *International Security*, Vol.34, No.4(Spring 2010).

화가 아니라 한반도 통일을 위한 전략적 과정임을 한국과 미국 양국은 명확히 인식해야 한다.

2. 한중 '전략적' 협력관계 구축

중국은 한국 그리고 향후의 한반도 통일국가에게는 최대의 잠재적 위협국가이다. 중국은 거대한 영토와 엄청난 인구를 가진 대국이다. 세계사적으로 대국의 부상은 필연적으로 주변국가들의 지배와 복속을 야기했다. 중국의 역사도 이를 여실히 보여주고 있다. 중국이 오늘날 간간이 내비치고 있는 패권주의적·대국주의적 행태는 중국의 미래를 가늠하게 한다. 중국은 공산당 독재체제를 유지하고 있으며 자유민주주의와 인권은 반체제적 가치이다. 중국은 또한 한국의 숙적인 북한과 사실상의 군사 동맹을 유지하고 있다. 국제체제적 시각에서 볼 때, 중국은 한국에게 잠재적으로 가장 위협적인 국가이다. 그럼에도 불구하고 한국은 중국과 '전략적' 협력관계를 구축해야 한다.

한국은 한반도와 동북아의 안정과 평화, 중국시장의 확보와 한국경제의 성장기조 유지, 한반도 통일의 국제환경 마련, 중국의 패권적 영향력 확보에 대한 대비 등을 위해 '전략적'으로 중국과 협력을 추진해야 한다. 즉, 한국은 중국이 잠재적 위협국가임에도 불구하고 한국의 국가이익을 수호하고 확대하기 위해 '거인과의 동침'이 필요한 것이다. 물론 한국의 공식적인 대중국 정책은 '친중(親中)'과 '전략적 협력동반자관계'를 표방해야 한다.[17] 그러나 한중관계의 지난 역사와 더불어 중국의 부상이 가

---

17) 중국의 동반자외교 전략에 대한 체계적 이해와 한국과 중국 간의 '전략적 협력 동반자관계'의 함의에 대해서는 김흥규와 이태환의 논문이 유용하다: 김흥규, 「중국의 동반자외교 소고: 개념, 전개 및 함의에 대한 이해」, ≪한국정치학회보≫, 제43집 제2호(한국정치학회, 2009), 287~305쪽; 이태환, 「한·중 전략적 협력 동반자 관

져오는 국제체제적·국제정치적 함의를 항상 염두에 두어야 한다. 진정한 친중(親中)과 전략적 협력동반자관계는 중국의 향후 행보와 변화에 따라 추후에 검토할 사안이다.

중국 또한 한국과의 '전략적' 협력이 필요하다. 한반도에서의 영향력 유지, 경제발전을 위한 한국 자본과 기술의 활용, 중국 중심의 동북아 역내질서 수립, 미국 일극체제에 대한 도전과 변환 등을 위해서는 미국의 동맹국인 한국 유인이 필요하다. 중국은 한국과의 관계 강화를 통해 한국의 '동맹재조정(alliance realignment)'을 유도하고 이를 바탕으로 한미동맹의 와해 내지는 약화를 도모하여 한국이 더 이상 미국의 동북아 교두보 역할을 하지 못하도록 하는 것이 전략적 목표이다. 중국의 입장에서 한국은 중국의 목 부위에 미국이 박아놓은 '날카로운 단검(a sharp dagger)'이 아닐 수 없다.

현재 한국이 동북아에서 가장 중요하게 다루어야 할 다자간 국제관계는 각기 한미중과 남북중의 3국 관계이다. 한국, 미국, 중국 3국의 관계는 한국의 동북아전략 차원에서 그 중요성이 있으며 한반도전략 차원에서는 한국, 북한, 중국 3국의 관계가 핵심이다. 한국, 중국, 일본의 3국 관계 관리는 상대적으로 차후의 과제라고 할 수 있으며 한국, 미국, 북한 3국의 관계는 한미 결속과 미북 대립으로 아직까지는 역동적인 모습을 보이지 않고 있다.[18] 한국의 대중국전략은 각기 한미중과 남북중 3국 관계의

계: 평가와 전망」, ≪세종정책연구≫, 제6권 2호(세종연구소, 2010), 123~157쪽.
18) 한국, 미국, 북한 3국의 전략적 상호관계에 대해서는 서보혁의 논문을, 북한, 미국, 중국 3국의 전략적 삼각관계에 대해서는 이상숙의 논문을, 동북아 6개국 전체의 상호 간 우적관계 인식도에 대해서는 김재한의 논문을 참고 할 수 있다: 서보혁, 「탈냉전기 한반도 안보질서 변화에 관한 연구: 남·북·미 전략적 삼각관계를 중심으로」, ≪국가전략≫, 제14권 2호(세종연구소, 2008), 63~85쪽; 이상숙, 「북·미·중 전략적 삼각관계와 제2차 북핵위기: 북한의 위기조성 전략을 중심으로」, ≪국제정치

구조와 작동원리에 대한 명료한 분석에서 출발해야 한다.

로웰 디트머(Lowell Dittmer)가 자신의 논문 "The Strategic Triangle"을 통해 제시한 3국 관계 분석틀은 매우 유용하다.[19] 디트머는 '양자 관계(bilateral relationship)'는 제3국과의 상호 관계에 대한 분석이 더해져야 비로소 명확하게 이해할 수 있다고 전제하고 '3국 관계(triangular relationship)'의 분석 필요성을 제기했다. 디트머는 3국 관계는 크게 '삼국협력(menage a trois)', '삼각관계(romantic triangle)', '양국결합(stable marriage)'의 세 가지 유형으로 나눌 수 있으며 각각의 유형은 고유의 작동원리를 갖고 있어 자신들이 처한 3국 관계의 유형별로 국가들의 전략행태는 다르게 나타난다고 설명했다(<그림 5-3> 참조).

삼국협력은 3개국 모두가 상호 협력하는 관계로서 공존과 공영이 국제관계의 궁극적인 지향점이라고 한다면 가장 바람직한 유형의 3국 관계라고 할 수 있다. 그러나 현실주의적 시각에서 볼 때 삼국협력은 실제로는 거의 찾아보기 어려우며 실제로 존재하더라도 지속되기가 어렵다. 국가들은 자국(A)과 타국(B 또는 C) 간의 직접적 양자관계에 대해서는 비교적 정확하게 내용과 방향성을 파악할 수 있으나 타국(B)과 타국(C) 간의 관계에 대해서는 신뢰할 만한 정보를 얻기가 어렵다. 두 타국(B와 C)이 공모하여 자국(A)의 국가이익을 희생시키거나 심지어 침략을 시도할지 여부에 대해서 알 수 없기에 항상 불안과 염려에 빠질 수밖에 없다. 따라서 삼국협력은 상당히 불안정한 유형의 3국 관계라고 할 수 있다.

삼각관계는 한 개의 정점국가(A)를 향해 두 개의 국가들(B와 C)이 서로 경쟁적으로 구애를 하는 유형의 3국 관계이다. 즉, 정점국가 A는 B와

논총≫, 제49집 5호(한국국제정치학회, 2009), 129~148쪽; 김재한, 「동북아 지역 우적관계의 구조」, ≪국방연구≫, 제52권 제3호(국방대학교, 2009), 67~99쪽.

19) Lowell Dittmer, "The Strategic Triangle: An Elementary Game-Theoretical Analysis," *World Politics*, Vol.33, No.4(July 1981), pp.485~515.

C 양국 모두로부터 우호적 관계를 제공
받거나 요청받는 반면에, B와 C는 A로
부터 선택받기 위해 상호 간에 적대적
내지는 경쟁적 갈등을 보이는 유형이다.
정점국가 A의 입장에서는 삼각관계가
삼국협력보다 훨씬 유리하다. 삼국협력
은 불안정성이 심하지만 삼각관계는 상
대적으로 안정적일 뿐더러 3국 중 가장
우월한 혜택(B와 C 모두와의 우호적 관계)
을 누릴 수 있기 때문이다. 그러나 삼각
관계가 지속되기 위해서는 정점국가 A
의 각별한 관리 능력이 필요하다. A는 B
와 C 모두와 우호적인 관계를 공평하게
유지하면서도 B와 C 간의 갈등이 적정
한 수준에서 지속되도록 해야 한다. 그
래야만 A가 자신의 정점국가 위치를 유

〈그림 5-3〉 3국 관계의 세 가지 유형

(1) 삼국협력(menage a trois)

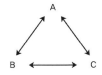

(2) 삼각관계(romantic triangle)

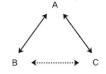

(3) 양국결합(stable marriage)

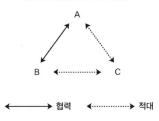

지할 수 있다. 만약, A가 B에게 과도한 애정을 보내거나 또는 그렇게
비쳐질 경우에는 C는 A에 대한 구애를 포기하고 독자노선을 걷거나 A에
대한 적대국가로 변할 것이다. 또한 B와 C 간의 갈등이 지나치게 격화될
경우, A는 B와 C 모두로부터 '최후의 선택'을 강요받게 될 것이며 A는
어쩔 수 없이 B와 C 둘 중의 하나를 선택하면서 역시 정점국가의 위치는
포기할 수밖에 없게 된다. 반면에, B와 C 간의 갈등이 크게 약화되어
B와 C의 양자관계가 긴밀해질 경우, A는 B와 C의 공모위협에 노출되면
서 정점국가의 위치에서 퇴출될 가능성이 높아진다.

양국결합은 두 개의 국가들(A와 B)이 상호 우호관계를 유지하면서 제3
의 국가(C)와는 두 국가 모두 적대적 관계를 형성하는 유형의 3국 관계이다. 즉, A와 B는 상호우호를 유지하면서 C만 소외시키는 유형이다. 양국 결합은 우호관계가 단 한 개(A와 B의 양자관계)만 존재한다는 점에서 세 가지 3국 관계 유형 중 전체적으로는 가장 작은 혜택을 발생시키지만 한편으로는 가장 안정적인 구조를 갖고 있다. A와 B 두 국가 간의 우호 관계만 관리된다면 양국결합 유형은 지속될 수 있기 때문이다. 양국결합 유형의 3국 관계에서는 C는 두 가지 전략적 행동을 할 수 있다. 즉, A와 B 모두와 적대하면서 독자노선을 걷거나, A 또는 B와의 관계개선을 통해 현재의 위치를 돌파하는 것이다. 특히 A와 B 간의 우호관계가 비대칭 적(예를 들어, 우호관계에서 발생하는 혜택을 A가 B보다 더 많이 차지하는 경우) 이라면, C는 B에 대한 적극적인 접근을 통해 A와 B 간의 우호관계를 와해시키면서 현재의 '공공의 적(public enemy)' 위치를 탈피하려고 할 것 이다. 한편, A와 B 또한 각기 내부적으로는 C와의 관계개선을 통해 지금 의 양국결합 구조를 자신을 정점국가로 하는 삼각관계 구조로 바꾸고자 하는 의도를 가질 수 있다. 그 어떤 유형의 3국 관계보다도 삼각관계에서 의 정점국가가 가장 많은 혜택을 누리기 때문이다. 3국 관계에서 각 개별 국가의 혜택 또는 이익은 삼각관계의 정점국가, 양국결합의 선임동맹국, 양국결합의 동맹국, 삼각관계의 구애국, 양국결합의 배제국의 순으로 줄 어든다. 삼국협력의 구성국가는 경우에 따라서는 삼각관계의 정점국가 보다 더 많은 혜택과 이익을 확보할 수도 있지만 삼국협력 유형의 불안 정성으로 인해 순위를 정하기가 쉽지 않다.

상기의 논의를 한미중과 남북중 3국 관계에 대입하면 그 구조와 작동 원리가 분명히 드러난다. 먼저, 한미중 3국 관계의 경우, 미국과 한국을 A와 B로 하는 양국결합 유형으로 출발했다. 중국은 적대적 국가 또는 배제된 국가 C였다. 그러나 중국은 개혁·개방 이후 미국과 한국 각각에 대한 적극적인 구애를 통해 양국결합 유형에서의 적대국가·배제국가 위 치를 탈피하고자 했고 나아가 '중국거대시장'이라는 당근을 제시하면서 스스로가 삼각관계의 정점국가가 되고자 했다. 반면, 미국은 중국을 미국 주도의 패권질서에 끌어들임으로써 양국결합의 선임동맹국 위치에서 삼각관계의 정점국가로 올라서고자 했다. 미국과 중국 양국 모두가 삼각관계의 정점국가가 되는 것이 궁극적인 목표였다. 한국은 양국결합구조의 동맹국으로서, 양국결합의 안정성을 버리지 않으면서도 중국의 접근을 받아들였다. 양국결합구조에서 얻지 못하는 혜택(중국시장 확보와 남북관계 개선)을 중국과의 관계개선을 통해 추가로 확보하고자 하는 의도였다. 아울러 양국결합구조가 삼국협력구조로 전환되기를 내심 기대했다. 한국이 현재의 국력으로는 삼각관계의 정점국가가 되지 못한다는 것을 잘 알고 있기에 삼국협력구조가 구조 변환의 대안이었다.

그러나 한미중 3국 관계는 기존의 양국결합 유형에서 크게 벗어나지 못했다. 중국의 급격한 부상을 본격적으로 우려하기 시작한 미국은 한미중 3국 관계를 삼각관계 유형으로 발전시키기보다는 현재의 양국결합 유형을 유지하는 것에 방점을 두기 시작했다. 이는 중국의 궁극적인 목적이 삼각관계에서의 구애국가가 아니라 정점국가가 되고자 하는 것을 간파했기 때문이다. 삼국협력구조 또한 창출되지 못했다. 동북아 역내질서의 주도권을 두고 벌어지는 미국과 중국 간의 경쟁은 본질적으로는 '영합게임(zero-sum game)'이기 때문이다. 미국은 다시금 한미동맹을 강화하면서 한국을 붙들어 매기 시작했다. 천안함 피습 침몰사건에 대한 미국의 적극적인 대응은 표면적으로는 한국방어에 대한 미국의 동맹 확인이었지만 내용적으로는 양국결합구조의 공고화였다. 현재, 미국의 정책 회귀에 대한 중국의 대응방식은 독자노선 추진과 동맹국(B) 접근이라는 두 전략의 혼용으로 나타나고 있다. 즉, 중국은 독자노선의 일환으로서 한미중 3국 관계의 밖에 있는 북한을 활용하기 시작했다. 중국은 북중 동맹관계를 다시금 챙기면서 한미동맹의 강화라는 양국결합구조의 공고화에 대응하는 전략을 취하고 있다. 또한 중국은 동맹국 접근전략도 버리지 않고 있다. 중국은 한국과의 추가적인 관계 악화를 방지하면서 지속적으로 한국에 대한 구애를 보내고 있다. 양국결합구조에서 배제국 C의 전형적인 양면전략이라고 할 수 있다.

한미중 3국 관계에서 한국의 전략은 무엇이어야 하는가? 삼국협력구조의 창출이 당연히 우선순위가 되어야 한다. 한국은 중국과의 협력을 강화하는 한편 미중 간의 협력을 유도해야 한다. 한반도의 통일은 삼국협력구조하에서만 평화적으로 이루어질 수 있다. 삼국협력구조를 창출하여 최소한 한반도 통일의 시점을 전후해서만이라도 유지시켜야 한다. 한국은 또한 한미중 3국 관계의 특정 영역에서는 삼각관계 유형에서의 정점국가가 되는 방안을 강구해야 한다. 즉, 한미중 3국 관계를 하나로 뭉뚱그려 인식하는 방식을 지양하고 3국 관계를 영역별로 쪼개고 나누어서 각 영역별로 다양한 유형의 '하위 3국 관계들(sub-triangular relationships)'을 만들어내는 것이다. 군사나 안보 분야는 현재의 양국결합구조를 벗어나기 어렵겠지만 경제·사회·문화·과학기술 등의 비정치적인 분야에서는 삼국협력구조나 한국을 정점국가로 하는 삼각관계구조를 이끌어낼 수 있다. 한국의 대중국 협력전략의 탄착점이 바로 여기이다. 한미중 3국 관계의 영역별 세분화와 다양한 유형의 하위 3국 관계 창출전략은 한국이 영역에 따라서는 정점국가가 될 수도 있는 가능성을 열어주고 한국의 대중국 협력공간을 확보해줄 뿐만 아니라, 영역 간의 교류와 교환을 통해 한미중 3국 관계 전체를 보다 협력적인 방향으로 이끌어낼 수 있다. 즉, 하위 3국 관계들의 양적 팽창을 통해 전체(또는 상위) 3국 관계의 질적 변환을 도모할 수 있다. 한편, 한국은 삼국협력구조의 창출 노력 과정에서 미국으로부터 중국과의 공모 의심을 받지 않도록 해야 한다. 미국의 의심은 동맹 포기와 한국 방기로 이어질 수 있으며 이는 한국 국가이익의 엄청난 손실이다. 양국결합구조에서의 동맹국 위치가 삼각관계구조의 구애국 또는 양국결합구조의 배제국보다 훨씬 유리하기 때문이다. 결국 한국은 현재의 양국결합구조를 발판으로 미래의 새로운 3국 관계를 열어야 한다.

한편, 남북중 3국 관계는 중국과 북한을 A와 B로 하는 양국결합 유형으로 출발했으며 한국은 적대적 국가 또는 배제된 국가 C였다. 그러나 남북중 3국 관계는 한미중 3국 관계와는 달리 구조 변환의 진전이 있었다. 즉, 양국결합 유형에서 중국을 정점국가로 하는 삼각관계 유형으로의 전환이 상당부분 이루어졌다. 한중 수교는 3국 관계 구조 전환의 시발점이었다. 한국의 경제성장은 북한의 열악한 경제상황과 대비되면서 한중 관계 개선의 실마리를 제공했으며 한반도에서의 영향력 확대를 위한 중국의 전략적 의도 또한 한중 수교의 동인으로 작용했다. 중국은 기존의 양국결합구조를 자신을 중심으로 하는 삼각관계구조로 전환시킴으로써 3국 관계에서의 배가된 혜택(한국과 북한 모두와의 양자 간 우호관계 유지)을 얻고자 했다. 즉, 중국은 양국결합구조의 선임동맹국에서 삼각관계구조의 정점국가로 상승했다. 한국 또한 양국결합구조의 배제국가에서 삼각관계구조의 구애국가로 진일보했다. 반면, 북한은 양국결합구조의 동맹국 위치에서 삼각관계구조하의 구애국가 중의 하나로 한 단계 전락했다.

중국이 삼각관계구조로의 전환을 추진하면서부터 중국의 한반도전략은 정점국가 전략행태의 전형을 보여주기 시작했다. 중국은 북한과의 양국 관계가 한미관계와 같은 군사동맹관계가 아니고 국가 대 국가의 정상적 관계라고 여러 차례 천명을 했다. 이는 한국을 구애국가로서 붙들어두기 위한 전략적 행동이라고 해석할 수 있다. 즉, 북중 양국 관계의 군사동맹적 성격을 부인함으로써 한국이 중국에 대한 구애행동을 포기하지 않도록 유인하는 것이다. 중국이 지속적으로 정점국가 위치를 유지하기 위한 전략이 아닐 수 없다. 중국은 또한 공식적으로는 남북관계의 개선을 희망한다고 말하지만 실제로는 한국과 북한 간에 적당한 정도의 갈등이 지속되기를 바래왔다. 한국과 북한 간의 급격한 접근과 밀착은 중국에게 있어서는 정점국가의 위치 상실을 의미하기 때문이다. 중국은 또한 한국과 북한 간의 갈등 악화도 바라지 않는다. 한국과 북한 간의 갈등이 격화될 경우 중국은 선택의 순간을 맞이해야 하며, 한국과 북한 중 어느 하나를 선택하는 순간 중국의 정점국가 위치는 사라지기 때문이다. 그런 의미에서 2010년 3월의 천안함 피습 침몰사건은 중국에게도 전략적 타격이었다. 중국은 사건 초기 '한반도의 불안정은 어느 누구에게도 도움이 되지 않는다'면서 한국과 북한 양국의 자제를 촉구했다. 중국은 정점국가의 지위를 유지하기 위해서는 당연히 중립적 입장을 취할 수밖에 없었으며 사태의 악화를 우려하지 않을 수 없었다. 그러나 천안함 사건에 대해 한국과 미국이 강경입장을 고수하고 또 국제문제로 확대되자 중국은 선택을 해야 하는 상황에 몰리게 되었으며 결국 사실상 북한을 선택했다. 그 순간 중국이 애써 추진했던 삼각관계구조는 다시 양국결합구조로 회귀했다. 중국은 삼각관계구조의 정점국가에서 양국결합구조의 선임동맹국으로 다시 후퇴했으며 한국 또한 삼각관계구조의 구애국가에서 양국결합구조의 배제국가로 떨어졌다. 중국과 한국 모두 전략적 손실을 입은 것이다. 반면에 북한은 전략적 성공을 거두었다. 삼각관계구조의 구애국가중의 하나에서 다시금 양국결합구조의 동맹국가로 올라선 것이다. 한중 수교 이후 북한은 북중 동맹관계의 회복을 노려왔다. 물론 초기에는 선군정치와 핵개발 등을 통해 자력갱생이라는 독자노선을 추구하기도 했지만 북한의 심각한 경제난은 중국의 지원을 절실하게 필요로 했다. 북한의 입장에서는 삼각관계구조를 다시 과거의 양국결합구조로 되돌리는 것이 중요했다. 천안함을 가격한 어뢰 한 발은 북한의 외교적 숙원을 해결해주었다. 북한은 다시 양국결합구조의 동맹국 위상을 확보할 수 있었다.

남북중 3국 관계에서 한국의 전략 목표는 현재의 양국결합구조를 다시금 삼각관계구조로 전환시켜서 ① 중국에 대한 구애경쟁에서 북한을 누르거나, ② 삼각관계구조를 삼국협력구조로 발전시키거나, ③ 북한과 획기적인 관계개선을 이루어내는 것이다. 일단, 삼각관계구조로의 재전환 가능성은 충분히 남아 있다. 현재의 양국결합구조는 한국, 중국, 북한 3국 중 북한만이 원하는 구도이다. 중국은 어쩔 수 없이 북한을 선택하면서 정점국가로서의 위치를 버렸지만 삼각관계구조로의 재진입을 바라고 있다. 중국이 한국과의 관계 악화를 적정수준에서 봉합하면서 '한중 전략적 협력동반자관계'를 지속적으로 강조하는 것이 이를 잘 말해주고 있다. 중국은 여전히 경제발전이 필요한 국가이며 아울러 동북아에서의 영향력 제고를 위해서라도 한국과의 우호적 관계를 필요로 하고 있다. 한국은 이를 잘 활용해야 한다. 한국은 우선 정점국가 위상 재확보를 원하는 중국과 양국결합구조 지속을 바라는 북한, 두 국가 간의 전략적 이해관계 불일치를 최대한 드러내고 확대해야 한다. 한국은 중국에 대해서만큼은 천안함 사건에서의 앙금을 가슴에 묻어두고 한중 협력관계의 강화를 지속적으로 추진해서 남북중 3국 관계를 삼각관계구조로 재진입시켜야 한다.

삼각관계구조가 다시 형성될 경우, 한국의 첫 번째 전략은 북한과의 구애경쟁에서 확실하게 승리하면서 북한을 남북중 3국 관계에서 퇴출시키는 것이다. 즉, 중국의 한국 선택과 더불어 북중 동맹관계의 해체 및 북한이라는 국가의 소멸이 목표가 되어야 한다. 북한의 중력중심이자 생명줄은 북중 동맹관계이다. 한국은 이 사슬을 끊어내야 한다. 중국이 포기한 북한이 중국이 관리하는 북한보다 한반도의 통일기회 확보라는 차원에서 한국의 국가이익에 더 부합한다. 북중 동맹관계를 타격하기 위해서는 중국에게 있어 한국이 한반도의 대안적 국가로 받아들여져야 한다. 현재 중국은 기존의 '한반도 통일위협론'과 더불어 '한반도 통일이익론'이 함께 논의되고 있다.[20] '한반도 통일이익론'은 통일 한반도가 중국에게 우호적이거나 중립적이라면 지금의 분단상황보다는 통일상황이 '화평발전'으로 대표되는 중국의 국가이익에 더 도움이 된다는 주장이다. 중국은 현재 통일 한반도에 출현하게 될 국가의 성격에 대해 확신을 갖지 못하고 있다. 중국은 이러한 불안감으로 인해 일단은 한반도 분단의 안정적 관리를 대한반도 정책의 우선순위로 놓고 있다. 한국은 통일한국이 중국에게 우호적인 국가가 될 것임을 명확히 인식시켜야 한다. 부유한 통일한국이 중국의 국가발전에 유리하다는 것을 설득해야 한다. 한국은 통일한국이 중국의 대북 기득권을 존중할 것임을 사전에 천명해야 한다. 현 북중 국경선의 인정과 고토회복정책 포기, 북중 간 체결된 각종 사업협약의 계승, 조선족은 중국의 국민임을 명백히 선언, 북한지역 경제 재건에의 참여기회 보장 등을 공개적으로 약속해야 한다. 북한의 체제전환은 한반도 불안정의 근본적인 원인을 제거하는 것이며 이는 결국 중국의 안보에 기여하는 것이라고 설득해야 한다.[21] 북한은 '완충지대(buffer zone)'가 아니라 중국의 쾌속발전을 저해하는 불필요한 '속도방지도로(bumpy road)'임을 역설해야 한다.

한국은 현재 북한과의 대중국 구애경쟁에 있어 군사·안보 분야를 제외하고는 모든 분야에서 우위에 있다. 현재 논의되고 있는 한중 FTA가 본격 추진될 경우 한국의 우위는 더욱 확고해진다. 만약, 한국이 군사·안보 분야에서 중국이 원하는 결정적인 양보를 할 경우 북한과의 경쟁은 한국의 승리로 끝날 수 있다. 중국이 원하는 결정적인 양보는 한국이 미국의 영향권을 벗어나서 친중 내지는 중립적 국가가 되는 것이며 이를 구조적·제도적으로 보장하는 것이다. 여기서부터는 남북중 3국 관계와 한미중 3국 관계가 상호 중첩되어 진행되는 복합게임이 이루어질 수밖에 없

20) 김강일, 「중국의 동북아전략과 대한반도정책」, 《JPI 정책포럼》, 2009-19(제주평화연구원, 2009), 1~14쪽.
21) 최명해, 「중국의 대북한정책: 과거, 현재, 그리고 미래」, 『한반도 군비통제』(국방부 군비통제자료 47, 2010), 139~160쪽.

다. 한국이 한미동맹을 희생하지 않으면서 줄 수 있는 최대한의 양보가 무엇인지는 남북중 3국 관계와 한미중 3국 관계의 교집합에서 찾아야 한다. 즉, 한미동맹의 근간 위에서 중국의 안보우려를 해소하고 중국의 국가이익을 보장하는 지점을 밝혀내고 개발해야 한다. 미중 협력관계의 구축은 교집합 찾기의 선결요건이다.

한국의 두 번째 전략은 남북중 3국 관계를 삼각관계구조에서 삼국협력구조로 발전시키는 것이다. 즉, 중국을 대상으로 한국과 북한이 상호 갈등하면서 경쟁적으로 구애하는 형태를 벗어나 한국, 중국, 북한 3국 모두 상호 협력하는 체제를 구축하는 것이다. 삼국협력구조하에서는 한국과 북한은 물론 중국도 경우에 따라서는 정점국가로서 누리는 혜택보다 더 큰 혜택을 누릴 수 있다. 3국 간의 협력 시너지는 전체의 합보다 클 수 있기 때문이다. 또한, 첫 번째 전략에서처럼 중국이 한국과 북한 중에서 선택해야 하는 딜레마를 겪을 필요도 없고 한국 또한 한미 동맹 관계의 훼손 가능성을 우려할 필요가 없다. 북한도 국가소멸의 위험을 더 이상 염려하지 않아도 된다. 현재, 중국이 동북3성 발전계획과 연계하여 추진하는 북중 접경지역 공동개발이 삼국협력구조로의 전환기초가 될 수 있다. 즉, 북중 양국 간 공동개발계획에 한국이 참여하는 것이다. 중국의 자본과 한국의 기술 그리고 북한의 토지와 노동력이 합쳐질 경우, 북중 접경지역 개발은 성공 가능성이 매우 높아질 뿐만 아니라, 남북중 3국 관계는 삼국협력이라는 새로운 유형으로 진입하는 계기가 될 것이다. 그러나 삼국협력으로의 발전전략은 북한의 폐쇄성과 대남 경계정책을 감안할 때 그 가능성이 높지 않다. 또한 이 전략은 자칫 북한체제의 연명과 존속을 가져와 한반도 통일기회를 무산시키면서 남북분단을 고착화시킬 수 있다.

한국의 세 번째 전략은 남북관계의 획기적 개선을 통해 중국에 대한 구애경쟁을 불필요하게 만들면서 중국을 정점으로 하는 삼각관계구조를 한국과 북한 간의 양국결합구조로 전환시키는 것이다. 한국에게는 최상의 시나리오라고 할 수 있으나, 현재의 북한 정권과 체제의 속성을 감안할 때 실현가능성은 거의 없다. 그러나 북한이 적극적으로 개혁·개방을 추진하면서 한국과의 통일에 진정성을 보일 경우, 한국은 곧바로 이 전략을 채택해야 한다.

3. 한일우호협력 강화

제2차 세계대전 이후 한국과 일본은 자유민주주의와 시장경제체제를 공유하면서 함께 발전해왔다. 한국과 일본은 각기 미국의 안보우산에 의존하면서 경제우선의 정책을 펼쳐왔으며 대체적으로 현재의 동북아 질서를 수용해왔다. 한국과 일본은 동북아시아에 소재하는 국가들 중에서는 상호 가장 유사한 가치체계와 정치경제체제 그리고 국제관을 갖고 있다. 한국과 일본은 미국과 캐나다의 관계처럼 상호 협력과 보완이 자연스럽게 이루어질 수 있는 '동맹 잠재력(the potentiality of natural allies)'을 갖고 있다. 그러나 일본의 한국 식민지배, 과거사에 대한 인식 차이, 영토분쟁 등의 이유로 한일관계는 경제협력에 한정된 협력 틀을 크게 벗어나지 못해왔다. 양국 간의 동맹 잠재력은 활용되지 못하고 안보·군사는 양국의 각개 약진 영역이었다.[22]

---

22) 빅토르 차(Victor Cha)는 '유사동맹(quasi-alliance)'이라는 분석틀을 통해 정치·군사 분야에 있어 한국과 일본 간의 갈등 및 협력관계를 설명했다. 즉, 차(Cha)는 미국의 대한/대일 안보 공약에 대해 한국과 일본이 각기 강하게 신뢰할 경우 한일 양국의 갈등해소 노력은 줄어드는 반면에, 미국의 안보 공약이 약화되었다고 인식할 경우 한일 양국의 협력은 증대한다고 분석했다; Victor Cha, "Abandonment, Entrapment, and Neoclassical Realism in Asia: The United States, Japan, and Korea," *International Studies Quarterly*, Vol.44(2000), pp.261~291.

그러나 21세기의 동북아 세력구조 변화는 한일관계의 질적 변화를 필요로 한다. 한국은 이제 '일본 카드'를 꺼내어들 시점에 왔다. 한국은 일본과의 우호협력관계를 강화하고 확대해야 하며 기존의 경제·사회·문화 분야를 넘어 군사·안보 분야에서의 양국 간 협력도 적극적으로 검토해야 한다.[23] 한일우호협력 강화는 '중국의 부상에 대한 공동 대처 및 한중일 3국 관계에서의 우위 선점', '미국의 세력 약화 또는 아시아 정책 전환에 대한 대비', '일본의 군사대국화에 대한 견제 장치 확보', '한반도 통일에 대한 일본의 적극적 협력 도출', '한국 경제의 고부가가치화' 등을 위해 추진해야 한다.

중국의 부상은 동북아시아의 가장 큰 변혁이다. 중국의 부상은 긍정적인 효과와 함께 부정적인 함의를 내포할 수밖에 없다. 즉, 역사적으로 강대국의 출현은 항상 주변국들과의 지배와 피지배 관계에 변화를 일으켰다. 따라서 모든 국가는 새로운 강대국의 등장에 주목할 수밖에 없으며 국가안보 차원에서는 최악의 상황을 상정할 수밖에 없다. 미국을 비롯하여 동북아시아의 구성국가들 중에서 중국의 부상에 대해 가장 큰 염려를 하는 국가는 일본이다. 미국은 아직까지는 중국과 현격한 국력차이를 유지하고 있기에 중국의 부상에 대해 상대적으로 중장기적 접근이 가능하나 일본에게는 당장의 현안으로 다가오고 있다. 중국의 GNP는 2010년 들어 일본을 추월하기 시작했으며 양국의 향후 경제성장율 전망을 고려할 때 그 격차는 더욱 벌어질 것이다. 중국은 또한 일본에 대해 '원한의 역사'를 갖고 있으며 양국 국민들의 민족주의적 상호 적대감은 해소되지 않고 오히려 증가하는 경향을 보이고 있다.[24] 일본에게 중국의

---

23) 이대우, 「미일동맹 강화가 한국 안보에 미치는 영향」, ≪세종정책연구≫, 제4권 2호(세종연구소, 2008), 111~136쪽.

24) Richard C. Bush, "China-Japan Tensions, 1995~2006. Why They Happened, What To Do," *Policy Paper*, No.16(The Brookings Institution, June 2009), pp.1~35.

부상은 악몽의 시작일수도 있다. 일본의 대응방안은 네 가지 방향으로 이루어질 수 있다. 즉, 미일동맹의 강화, 정상국가화를 통한 군사력 증강, 새로운 동맹 추가, 중국 화친(appeasing China)이 일본이 취할 수 있는 전략 방향이다. 그러나 일본이 중국 화친을 대중국 정책의 기본전략으로 추구할 가능성은 없다.[25] 물론 공식적으로는 '중일 전략적 호혜관계'를 일본과 중국 양국이 지속적으로 천명하고 있지만, 일본과 중국의 관계는 본질적으로 경쟁관계일 수밖에 없다. 2010년 9월의 센카쿠 열도 충돌사건은 중일관계의 본질을 보여주는 가장 최근의 사례라고 할 수 있다. 일본은 현재 미일동맹을 지속적으로 강화하면서 정상국가화를 통한 군사력 증강 방안을 모색하는 데에 주력하고 있다. 일본은 아울러 동북아시아에서 현재의 미일동맹을 보완해줄 '새로운 동맹국'을 찾기 시작했다. 중국의 부상에 대비하고 현재의 동북아 질서를 유지하면서 일본의 안보를 제고해줄 추가적인 동맹국이 필요해진 것이다. 한국이 그 대상이다.

한국은 일본의 구애에 화답해야 한다. 한국과 일본의 우호협력관계는 궁극적으로는 경제파트너에서 안보협력으로까지 이어져야 한다. 한국과 일본의 우호협력 강화는 중국의 부상에 대한 공동대처를 위해 필요하다. 중국의 부상은 일본 못지않게 한국에게도 위협적이다. 한국도 중국의 부상이 가져올 부정적인 함의에 대해서 대비할 수 있는 제2의 우군이 필요하다. 한미동맹이 제1의 우군이라면 제2의 우군은 한일우호협력 강화이다. 아울러, 한일우호협력 강화는 앞으로 본격 등장하게 될 한중일 3국 관계에서 한국이 '정점국가' 또는 '캐스팅보트 국가'의 위치를 확보하는 데에도 필수적이다. 한국은 한중 협력관계와 한일 협력관계를 동시에 유

---

25) 마사히로 마츠무라 교수는 중국의 부상에 따른 일본의 대응전략을 여섯 가지로 제시하고 '미일동맹 파기 및 중국 화친'을 최악의 전략이라고 지적하고 있다: Masahiro Matsumura, *The Japanese State Identity as a Grand Strategic Imperative* (The Brookings Institution Center for Northeast Asian Policy Studies, May 2008).

지하여 중국과 일본 모두의 구애를 받는 정점국가 또는 결정적인 한 표를 행사할 수 있는 캐스팅보트 국가로 자리매김해야 한다.

한일우호협력 강화는 동북아에서 미국의 영향력이 약화되거나, 미국의 아시아 정책이 수정되어 과거의 유럽 중심주의 내지는 고립주의로 회귀하거나, 또는 동시다발의 전쟁으로 미국의 동북아시아 군사력 투사가 여의치 않을 경우에 대비하기 위해서도 필요하다. 동북아에서 힘의 공백이 발생하면 그 자리는 중국이 메울 것이다. 동북아시아에서 자유민주주의적 가치를 지향하는 국가는 한국과 일본이다. 한일우호협력은 미국의 부재에 대비하는 'Plan B'가 되어야 한다.

한일우호협력 강화는 또한 일본의 군사대국화에 대한 견제장치로서도 필요하다. 한국은 일본의 식민지배를 경험했다. 향후, 일본의 군사력이 강해지고 일본사회가 보다 우경화될 경우 과거의 군국주의적·제국주의적 행태가 재연될 가능성을 배제할 수 없다. 한국이 일본으로부터 또 다시 피해를 입지 않기 위해서는 처음부터 일본과 일본 사회의 국가방향 조정과정에 참여해야 한다. 즉, 한일우호협력 강화는 '트로이의 목마(trojan horse)'로 기능해야 한다. 한국은 한일우호협력 강화를 통해 일본 사회 내부에 깊숙이 침투하여 한국의 국가이익에 상치되는 경향과 흐름을 사전에 막고 한국의 국가이익에 부합되는 방향으로 유도해야 한다. 일본의 군사전략과 군사정책에 대한 관여와 참여도 그래서 필요하다.

한일우호협력 강화는 한반도 통일을 위해서도 절실하다. 한반도 통일은 미국과 중국의 동의는 물론 일본과 러시아의 이해와 지지가 필요한 국제적인 사안이다. 현재 주변 4대 강대국 중 한반도의 통일에 가장 긍정적일 수 있는 국가가 일본이다. 일본은 한반도의 통일에 미온적이었다. 현상유지를 바라는 일본에게 있어 한반도 통일은 동북아 역내질서의 변환과 한반도 단일국가의 출현이라는 원치 않는 변화와 부담을 가져오는 부정적인 이슈였다. 한국과 북한 모두의 구애를 받는 분단 상황이 일본에게는 더 유리했다. '남북일 삼각관계'에서 일본은 정점국가였기 때문이었다. 그러나 중국의 부상과 북한의 핵·미사일 개발은 한반도에 대한 일본의 전략지도를 수정하게 만들었다. 중국의 세력 팽창을 막고 북한으로부터 오는 안보위협을 해소하기 위해서는, 비록 쉽게 다룰 수 없는 중견국가로 성장하겠지만 한국 주도의 한반도 통일국가가 일본의 국가이익에는 보다 부합한다는 판단을 할 수도 있는 상황에 이르렀다. 한국은 한일우호협력 강화를 통해 일본의 이러한 한반도전략 수정을 촉구하고 이끌어내서 일본을 한반도 통일의 우군으로 활용해야 한다. 한국은 또한 많은 비용이 소요될 수밖에 없는 한반도 통일과정에서 일본을 핵심적인 자금줄로 활용해야 한다. 통일 한반도가 갖는 시장 규모와 미래의 발전 가능성을 제시하면서 일본의 투자와 지원을 적극적으로 이끌어내야 한다.

한일우호협력 강화는 한국경제의 도약을 위해서도 매우 긴요하다. 일본을 대표선수로 하고 그 뒤를 따라 성장해온 한국경제는 중국과 동남아시아 국가들의 세계경제 적극참여로 국제 경쟁력의 제고가 사활적인 과제로 대두되었다. 한국경제의 활동 공간은 신흥약진국들과 기존 선진국들의 틈바구니 속에서 점차 줄어들고 있다. 한국경제는 이제 틈새시장에 대한 모색을 넘어서서 상위시장에 대한 공략이 핵심전략이 되어야 한다. 즉, 명실상부한 선진국형 산업·무역 구조를 구축해야 한다. 양이 아니라 질로 승부해야 한다. 한국경제의 고부가가치화만이 생존의 길이다. 일본과의 경제협력이 매우 중요할 수밖에 없는 이유이다. 한국은 일본과 함께 고품질·신기술의 선진산업을 연구·개발·창출하여 세계무역구조의 상층에 자리 잡아야 한다. 한일우호협력 강화는 한일 양국이 대등한 경제협력 파트너로서 공영하는 기반을 제공해줄 수 있다.

향후 한일우호협력 강화의 핵심적 과제는 한일 안보협력이 될 것이다. 한국과 일본의 안보협력은 당연히 필요하나 안보협력의 내용과 추진절차에 대해서는 전략적 사고와 접근이 필요하다. 한국은 우선, 안보협력과 안보동맹을 구분해야 한다. 안보협력은 배제성이 없지만 안보동맹은 배제성이 있다. 안보동맹은 배제된 국가에게는 위협이 될 수밖에 없다. 한국의 대중국관계를 고려할 때, 한일 안보협력이 안보동맹의 모습을 가져서는 안 되는 이유가 여기에 있다. 한국은 중국과 일본과의 관계에 있어 적어도 표면적으로는 공평한 처신을 원칙으로 내세워야 한다. 한일 안보협력의 강도는 한중일 3국의 관계 변화 양상과 중국의 행태에 따라 가변적이어야 한다. 만약, 중국의 패권주의 추구가 노골화될 경우, 한국은 균형대응 차원에서 한일 안보협력을 한일 안보동맹으로 격상해야 한다. 한국은 또한 한일 안보협력을 양국의 현안 해결에 적극적으로 활용해야 한다. 한국과 일본에게는 과거사 청산과 영토분쟁 문제가 남아 있다. 한일 안보협력은 한국보다는 일본이 보다 적극적일 수밖에 없다. 한국은 한일 안보협력의 조건으로 과거사에 대한 확실한 사과와 역사인식 교정, 강제징용노동자와 종군위안부에 대한 사과 및 배상, 한국의 독도 영유권 인정 등을 내세워야 한다. 즉, 한국은 일본으로 하여금 '일본안보'라는 자국의 사활적·결정적 국가이익을 위해 보다 덜 중요한 이익을 포기하도록 유도해야 한다. 한일 양국의 현안에 대한 해결 없이는 실효성 있는 한일 안보협력은 불가능하다는 것을 일본에게 인식시켜야 한다.

4. 북한 체제변화 유도와 한반도 통일외교 추진[26]

한국의 대북정책은 '분단관리'가 아니라 '한반도 통일'이 기본방향이 되어야 한다. 한국의 대북정책은 공식적으로는 남북관계의 개선과 남북공영 그리고 점진적인 통일을 추구해야 하지만, 실질적으로는 북한의 체제변화를 적극적으로 유도하여 한반도 통일의 시간을 앞당기도록 해야

---

26) 이 항은 김동성, 『한반도평화체제 논의와 구축방향』, pp.99~132에 기초했다.

한다.

한국은 그동안 북한의 변화를 기대하면서 포용적 대북정책을 추구해 왔다. 최근에 들어와서는 북한의 핵 포기와 남북관계의 상호주의 원칙을 내세우면서 북한의 변화를 보다 강하게 촉구해왔다. 그러나 북한은 변하지 않았다. 북한 정권은 건재하고 이제 3대 세습마저 진행되고 있다.[27] 개혁·개방은 이루어지지 않았으며[28] 천안함 피습 침몰사건에서 볼 수 있듯이 대남 호전성은 사라지지 않았다. 특히, 북한은 이미 2006년 10월과 2009년 5월 두 차례에 걸쳐 핵실험을 마치고 스스로 핵보유 국가임을 선언했다. 북한의 전술적 움직임은 있었으나 전략적 변화는 없었다.

한국의 대북정책은 북한의 본질을 정확히 이해하는 것으로부터 출발해야 한다. 북한은 한반도 전역의 공산화가 국가목표이며 지금도 그 목표는 유효하다. 북한은 한반도 공산화라는 국가목표를 명분으로 북한 주민들의 복종과 희생을 강요해왔다. 북한이 이 목표를 포기할 경우 북한 정권의 존립근거와 통치기반은 사라진다. 한국과의 공존은 북한의 한반도 통일 역량회복을 위한 전술적 지연일 뿐이며 북한은 또 그렇게 내세울 수밖에 없다. 북한은 2000년의 6·15 남북정상회담도 남북 평화공존이 아니라 '우리민족끼리'에 방점을 두고 북한 주민들에게 홍보했다. 즉, 남북은 통일의 과정에 있다는 것이다. 북한은 한국과 북한이 별개의 국가로 공존할 수 있다는 것을 북한 주민들 앞에서는 공식적으로 인정할 수 없는 것이다. 북한은 또한 일부 특정지역을 제외하고는 전면적인 개혁·개방이 불가능한 국가이다. 개혁·개방은 외부세계의 실상과 북한의 현실

27) Scott Snyder, "Kim Jong-il's Successor Dilemmas," *The Washington Quarterly* (January 2010), pp.35~46; 윤덕민, 「북한의 후계세습과 권력개편 평가」, ≪주요국제문제분석≫, 2010-21(외교안보연구원, 2010), 1~11쪽.

28) 김진하, 「대북경제지원정책의 재평가 및 향후과제」, ≪주요국제문제분석≫, 2009-42(외교안보연구원, 2010), 1~21쪽.

을 대비시키면서 북한이 '지상낙원(heaven's paradise)'이 아니라 '빈곤국가 (poor state)'임을 모든 주민들에게 알리는 계기가 될 것이다. 특히, 한국 사회에 대한 가감 없는 정보 유입은 북한 전체의 국민적 사기와 북한 정권에 대한 주민들의 충성심을 송두리째 날려버릴 것이다. 북한은 또한 현 사회주의 경제체제를 유지하는 한 경제발전이 매우 어려운 국가이다. 계획경제의 구조적 모순은 소련과 동구권의 붕괴, 중국과 베트남의 선회, 쿠바의 고백으로 이미 잘 알려진 사실이다. 그러나 시장경제로의 전환은 개혁·개방과 맞물리기에 북한의 입장에서는 본격적으로 시도할 수 없는 정책방향이다. 결국 북한은 폐쇄경제하의 극심한 경제난 속에서 에너지 와 식량을 중국, 한국 및 국제기구의 원조와 지원에 의존하면서 한해 한 해를 버텨내는 상황에 처해 있을 수밖에 없다.[29]

북한이 중국과 베트남 등 다른 사회주의 국가들처럼 개혁·개방 정책을 추진할 수 없는 이유는 계획경제에 대한 신봉 때문이 아니라 바로 한국 의 존재 때문이다. 북한이 개혁·개방을 하는 순간 북한 주민들은 자신의 반쪽이자 구원대상이라고 믿어왔던 한국을 만나게 될 수밖에 없으며 이 는 곧 북한 체제붕괴의 시작일 것이다.[30] 그러나 북한이 개혁·개방을 포 기하면 경제회생은 불가능하다. 이제 북한은 한국을 별개의 국가로 선언 할 수도 또 안할 수도 없는 딜레마에 처해 있다. 한국을 별개의 국가로 선언하는 경우, 북한 정권은 주민 복종과 희생을 강요하던 통치기제와 존립근거를 상실한다. 그러나 한국을 별개로 국가로 인정하지 않는다면

---

29) 이영훈, 「북한 경제난의 현황 및 전망」, ≪JPI 정책포럼≫, 2010-8(제주평화연구원, 2010), 1~9쪽; Dick Nanto and Emma Chanlett-Avery, "North Korea: Economic Leverage and Policy Analysis," *CRS Report for Congress* (Congressional Research Service, August 2009), pp.1~61.

30) 안드레이 란코프, "북한과 한반도의 미래", 국토연구원 주관 제1차 한반도 포럼 발표문(2010년 3월 29일), 3~4쪽.

그래서 한반도는 반드시 통일되어 남북한이 합쳐져야 한다면 북한은 한국에 의한 흡수통합이라는 운명에 처하게 된다. 이른바 '남북의 평화공존'은 북한의 국가존재 이유와 남북의 현격한 경제력 격차로 논리적으로 그리고 현실적으로 성립이 불가능하게 되었다.

실제로 북한의 체제와 정권에 대한 가장 큰 위협은 한국의 존재 그 자체이다. 휴전선 남쪽에 같은 민족으로서 두 배 이상의 인구와 세계경제 15위권의 부유한 나라가 존재한다는 것은 그 자체만으로도 북한에게는 가장 강력한 위협요인이자 공포가 아닐 수 없다. 북한은 한국과의 경쟁에서 패배했을 뿐만 아니라 체제내부의 모순과 비효율로 스스로의 생존도 장담할 수 없는 상황에 처해졌다. 결국 한국의 북한 흡수통일은 시간의 문제일 뿐 점차 필연성을 더해가고 있으며 북한 스스로도 이 점을 가장 두려워하고 있다. 이러한 상황에서 북한이 취할 수 있는 생존전략은 첫째, 핵무기 보유와 '벼랑끝 전술(brinkmanship)'을 바탕으로 국가생존을 도모하는 것이고, 둘째, 한국사회의 남남갈등을 조장하고 확대함으로써 한국이 내부적 이념분쟁을 통해 자체적으로 붕괴하기를 기대하는 것이고, 셋째, 중국 등 우방국가들에 기대어 연명하면서 국제정세의 우호적 변화를 기다리는 것이다. 문제는 북한이 체제와 정권의 절대적 위기에 처했을 때 무리수를 감행함으로써 한반도에서 파국적 상황이 초래될 수도 있다는 것이다.[31]

한국의 대북정책은 이제 보다 냉철하게 방향설정을 해야 한다. 이념과 체제가 다른 접경국가들이 장기간 평화를 유지하는 것은 어려운 일이며 특히 두 개의 국가가 동일한 민족으로 구성되어 있을 경우 그 어려움은 배가 된다. 이는 마치 연접한 두 개의 물방울이 시간이 지남에 따라 응집

---

31) Bruce Klinger, "New Leaders, Old Dangers: What North Korean Succession Means for the U.S.," *Backgrounder*, No.2397(The Heritage Foundation, April 2010), pp.1~16.

력에 의해 상호 결합하여 하나의 물방울이 되는 현상처럼, 어느 한쪽 국가에 의한 다른 쪽 국가의 병합 또는 흡수는 매우 자연스럽고 또 필연적이기 때문이다. 한국과 북한은 국제적 환경의 조성과 양국의 타협을 통해 일시적으로는 공존할 수 있다. 그러나 현재와 같이 매우 상이한 체제와 이념을 유지하면서 남과 북이 장기간 공존하는 것은 기대하기 어려우며 한민족의 미래 차원에서도 바람직하지 않다. 한반도는 하나의 국가로 통합되어야 하거나 최소한 구성국 간의 체제와 이념이 유사한 국가연합으로 변화해야 한다. 그래야만 한반도에서의 진정하고 항구적인 평화가 가능하다. 즉, 한반도 통일의 적극적인 모색이 대북정책의 근간이 되어야 한다.

한반도 통일을 위한 한국의 대북전략은 중장기적 성격의 단계적 전략과 보다 공세적인 성격의 전면적 전략 두 가지가 있을 수 있다. 두 전략 모두 한국 주도의 한반도 통일이 궁극적인 목표이다.

단계적 전략은 장기간에 걸쳐 서서히 북한의 체제변화를 이끌어내어 완만하게 한반도 통일을 일구어내는 전략이다. 단계적 전략의 첫 단계는 북한을 한국과 동등한 하나의 국가체로 인정하고 한반도에서 한국과 북한 양국이 평화적으로 공존할 수 있는 틀을 마련하는 데에 주력하는 것이다. 한국은 북한에 대한 안보를 약속하고 미국과 중국은 이를 보장해 주는 것이다. 한국은 흡수통일에 대한 의사가 없음을 공개적이고 지속적으로 밝히고 현재의 휴전선을 국경선으로 인정하는 한편 한국이 공격받지 않는 한 북한을 공격하지 않겠다는 대북 불가침 원칙을 북한에게는 물론 국제사회에 공개적으로 천명하는 것이다. 북한에 대한 안보보장은 미국과 중국이 참여하는 한반도 평화협정의 체결을 통해 공식화할 수도 있다. 미국과 북한 그리고 일본과 북한의 관계개선도 이 시점에서 필요할 것이다. 두 번째 단계는 한국과 북한 간의 상생과 협력의 구조를 창출하는 것이다. 한국은 북한에 대대적인 경제투자를 전개하고 남북의 사회

문화교류를 증대시키는 한편 북한경제 재건을 위한 국제사회의 지원을 적극적으로 유도해야 한다. 북한체제 변화 유도는 이 두 번째 단계에서 부터 본격화될 수 있다. 한국은 남북 경제협력을 통해 북한을 개혁·개방으로 끌어내는 한편 대남 의존성을 심화시켜서 북한이 다시 과거로 회귀하지 못하도록 빗장을 걸어두는 것이다. 또한, 남북 경제협력과 사회문화 교류를 북한 내 시민사회 형성전략으로 연결시켜 신중산층의 출현과 확대를 적극적으로 지원하고 사회전반에 개인의 권리와 자유에 대한 인식을 제고시켜서 시민사회 형성을 위한 기반을 확보하는 것이다. 세 번째 단계는 북한체제의 궁극적인 전환과 한반도 통일을 목표로 하는 단계로서, 한국은 적극적으로 북한의 민주화를 유도하고 촉진하여 북한 주민들의 자발적인 의사와 힘으로 북한 정권과 체제의 변환이 이루어지도록 하는 것이다. 물론 그 다음 수순은 한국과의 통일이다. 한국은 이 시점에서는 북한 지배계층에 대한 전략적 개입을 통해 북한 지배층의 반발을 최소화하는 것이 필요하다. 즉, 북한 지배계층을 최대한 포용하여 통일한국에서 그들의 미래가 어둡지 않다는 것을 보여주는 것이다.

단계적 전략이 시도되기 위해서는 무엇보다도 북한이 핵개발을 포기해야 한다. 북한이 핵개발과 핵보유를 고집하는 한, 북한에 대한 안보보장도, 한반도 평화협정도 제공하거나 체결할 수 없다. 물론 북미, 북일 관계개선과 정상화도 어려울 것이다. 북한과의 대대적인 경제협력은 더욱 난망한 일이다. 또한 단계적 전략은 북한이 한국의 속내를 충분히 읽고 있는 전략이다. 설사 한국 정부가 아무리 부인하더라도, 한국의 궁극적인 목표가 북한의 개혁·개방을 통한 체제전환이라는 것을 북한은 항상 염두에 둘 수밖에 없다. 북한 또한 정권과 체제의 안보를 위해서는 최악의 상황을 상정해야 하는 국가이기 때문이다. 따라서 단계적 전략은 기대했던 대로 진행되지 않을 가능성이 매우 높다. 북한은 한국의 대북정책을 끊임없이 의심하면서 북한 사회와 주민에 대한 통제와 감시의 끈을 놓지 않을 것이다. 단계적 전략은 추진되더라도 결국 북한에 대한 공허한 지원과 북한 정권과 체제의 불필요한 연명으로 끝날 가능성이 높다.

전면적 전략은 더 공세적이다. 전면적 전략은 북한 정권과 체제의 조속한 붕괴를 직접적인 목적으로 한다. 전면적 전략은 남북 군사력 경쟁 개시, 북중 동맹관계의 와해, 국제사회와의 협력을 통한 봉쇄와 압박, 북한 정권과 북한 주민의 분리, 북한 권력층의 분열 등의 전략을 구성요소로 하며 이들 전략을 동시에 추진하는 것이다. 한국은 재래전 군사력의 대대적인 증강을 추진하여 북한을 '군비경쟁의 함정(trap of arms race)'으로 끌어들여야 한다. 군비경쟁은 일반적으로 경쟁에 끼어드는 국가 모두를 해롭게 하지만, 경쟁국 간의 국력차가 클 경우 약세국의 경제를 피폐시키는 효과를 거둘 수 있다. 북한은 한국 경제력의 수십 분의 일에 불과하며 장기간의 군비경쟁에서 한국을 이겨낼 수 없다. 한국은 북한이 한국과의 무한 군비경쟁을 통해 국가경제력이 고갈되고 스스로 붕괴하도록 이끌어야 한다. 북한은 물론 핵무기의 추가보유를 통해 군비경쟁에서의 열세를 보완하려고 하겠지만, 한국의 군사력 증강에 대해 필수적인 대비 태세의 마련은 불가피할 수밖에 없다. 예를 들어, 한국의 대대적인 군사훈련은 북한의 상응하는 방어훈련을 필요로 하며, 한국의 전방위적인 초계비행은 북한의 대응경계비행을 요할 수밖에 없다. 이에 따른 북한의 군비지출은 늘어날 수밖에 없다. 북중 동맹관계의 사슬을 끊는 것도 적극 추진해야 한다. 북한의 생명줄은 북중 동맹관계이다. 북한이 한국의 대북지원 단절과 미국을 위시한 국제사회의 제재에도 불구하고 생존할 수 있는 것은 중국의 지원 때문이다. 현재의 북중 동맹관계가 지속되는 한, 북한 정권과 체제는 유지될 수 있다. 한국은 따라서 북중 동맹관계의 약화와 와해를 적극적으로 추진하여 북한을 고립무원의 상황에 처하게 하고 결국 고사하도록 만드는 것이 필요하다. 북중 동맹관계를 약화·와해시키기 위해서는 무엇보다도 통일한국에 대한 중국의 불안감을 해소해야 한다. 한국은 미국과의 협의를 통해 중국의 사활적·결정적 이익을 보장해줄 수 있는 방안을 찾아야 한다. 북중 동맹관계의 성공적인 타격은 국제사회의 대북 봉쇄와 압박 효과성을 한층 강화해줄 것이다. 한국은 국제사회와의 협력을 통해 인도적 지원을 제외한 일체의 경협과 투자를 막아야 한다. 인도적 물자 또한 북한 주민들이 수혜자가 되는지를 직접 확인할 수 있다는 전제하에 지원해야 한다. 아울러 북한의 인권 상황과 마약, 위폐 등의 문제를 국제적인 쟁점으로 부각시켜 북한 정권을 강하게 압박해야 한다. 한국은 또한 북한에 대한 봉쇄와 압박이 북한 주민들이 아닌 북한의 현 정권을 목표로 하고 있음을 북한 주민들에게 명확히 주지시켜서, 북한 정권과 북한 주민들 간의 상호이반을 도모하고 현 체제와 정권에 대한 북한 주민들의 불만과 갈등을 증폭시켜야 한다. 한국은 또한 북한 권력층 내부의 상대적 온건세력에도 주목하여 이들에 대한 비공식적인 지원과 협상을 통해 북한 권력층의 분열을 도모하고 현 정권에 대한 대안세력을 마련하는 전략을 추진해야 한다.

전면적 전략은 북한이 핵보유를 고수하고 개혁·개방을 거부한 채 대남 호전성을 지속적으로 보일 경우에 추진될 수 있는 전략이다. 전면적 전략은 단계적 전략에 비해 북한 정권과 체제에 대해 직접적 타격을 가한다는 점에서 빠른 승부를 볼 수 있으나 상황이 적절하게 관리되지 않을 경우 북한과의 전면전 발발 가능성이 있다.

한국의 대북전략은 단계적 전략과 전면적 전략 중에서 선택하거나 또는 양 전략의 혼합일 수 있다. 한국이 어떤 대북전략을 취하느냐는 북한 핵문제의 해결양상과 북한 정권의 행태에 따라 달라질 수 있다. 한국의 대북전략이 어느 쪽으로 선회하든 가장 중요한 것은 한국에 대한 북한 주민들의 마음을 얻는 것이다. 한반도 통일은 독일 통일의 경우에서 볼 수 있듯이 최종적으로는 북한 주민들이 선택할 문제이다. 북한 주민들이 원하지 않는 통일은 가능하지도 않고 또 시도해서도 안 된다. 한국은 한반도 통일을 위해 북한 주민들에 대한 인도적 지원과 더불어 정보의 적극적 유통을 통한 한국사회 알리기를 지속적으로 추진해야 한다.

한반도의 통일은 한반도 통일국가의 형성 또는 한반도 남북연합의 결성으로 완결된다. 한반도 통일국가는 한국주도의 통일국가로서 자유주의와 개방형 시장경제를 체제의 근간으로 삼아야 한다. 한반도 통일국가는 서울을 수도로 삼거나 또는 한수 이북지역에 새로운 행정수도를 건설할 수도 있다. 통일 직후에는 한국에 의한 옛 북한지역 관리가 집중적으로 필요하지만 궁극적으로는 국가의 행정체제를 국방과 외교를 제외하고는 지방자치권이 확보된 북부권, 중부권, 남부권의 3대 권역으로 재구성하는 것이 바람직하다. 한반도 통일국가가 여의치 않을 경우 차선책은 '한반도 남북연합(Korean Peninsula Commonwealth)'의 결성이다. 한반도 남북연합의 전제조건은 남과 북의 체제와 이념이 유사해야 한다는 것이다. 현재와 같이 매우 상이한 체제와 이념을 가진 상태에서의 남북연합은 가능하지 않으며 실현된다 하더라도 지속성을 확보할 수 없다. 한반도 통일국가의 차선책으로서의 한반도 남북연합은 미국과 캐나다, 독일과 오스트리아의 경우처럼 각각의 독립국가로 유지하면서도 상호 간의 교류와 협력에는 아무런 장애가 없는 상태를 의미한다. 한반도 남북연합은 장기간 지속될 수도 있지만 한반도 통일국가 수립의 직전단계 또는 중간과정으로서의 역할을 하는 것에 중점을 두어야 하며 궁극적으로는 한반도 통일국가가 한반도의 지향점이 되어야 한다.

한반도 통일국가의 수립을 전후해서 가장 주목해야 하는 부분은 미국, 중국, 일본, 러시아 등 주변 4대 강국과의 관계이다. 한반도의 분단은 지난 50여 년간 동북아시아 역학구조의 상수였으며 한반도 주변의 4대 강국은 남과 북이 각각의 국가로서 존재한다는 전제하에 외교안보전략을 수립해왔다. 그러한 한반도에 통일국가가 새로이 형성된다는 것은 동북아시아의 역학구조에 중대한 변화가 일어나는 것을 의미하며 주변국가들은 당연히 자국의 국가이익 차원에서 한반도 통일국가의 유용성 여부를 판단할 것이다. 주변 4대 강국은 한반도의 안정과 평화에 대해서는 이해관계를 같이 하고 있으나 한반도에서의 통일국가 수립에 대해서는 견해를 달리 하고 있다. 즉, 미국은 한국주도의 통일국가를 희망하지만 중국은 북한의 존속을, 일본은 한반도의 안정적 분단을 원하고 있으며 러시아는 친러시아 성향의 통일국가는 수용한다는 입장이다. 주변 4대 강국의 이해관계가 이처럼 서로 엇갈리는 한, 한반도에서의 통일국가 수립은 지난한 목표일 수밖에 없다. 한반도의 미래는 남과 북만이 아니라 미국, 중국, 일본, 러시아 등 주변 4대 강국의 영향력으로부터도 자유로울 수 없기 때문이다.

국가 분단 51년 만에 통일을 이루어낸 독일의 경우는 한반도에 시사하는 바가 크다.[32) 제2차 세계대전 후 독일의 분단은 독일을 분할하여 영구히 약화시키겠다는 미국, 소련, 영국, 프랑스 간의 전략적 이해관계의 일치에 따라 이루어졌으며, 이후 분단 독일은 미소 대결의 전초기지로서 유럽 외교안보지형의 상수였다. 1989년 11월 베를린장벽 붕괴 이후 독일의 재통일에 대한 논의가 동서독 정부 간에 시작되었으나 통일 독일이 다시금 유럽의 강자로 부상할 것을 우려하는 소련과 프랑스 그리고 영국의 반대로 독일통일문제는 난항에 봉착했다. 이에 당시 서독 정부는 '2+4 process' 전략을 통해 독일통일에 대한 이들 국가들의 동의와 협력을 얻어냈다. 즉, 먼저 서독과 동독 간의 협상을 통해 독일민족 차원에서의 입장을 도출하고, 독일통일을 둘러싼 4개 국가들의 전략적 이해관계를 면밀히 고찰하여 이들 국가들이 갖고 있는 우려의 해소와 이익의 충족에 주력했다. 서독 정부는 통일독일이 NATO에 잔류하고 비핵화를 유

---

32) 김영희, 「독일통일이 한국에 주는 교훈」, ≪JPI 정책포럼≫, 2009-17(제주평화연구원, 2009), 1~19쪽.

지한다는 것을 공개적으로 천명하여 유럽의 안보질서와 세력균형에 변화가 없음을 분명히 했으며 동독 주둔 소련군의 철수비용조로 거액의 자금제공을 약속함으로써 당시 극심한 경제난을 겪고 있던 소련을 회유하는 데에 성공했다.

한반도에서의 통일국가 수립이 가능하기 위해서는 한국 또한 독일의 경우와 마찬가지로 주변국가들에 대한 적극적인 외교전을 펼쳐야 한다. 즉, 한국은 한반도에서의 통일국가가 미국, 중국, 일본, 러시아의 전략적 이해관계에 해가 되지 않는다는 것을 적극적으로 설득해야 한다. 우선 향후의 통일한국이 '기존질서 순응적 국가'로서 동북아의 안보구조와 세력균형을 흩뜨리지 않을 것임을 명확히 해야 한다. 개별적으로는 미국에게는 현재의 한미동맹을 공고히 유지할 것임을 약속하고, 중국과는 안보에 대한 우려 해소와 더불어 경제협력을 지속적으로 확대함으로써 통일한국이 향후에도 중국의 우호협력국가로 자리매김할 것임을 각인시켜야 한다. 일본에게는 통일한국이 동북아시아에서 자유주의적 가치와 시장경제 체제를 같이하는 민주주의 국가임을 주지시켜야 하며, 러시아에게는 동아시아로의 진출과 경제협력의 확대를 위해서는 남북분단보다는 통일한국이 더욱 효율적인 '통로(venue)'임을 인식케 해야 한다. 요약컨대 미국과는 동맹관계를 유지하면서 중국, 러시아, 일본과는 우호선린관계를 구축하는 것이 한반도 통일외교의 기본전략이 되어야 한다.

제3절 주변 전략

1. 동남아시아 국가연합과의 제휴 및 인도 · 중앙아시아와의 협력 추진

한국 대외전략의 지평은 넓어야 한다. 비록, 동북아시아가 한국 외교안보의 사활적 터전이자 핵심지역이지만 한국은 동북아라는 지리적 공간을 넘어서는 전략지평을 가져야 한다. 이는 그 자체로도 의미가 있지만 한국의 동북아 외교안보전략을 보완하고 지원할 수 있다는 차원에서 반드시 필요하다. 한국은 '동남아시아 국가연합(ASEAN: Association of Southeast Asian Nations)'과의 전략적 제휴(strategic alignment)를 추진하고 인도·중앙아시아 지역과의 협력시스템(cooperative system) 구축을 추진해야 한다. 아세안, 인도, 중앙아시아와의 제휴와 협력은 한국의 동북아 4대 강대국 외교를 외곽에서 감싸고 지지하는 보완기제라고 할 수 있다.

아세안은 베트남, 인도네시아, 태국, 말레이시아, 필리핀, 싱가포르, 미얀마, 라오스, 캄보디아, 브루나이 등 동남아지역 10개국으로 구성된 국가연합체로서 1967년 창설 이래 지금까지 40년 이상 아시아 유일의 국가연합체로 기능해오고 있다. 비록, 아세안이 구성의 다양성으로 인해 EU처럼 강력한 집행기능을 가진 정치적·경제적 결사체로 발전하지는 못했지만 강한 지역주의(regionalism)를 바탕으로 역내 분쟁의 해결과 대외정책의 조율에 상당한 역량과 응집력을 보여 왔다.

한국이 아세안과의 전략적 제휴를 필요로 하는 것은 '중국·미국 등의 강대국 일방주의에 대한 공동견제', '중국시장의 대안으로서 동남아시장 확보', '동남아 자원외교 강화' 등을 위해서이다. 아세안은 전통적으로 중국과 미국 등 강대국들의 패권주의적 행태에 대해서는 강한 거부감을 보여 왔으며 이는 아세안이 결성된 정치적 배경이라고 할 수 있다. 아세안은 공식적으로는 회원국 상호 간의 우호협력을 결성의 목적으로 내세우고 있지만 모든 회원국들은 '외부의 간섭과 전복위협 그리고 강요로부터 자유로울 권리'가 있다는 것을 아세안의 기본원칙으로 설정함으로써 만약에 있을지 모를 주변 강대국들의 위협에 대한 경계와 공동대응을 천명하고 있다. 현재 아세안 국가들은 중·아세안 FTA를 체결하는 등 중국과의 경제협력을 강화하면서도[33] 동남아 지역에 대한 중국의 정치적 영향력 확대를 염려하고 있다. 동남아에는 상당수의 화교들이 있으며 아세안 국가들의 경제적 상층부는 이들 화교들이 대거 차지하고 있기 때문이다. 따라서 아세안 국가들의 대중국 정책은 협력과 경계의 이중 전략이라고 할 수 있다. 한국은 아세안을 중국, 미국 등 강대국들의 일방주의적 행동과 상호 공모를 견제하기 위한 정치적 우군으로 활용해야 한다. 한국은 아세안 국가들의 행동강령과 준칙을 적극 지지하고 이들 국가들과 강대국들 간의 분쟁에는 적극 개입하여 중재와 조정역할을 자임함으로써 한국이 아세안의 '친구 국가(friend state)'임을 인식시켜두어야 한다. 한국은 특히 남사군도(Spratly Islands), 서사군도(Paracel Islands)를 둘러싸고 중국과 영토분쟁을 벌이고 있는 베트남을 주목해야 한다. 베트남은 미국, 중국과의 연이은 전쟁에서도 패전하지 않은 국가로서 한국의 베트남전 참전이라는 역사를 뒤로 한 채 1992년 한국과 수교했다. 한국과 베트남은 이후 경제협력을 발판으로 긴밀한 우호관계를 유지해오고 있다. 한국은 중국과 베트남의 갈등에 대해서는 중립적인 입장을 취해야 하지만 심정적 동조 내지는 이해의 뜻을 간접적으로나마 표하여 상호 공감대와 일체감을 형성해두어야 한다. 한국은 아세안 국가들과의 사전 우의를 확립해두고 향후 한국이 중국과 미국 등 강대국들의 일방적인 처사에 직면할 때, 이들 아세안 국가들의 정치적 지지와 후원을 대응전략의 일환으로 활용해야 한다.

한국은 또한 중국시장에 대한 경제적 의존도 감소 및 대안적 시장의 확보 차원에서 아세안과의 제휴를 강화해야 한다. 한국은 현재 중국시장에 크게 의존하는 교역구조를 갖게 되었다. 2009년 기준 한국의 대중

---

33) 이선진, 「동남아에 대한 중국 전략: 현황과 대응」, ≪JPI 정책포럼≫, 2010-7(제주평화연구원, 2010), 1~16쪽; 김재철, 「중국과 동아시아 지역협력」, ≪JPI 정책포럼≫, 2010-21(제주평화연구원, 2010), 1~11쪽.

무역 의존도는 19.6%에 달해 9.7%인 대미 무역의존도의 두 배를 넘어섰다. 수출의존도만 놓고 보면 한국의 대중 수출의존도는 23.8%로서 미국과 일본을 합한 것보다 높다. 비록 한국이 대부분의 주요 국가들처럼 중국시장의 개척과 활용을 통해 경제성장 기조를 이어왔지만 현재 한국의 대중국 경제의존도는 국가안보적 차원에서 볼 때 위기감을 느낄 정도로 지나치게 높다.[34] 만약 중국이 한국에 대해 자국의 시장을 위협수단으로 활용할 경우 한국은 중국의 요구를 들어주어야 하거나 아니면 한국경제의 파산과 붕괴를 목도해야 한다. 이제 한국은 신흥시장의 적극적인 개척을 통해 중국에 대한 경제의존도를 낮추어야 한다. 또한 중국이 자국 시장을 전략무기화할 경우에 대비하여 대안적 시장을 확보해두어야 한다. 동남아 지역이 그 해답이 될 수 있다. 아세안 지역은 5억 인구를 가진 거대신흥시장이자 2009년 기준 한국의 3대 수출시장이다. 베트남, 말레이시아, 인도네시아, 태국, 싱가포르 등의 성장세와 잠재적 시장규모를 볼 때 아세안 시장의 성장잠재력은 매우 크다. 다행히 한국은 2006년 아세안과 FTA를 체결했다. 한국은 한·아세안 FTA를 적극 활용하여 동남아 시장을 중국의 대안적 시장으로 확보해두어야 한다.

아세안과의 제휴는 한국의 자원외교 강화 차원에서도 절실하다. 향후의 시대는 물론 현재 시점에서도 이미 에너지, 식량, 고무, 희귀 광물 등의 자원을 확보하는 것이 국가안보적 차원의 중대 사안이 되었다. 앞으로도 자원 확보를 위한 국가들의 경쟁은 보다 치열해질 것이며 자원 확보 경쟁에서 승리한 국가들이 국제사회를 주도할 것이다. 중국은 이미 공격적 자원외교의 대표주자로 등장했다. 중국은 동남아시아, 중앙아시아, 남미, 아프리카 등 세계 곳곳에서 주요 자원을 확보하고 거두어가고

---

34) 박창권 외, 『미중관계 전망과 한국의 전략적 대응방향』(서울: 한국국방연구원, 2010), 373~374쪽.

있다. 한국도 국가안보와 원활한 경제활동을 위해 자원외교를 강화해야 한다. 아세안의 동남아시아는 한국의 자원외교가 역량을 집중해야 하는 지역 중의 하나이다. 동남아시아는 동력자원, 지하자원, 산림자원, 식량자원이 모두 풍부한 곳으로서 특히 인도네시아는 석유, 천연가스, 주석, 고무, 차, 사탕수수 등에서는 압도적인 자원부국이다. 한국은 아세안 국가들과의 협력을 통해 자원의 공동개발과 생산을 적극 추진해야 한다.

인도는 인구와 자원 그리고 현재의 시장규모와 향후의 성장 잠재력을 감안할 때 이미 또 다른 중국이다. 인구는 중국에 이어 세계 두 번째로 많으며 국가면적은 일곱 번째로 넓다. 인도의 구매력 기준 GDP는 세계 4위이며 경제성장률은 2000년대 들어 5~8%를 유지하고 있다. 미국의 골드만삭스(Goldman Sachs)는 BRICs 국가들 중 향후 30~50년 사이에 가장 빠른 성장을 보일 나라는 인도라고 전망하고 있다. 인도는 또한 인구를 기준으로 할 때 세계 최대의 민주국가이다. 아울러, 인도는 중국과 국경분쟁을 겪으면서 중국의 세력 팽창과 영향력 확대를 견제해왔다. 이상이 한국이 인도와 밀접한 협력관계를 가져야 하는 이유들이다. 즉, 한국에게 있어 인도는 중국 시장을 보완 및 대치할 수 있는 거대시장이자 민주주의와 세력 균형이라는 공통의 가치와 전략적 필요성을 바탕으로 중국의 패권적 행태를 함께 견제할 수 있는 국가이다. 한국은 인도를 유라시아 대륙 서남부에 소재한 경제적·정치적 동맹국으로 만들어야 한다.

한국과 중앙아시아와의 협력관계 구축도 같은 맥락에서 그 필요성을 이해할 수 있다. 중앙아시아는 카자흐스탄, 우즈베키스탄, 타지키스탄, 키르기스스탄, 투르크메니스탄 등으로 이루어진 지역으로서 석유, 천연가스 등의 에너지 자원이 막대하게 매장되어 있는 지역이다. 아울러 미국, 중국, 러시아의 이해관계가 엇갈려 있는 전략적 요충지이기도 하다. 미국은 에너지 자원과 카스피 해로의 통행루트를 확보하는 한편 러시아와 중국을 견제하기 위해 중앙아시아가 필요하며, 중국은 에너지 자원의 확보와 자국 내 신장 위구르 지역의 안정을 위해서 중앙아시아 국가들과의 협력이 필요하다. 러시아는 남쪽으로의 진출과 미국의 견제를 뚫기 위해서 구소련의 영토였던 중앙아시아를 다시금 자국의 영향력 내에 묶어둘 필요가 있다. 한국이 중앙아시아와의 협력이 필요한 이유는 우선 에너지 자원의 확보가 첫 번째 이유이며 두 번째 이유는 중앙아시아의 4개국이 가입되어 있는 상하이협력기구에 대한 전략적 대비를 위해서이다. 상하이협력기구는 중국이 주도하는 유일한 국제협력기구로서 상황에 따라서는 제3국에 대한 중국의 정치적 동맹이자 압력수단으로 사용될 수 있다. 한국은 상하이협력기구에 가입되어 있는 중앙아시아 국가들과의 개별적 협력관계를 구축하여 최소한 이들이 한국에 대한 적대적 행동에 가담 또는 지지하지 않도록 해야 한다. 중앙아시아는 구소련 시절 스탈린의 집단이주정책에 의해 수십만 명의 한인들이 연해주에서 강제로 이주해야만 했던 지역으로서 현재도 '고려인'이라 불리는 한인들이 상당수 남아 있다. 한국은 이들 고려인들을 매개로 하여 중앙아시아에 대한 진출과 협력을 추진해야 한다.

2. 동북아 다자간 안보협력기구 구축 모색

한국은 '결미친중협일교아포북(結美親中協日交俄包北)'의 양자관계 전략과 더불어 동북아 다자간 안보협력기구의 창출에도 노력을 기울여야 한다. 일반적으로, 다자간 협력기구는 강대국들보다는 약소국들이 더 필요로 한다. 강대국과 약소국의 양자관계에서는 힘의 논리상 전자의 이해관계가 우선할 수밖에 없다. 양국의 이해관계를 공정하게 중재하고 조정할 수 있는 상위의 권위체가 존재하지 않는 국제체제에서는 더 강한 힘을 가진 국가가 그 권위체가 될 수밖에 없다. 따라서 약소국은 강대국을 상대하는 데에 있어 자기를 도와줄 수 있는 동맹을 필요로 하거나 또는 국제기구와 같은 '인위적 권위체'에 의존할 수밖에 없다. 즉, 강대국과의 관계에서 동맹을 통한 균형대응을 추구하거나 강대국을 국제 관습·관행, 제도, 규범, 준칙 등으로 옭아맴으로써 강대국의 '힘의 적나라한 구사'를 제한하는 것이 약소국의 전략이 될 수밖에 없다. 또한 약소국의 입장에서는 다자간 협력기구는 강대국들의 상호 갈등이나 상호 공모를 약화 및 방지할 수 있는 중요기제이다. 강대국들의 상호 갈등 그 자체는 약소국이 관여할 바가 아니나, 그 여파가 자국에도 미칠 경우 갈등의 조정과 완화는 약소국의 국가이익이 된다. 또한 강대국들의 상호 공모는 약소국에는 결정적인 위협이 될 수 있기에 공모가 이루어지기 어려운 국제환경을 조성해야 한다. 다자간 협력기구가 바로 이런 역할을 수행할 수 있다.

한국은 한국의 생존과 번영 그리고 한반도 통일이라는 국가이익의 수호와 달성을 위해 주변 4대 강국과 치열한 외교전을 펼칠 수밖에 없다. 한국의 상대는 모두 다 강대국들이다. 한국은 또한 강대국들의 상호 갈등과 상호 공모 가능성에 항상 유의하고 경계해야 한다. 동북아의 안정적인 역내질서는 한국의 생존과 번영에 필수적이며, 특히 오늘날 미중 간의 갈등 방지와 협력관계 구축은 한국에게는 매우 중요한 국가이익으로 대두되었다. 아울러 미중 간의 공모 방지 또한 한국의 핵심적 국가이익이 아닐 수 없다. 따라서 한국은 동북아 구성국가들 중 그 어느 나라보다도 적극적으로 동북아 다자간 협력기구의 창출에 노력을 기울일 수밖에 없다. 한국은 일대일 양자관계에서는 승산이 없기에 그동안 동맹전략과 부분적 균형전략에 크게 의존해왔다. 동맹전략과 균형전략은 앞으로도 한국 대외전략의 핵심이 되어야 함은 틀림없으나 한국은 기존의 전략에 다자간 협력기구의 구축과 활용이라는 보조전략을 추가해야 한다.

한국이 동북아에서 가장 절실하게 필요로 하는 다자간 협력기구는 안보영역에서의 협력체이다. 한국전쟁 이후 지난 60년간 지속되어온 동북아의 '평화'는 동북아 구성국가들의 상호 합의와 노력에 의해 이루어진 것이 아니라 국가들 상호 간의 세력균형에 따른 산물이었다. 그러나 현재 동북아가 직면하고 있는 중국의 부상, 러시아의 복귀, 일본의 정상국가화, 북한 핵개발 지속 등은 기존의 세력구조를 흔드는 불안정 요인들로서 역내 안보불안은 그 어느 때보다도 증대되었다. 동북아의 평화가 깨지고 무력충돌이 발생하면 한국은 지정학적 위치상 가장 큰 피해를 입을 수밖에 없다. 따라서 한국의 입장에서는 동북아 구성국들의 안보적 이해관계를 사전에 조정하고 상호갈등과 충돌을 예방할 수 있는 '동북아 다자간 안보협력기구'의 창출이 절실하다.

그러나 안보 분야는 경제·사회·문화 등의 비정치적 분야와는 달리 국가들의 사활적 이해관계가 걸려 있기에 다자간 협력을 도출하기가 매우 어렵다. 게다가 동북아의 지역적 특성은 다자간 안보협력을 특히나 어렵게 만들고 있다. 일본의 제국주의 침략사는 여전히 중국과 한국의 국민들에게 짙은 그림자를 드리우고 있으며 미국은 한국과 일본과의 양자동맹을 기반으로 하는 현재의 동북아 안보전략을 수정할 의도가 없다.

그럼에도 불구하고 한국은 한국의 국가이익을 위해 다자간 안보협력기구의 구축을 적극적으로 추진해야 한다.[35] 국가 간의 협력은 서로 공유하는 이익이 있을 때에만 가능하다. 동북아 다자간 안보협력기구는 참여국들의 안보이익이 상호 교차하는 지점을 찾을 때 실현될 수 있다. 한국은 적극적으로 그 교집합을 찾아서 주변국들에게 제시해야 한다. 한국이 노력해야 하는 영역이라고 할 수 있다. 한편, 한국은 북핵문제 해결을 위한 현재의 6자회담을 동북아 다자간 안보협력기구 구축의 출발점으로 삼는 전략이 필요하다.[36] 설사 6자회담이 북핵문제의 해결에 있어 아무

---

35) 류재갑, 「동북아 지역 평화·안보와 한미안보협력체제 개선을 위한 양자·다자주의적 접근」, ≪국제정치논총≫, 제43집 3호(한국국제정치학회, 2003), 89~113쪽.

36) 서보혁, 「다자안보협력의 제도화 경로: C/OSCE의 경험과 동북아 적용 방안 연구」, ≪국제정치논총≫, 제49집 2호(한국국제정치학회, 2009), 7~31쪽; Pang Zhongying,

런 성과를 거두지 못하더라도 한국은 6자회담을 동북아 다자간 안보협력의 계기로 활용해야 한다. 만약 북한이 다자간 안보협력 논의에 참여하지 않을 경우에는, 5개국만의 동북아 다자 안보협력기구도 충분히 검토할 수 있다. 북한을 배제하는 것은 오히려 북한의 고립을 심화시키고 동북아 국제질서에서 북한은 필수적인 구성국가가 아니라는 인식(non-essentiality of North Korea)을 참여국들에게 확산시키는 효과를 가져다 줄 수 있다.

한국은 그러나 동북아시아에서의 다자간 안보협력기구의 한계를 명확히 인식하고 있어야 한다. 자유주의적 다자간 협력의 궁극적인 지향점은 국가들이 갖고 있는 개별적 이익의 융합과 재구성을 통해 각 개별이익에 우선하는 공동체적 이익과 가치를 새로이 창출하는 것이다. 자유주의적 다자간 협력의 가장 성공적인 사례는 유럽연합(EU)이라고 할 수 있다. 그러나 동북아시아에서 자유주의적 다자간 협력이 출현할 가능성은 현실적으로 높지 않다. 특히 안보 분야에서는 더욱 그렇다. '동북아 안보공동체(Northeast Asian Collective Security)'의 출현은 요원하다. 현재 시점에서 현실적으로 가능한 최상의 목표는 국가들이 갖고 있는 개별 안보이익들의 교차지점을 찾아 이를 최대한 오래 유지하는 것이다. 이것이 동북아 다자간 안보협력기구의 역할이다. 그러나 이익의 교차지점이 크게 줄어들거나 사라질 경우 동북아 다자간 안보협력기구도 그 기능을 정지할 수밖에 없다. 비록 동북아 다자간 안보협력기구가 한국에게는 매우 중요한 국제기제이지만 한국 안보의 핵심전략은 될 수 없는 이유이다.

"The Six-Party Process, Regional Security Mechanisms, and China-U.S. Cooperation: Toward a Regional Security Mechanism for a New Northeast Asia?,"(The Brookings Institution Center for Northeast Asian Policy Studies, March 2009).

부록: 15개 양자관계 간의 상관관계와 유의수준

	cSU	cUS	cSC	cCS	cSR	cRS	cSN	cNS	cSJ	cJS	cNU	cUN	cNC	cCN	cNR
cSU	1.0000	0.6557	-0.0941	0.2091	-0.0187	0.0261	0.0596	0.0624	0.1403	0.2043	0.0525	0.0469	-0.0809	-0.1204	-0.0489
	.	0.0000	0.2091	0.0048	0.8036	0.7283	0.4265	0.4055	0.0604	0.0060	0.4837	0.5322	0.2805	0.1075	0.5143
cUS		1.0000	-0.0186	0.2970	-0.0337	-0.0330	0.0540	-0.0295	0.0206	0.1761	0.0878	0.0824	-0.0174	-0.1082	-0.0328
		.	0.8047	0.0001	0.6535	0.6605	0.4715	0.6943	0.7837	0.0181	0.2412	0.2716	0.8166	0.1482	0.6621
cSC			1.0000	-0.0188	-0.0510	-0.0351	-0.0148	0.0602	-0.0258	-0.0824	0.2199	0.1195	-0.0050	0.0236	0.0612
			.	0.8018	0.4966	0.6402	0.8440	0.4223	0.7306	0.2717	0.0030	0.1100	0.9464	0.7529	0.4146
cCS				1.0000	-0.0409	0.0072	-0.0693	-0.1240	0.0014	0.0105	-0.0178	0.0159	-0.1237	0.1133	-0.0099
				.	0.5853	0.9236	0.3550	0.0973	0.9854	0.8889	0.8126	0.8324	0.0979	0.1300	0.8952
cSR					1.0000	0.7567	-0.0158	-0.0484	0.0707	0.0353	0.0472	0.0074	-0.0975	0.1354	0.0088
					.	0.0000	0.8330	0.5191	0.3456	0.6378	0.5297	0.9213	0.1930	0.0699	0.9063
cRS						1.0000	-0.0046	0.0163	0.0997	0.0737	0.1886	0.1078	-0.0595	0.1069	0.0442
						.	0.9512	0.8276	0.1830	0.3257	0.0112	0.1499	0.4276	0.1531	0.5558
cSN							1.0000	0.6106	-0.0224	-0.0198	0.1666	0.3053	0.0919	-0.0567	0.1338
							.	0.0000	0.7653	0.7917	0.0254	0.0000	0.2198	0.4494	0.0733
cNS								1.0000	-0.1002	-0.1114	0.1252	0.1461	0.1848	-0.0681	0.2038
								.	0.1806	0.1367	0.0941	0.0504	0.0130	0.3639	0.0061
cSJ									1.0000	0.6965	0.0886	0.0572	-0.1077	0.1478	0.0439
									.	0.0000	0.2368	0.4453	0.1500	0.0477	0.5582
cJS										1.0000	-0.0634	-0.0354	-0.0949	-0.0123	-0.0322
										.	0.3976	0.6368	0.2049	0.8702	0.6677
cNU											1.0000	0.7503	0.1260	0.2198	0.2498
											.	0.0000	0.0920	0.0030	0.0007
cUN												1.0000	0.0541	0.1581	0.2443
												.	0.4703	0.0341	0.0009
cNC													1.0000	0.0005	0.1734
													.	0.9945	0.0199
cCN														1.0000	0.0516
														.	0.4913
cNR															1.0000
															.

	cRN	cNJ	cJN	cUR	cRU	cUC	cCU	cUJ	cJU	cCJ	cJC	cCR	cRC	cJR	cRJ
cSU	-0.0644	-0.1359	-0.0807	0.0957	0.0949	0.1705	0.2002	0.2357	0.3266	-0.0301	-0.0090	0.1197	0.1862	-0.0778	-0.0327
	0.3902	0.0690	0.2817	0.2012	0.2052	0.0221	0.0070	0.0014	0.0000	0.6886	0.9046	0.1094	0.0123	0.2995	0.6627
cUS	-0.0543	-0.0952	-0.1102	0.1184	0.1227	0.2074	0.1346	0.1389	0.1863	0.0782	0.0012	0.1693	0.0950	-0.0530	-0.0281
	0.4691	0.2038	0.1410	0.1134	0.1007	0.0052	0.0717	0.0629	0.0123	0.2967	0.9870	0.0231	0.2047	0.4795	0.7085
cSC	0.0597	0.0026	-0.0135	0.0152	0.0493	-0.0243	-0.0812	0.0521	-0.0376	0.0694	0.0957	-0.0264	0.0134	0.1047	0.0441
	0.4256	0.9721	0.8568	0.8395	0.5113	0.7465	0.2785	0.4872	0.6161	0.3546	0.2013	0.7255	0.8581	0.1620	0.5670
cCS	0.0706	-0.0711	-0.0845	0.0180	0.0838	0.1729	0.2216	0.0117	0.0125	0.0369	-0.0951	-0.0664	0.0021	0.0382	0.0143
	0.3460	0.3432	0.2595	0.8109	0.2635	0.0203	0.0028	0.8763	0.8681	0.6224	0.2039	0.3758	0.9779	0.6109	0.8494
cSR	-0.0046	-0.0530	-0.0721	-0.0425	-0.0022	-0.1454	-0.0945	-0.0030	0.0015	-0.0706	-0.0480	-0.0450	0.0125	0.2307	0.1686
	0.9514	0.4801	0.3362	0.5713	0.9761	0.0515	0.2072	0.9686	0.9845	0.3466	0.5227	0.5489	0.8678	0.0018	0.0237
cRS	0.0231	-0.0614	-0.0783	0.0463	0.0427	-0.1522	-0.0302	0.0274	-0.0449	-0.1028	-0.0436	-0.0675	0.0519	0.1173	0.0947
	0.7580	0.4128	0.2962	0.5368	0.5692	0.0414	0.6874	0.7148	0.5494	0.1695	0.5615	0.4435	0.4891	0.1169	0.2061
cSN	0.1373	0.2176	0.2223	0.0982	0.1611	0.0733	0.0009	0.0390	-0.0520	0.0315	-0.0514	-0.0721	0.0865	-0.0181	0.0372
	0.0660	0.0033	0.0027	0.1896	0.0308	0.3282	0.9904	0.6029	0.4880	0.6745	0.4933	0.3359	0.2482	0.8098	0.6204
cNS	0.1162	0.1687	0.1448	0.1391	0.1449	-0.0491	-0.0323	0.1095	0.0345	0.0450	-0.0146	-0.0756	0.1249	-0.1085	-0.0579
	0.1203	0.0236	0.0525	0.0625	0.0523	0.5126	0.6672	0.1434	0.6458	0.5488	0.8463	0.3131	0.0947	0.1471	0.4401
cSJ	0.0628	-0.0347	0.0146	-0.0151	-0.0403	0.0185	-0.0070	0.0454	0.0476	-0.0169	-0.0297	0.0405	-0.0955	-0.0349	-0.0646
	0.4020	0.6438	0.8455	0.8409	0.5907	0.8054	0.9258	0.5449	0.5257	0.8220	0.6918	0.5890	0.2021	0.6418	0.3890
cJS	0.0014	-0.0865	-0.0599	-0.0576	-0.0401	-0.0143	-0.0036	0.0945	0.0897	-0.1262	-0.0232	0.1862	-0.0992	0.0099	-0.0318
	0.9856	0.2485	0.4246	0.4426	0.5929	0.8484	0.9621	0.2069	0.2313	0.0914	0.7576	0.0123	0.1854	0.8952	0.6714
cNU	0.0940	0.1898	0.1027	0.0498	0.0180	0.0069	-0.0729	0.1121	0.0127	0.0145	0.1011	-0.0934	0.0453	-0.1072	-0.0708
	0.2094	0.0107	0.1703	0.5067	0.8102	0.9268	0.3310	0.1340	0.8661	0.8473	0.1768	0.2124	0.5461	0.1522	0.3446
cUN	0.1545	0.0840	0.1599	-0.0051	0.0121	0.0951	0.0482	0.1214	-0.0051	-0.0067	-0.0249	0.0869	0.0907	-0.1138	-0.0515
	0.0384	0.2620	0.0320	0.9456	0.8721	0.2042	0.5203	0.1044	0.9460	0.9288	0.7404	0.2459	0.2262	0.1282	0.4922
cNC	0.0713	0.2287	0.0855	-0.0671	-0.0683	-0.0074	-0.0469	-0.0583	-0.2071	-0.1373	-0.0966	-0.0203	0.0091	-0.1193	-0.0848
	0.3413	0.0020	0.2538	0.3711	0.3624	0.9218	0.5319	0.4372	0.0053	0.0661	0.1969	0.7865	0.9031	0.1106	0.2576
cCN	0.0484	0.0497	0.0706	-0.0150	-0.0054	-0.0151	-0.1443	0.0676	-0.0671	0.1430	-0.0632	-0.0015	-0.0780	-0.0048	-0.0658
	0.5192	0.5072	0.3461	0.8419	0.9424	0.8405	0.0533	0.3669	0.3710	0.0555	0.3992	0.9843	0.2983	0.9486	0.3801
cNR	0.8460	0.1768	0.1148	0.1257	0.1121	0.0032	-0.1091	-0.0227	-0.0666	0.0267	-0.1060	-0.0895	0.1111	-0.0684	-0.0018
	0.0000	0.0176	0.1248	0.0926	0.1341	0.9658	0.1450	0.7619	0.3741	0.7220	0.1569	0.2323	0.1378	0.3615	0.9809

	cRN	cNJ	cJN	cUR	cRU	cUC	cCU	cUJ	cJU	cCJ	cJC	cCR	cRC	cJR	cRJ
cRN	1.0000	0.0740	0.1085	0.0985	0.1187	0.0886	-0.0717	-0.0619	-0.0617	0.0510	-0.1039	-0.0784	0.0703	-0.0599	-0.0050
	.	0.3238	0.1472	0.1885	0.1125	0.2371	0.3388	0.4088	0.4109	0.4963	0.1651	0.2957	0.3481	0.4246	0.9468
cNJ		1.0000	0.7357	-0.1480	-0.1271	-0.0504	-0.0979	-0.1082	-0.1447	-0.0881	-0.0876	-0.0897	-0.0623	-0.1090	-0.0588
		.	0.0000	0.0473	0.0890	0.5015	0.1909	0.1482	0.0526	0.2393	0.2423	0.2313	0.4057	0.1452	0.4332
cJN			1.0000	-0.1246	-0.1311	0.0717	-0.0857	-0.0470	-0.1051	-0.1240	-0.1182	-0.1148	0.0155	-0.1188	-0.0487
			.	0.0957	0.0795	0.3388	0.2525	0.5307	0.1601	0.0972	0.1142	0.1250	0.8369	0.1123	0.5160
cUR				1.0000	0.8139	0.1129	0.0293	0.1953	0.1588	0.1480	0.1083	0.0057	0.0648	0.1897	0.1024
				.	0.0000	0.1314	0.6958	0.0086	0.0332	0.0474	0.1478	0.9391	0.3873	0.0107	0.1712
cRU					1.0000	0.1338	0.1151	0.1032	0.0758	0.1335	0.1142	0.0154	0.0475	0.1209	0.0834
					.	0.0734	0.1240	0.1681	0.3117	0.0740	0.1271	0.8370	0.5267	0.1058	0.2655
cUC						1.0000	0.2541	0.2203	0.1227	0.0711	0.0266	0.1009	0.2217	0.0279	0.0341
						.	0.0006	0.0030	0.1007	0.3432	0.7226	0.1778	0.0028	0.7097	0.6493
cCU							1.0000	0.0930	0.1319	0.0386	-0.1396	0.0675	0.1597	-0.0062	-0.0230
							.	0.2143	0.0775	0.6070	0.0616	0.3683	0.0322	0.9344	0.7588
cUJ								1.0000	0.7463	0.1679	0.1941	-0.0427	0.1831	0.0376	-0.0203
								.	0.0000	0.0242	0.0090	0.5691	0.0139	0.6166	0.7863
cJU									1.0000	0.1473	0.2216	-0.0162	0.1655	0.0274	-0.0504
									.	0.0485	0.0028	0.8290	0.0264	0.7147	0.5020
cCJ										1.0000	0.0549	0.0271	0.1398	0.0459	-0.0652
										.	0.4639	0.7177	0.0612	0.5403	0.3847
cJC											1.0000	-0.0153	0.0797	-0.0596	-0.0700
											.	0.8387	0.2876	0.4268	0.3507
cCR												1.0000	-0.0541	-0.0061	-0.0568
												.	0.4710	0.9353	0.4486
cRC													1.0000	0.0209	0.1165
													.	0.7803	0.1193
cJR														1.0000	0.6885
														.	0.0000
cRJ															1.0000
															.

참고문헌

강선주, 2009. 「신국제 질서 논의: 워싱턴 컨센서스와 베이징 컨센서스」, ≪주요 국제문제분석≫, 2009-29. 외교안보연구원.

경기개발연구원, 2010.4.16. 「동북아의 외교안보구조와 한국의 대외전략」, 『제3 차 동북아포럼 자료집』.

김강일, 2009. 「중국의 동북아전략과 대한반도정책」, ≪JPI 정책포럼≫, 2009-19. 제주평화연구원.

김동성, 2008. 『한반도 평화체제 논의와 구축방향』. 경기개발연구원.

김록양, 2001. 「러시아연방·중화인민공화국 간의 선린·우호 및 협력조약」. 국회 도서관 입법전자정보실.

김영희, 2009. 「독일통일이 한국에 주는 교훈」, ≪JPI 정책포럼≫, 2009-17. 제주 평화연구원.

김재철, 2010. 「중국과 동아시아 지역협력」, ≪JPI 정책포럼≫, 2010-21. 제주평 화연구원.

김재한, 2009. 「동북아 지역 우적관계의 구조」, ≪국방연구≫, 제3호. 국방대학교 안보문제연구소.

김진하, 2009. 「대북경제지원 정책의 재평가 및 향후 과제」, ≪주요국제문제분석≫, 2009-42. 외교안보연구원.

김현욱, 2010. 「오바마 정부의 핵정책: 2010년 핵태세검토보고서(NPR)를 중심으 로」, ≪주요국제문제분석≫, 2009-09. 외교안보연구원.

김흥규, 2009. 「미국 오바마 행정부의 출범과 전략적 미·중관계의 형성」, ≪주요 국제문제분석≫, 2009-04. 외교안보연구원.

_____, 2009. 「중국 외교와 G-2 및 G-20: 한국에 대한 함의와 더불어」, ≪주요국 제문제분석≫, 2009-36. 외교안보연구원.

_____, 2009. 「중국의 동반자외교 소고: 개념, 전개 및 함의에 대한 이해」, ≪한국

정치학회보≫, 제43집 제2호. 한국정치학회.

_____, 2010. 「미·중 갈등과 북핵문제」, ≪주요국제문제분석≫, 2010-07. 외교안
보연구원.

_____, 2010. 「천안함 사태와 한·중관계」, ≪주요국제문제분석≫, 2010-23. 외교
안보연구원.

류재갑, 2003. 「동북아 지역 평화·안보와 한미안보협력체제 개선을 위한 양자-다
자주의적 접근」, ≪국제정치논총≫, 제43집 3호. 한국국제정치학회.

마상윤, 2009. 『21세기 동맹질서 구상: 역사를 통한 조망』. 동아시아연구원.

문대근, 2009. 『한반도 통일과 중국: 과거·현재·미래의 한중관계』. 서울: 늘품플
러스.

박병광, 2010. 「최근의 중국 군사력 발전 현황과 함의」, ≪JPI 정책포럼≫, 2010-
2. 제주평화연구원.

박창권 외, 2010. 『미중관계 전망과 한국의 전략적 대응방향』. 한국국방연구원.

박창희, 2009. 「중국의 대한반도 전략」, 『한반도 전략평가 2009~2010』. 국방대
학교.

박홍서, 2006. 「북핵위기 시 중국의 대북 동맹 안보딜레마 관리 연구: 대미관계
변화를 주요 동인으로」, ≪국제정치논총≫, 제46집 1호. 한국국제정치학회.

_____, 2007. 「중국의 부상과 탈냉전기 중미 양국의 대한반도 동맹전략: 동맹전
이 이론의 시각에서」, ≪한국정치학회보≫, 제42집 제1호. 한국정치학회.

서보혁, 2008. 「탈냉전기 한반도 안보질서 변화에 관한 연구: 남·북·미 전략적 삼
각관계를 중심으로」, ≪국가전략≫, 제14권 2호. 세종연구소.

_____, 2009. 「다자안보협력의 제도화 경로: C/OSCE의 경험과 동북아 적용 방안
연구」, ≪국제정치논총≫, 제49집 2호. 한국국제정치학회.

손병권, 2010. 「오바마 행정부 등장 이후 미중관계의 전개양상과 전망」, ≪JPI 정
책포럼≫, 2010-16. 제주평화연구원.

손열, 2009. 『일본의 21세기 동맹전략: 권력이동, 변환, 재균형』. 동아시아연구원.

송화섭, 2010. 「일본의 군사전략과 군사력 증강 추세」, ≪JPI 정책포럼≫, 2010-1.
제주평화연구원.

신범식, 2009. 『21세기 러시아의 동맹·우방 정책의 변화와 전망』. 동아시아연구원.

안드레이 란코프, 2010. "북한과 한반도의 미래", 국토연구원 주관 제1차 한반도

포럼 발표문(2010년 3월 29일).

여인곤 외, 2003. 『21세기 미·일·중·러의 한반도 정책과 한국의 대응방안』. 통일연구원.

윤덕민, 2010. 「북한의 후계세습과 권력개편 평가」, ≪주요국제문제분석≫, 2010-21. 외교안보연구원.

이대우, 2008. 「미일동맹 강화가 한국 안보에 미치는 영향」, ≪세종정책연구≫, 제4권 2호. 세종연구소.

이삼성, 2007. 「21세기 동아시아의 지정학: 미국의 동아태지역 해양패권과 중미관계」, ≪국가전략≫, 제13권 1호. 세종연구소.

이상숙, 2009. 「북·미·중 전략적 삼각관계와 제2차 북핵위기: 북한의 위기조성 전략을 중심으로」, ≪국제정치논총≫, 제49집 5호. 한국국제정치학회.

이상현, 2006. 「한미동맹과 전략적 유연성: 쟁점과 전망」, ≪국제정치논총≫, 제46집 4호. 한국국제정치학회.

이선진, 2010. 「동남아에 대한 중국 전략: 현황과 대응」, ≪JPI 정책포럼≫, 2010-7. 제주평화연구원.

이성우 외, 2009. 『세계평화지수연구』. 서울: 오름.

이수형, 1998. 「냉전시대 NATO의 안보딜레마: 포기·연류 모델을 중심으로」, ≪국제정치논총≫, 제38집 1호. 한국국제정치학회.

_____, 1999. 「동맹의 안보딜레마와 포기·연루의 순환: 북핵문제를 둘러싼 한·미 갈등 관계를 중심으로」, ≪국제정치논총≫, 제39집 1호. 한국국제정치학회.

이영훈, 2010. 「북한 경제난의 현황 및 전망」, ≪JPI 정책포럼≫, 2010-8. 제주평화연구원.

이태환, 2010. 「한·중 전략적 협력 동반자 관계: 평가와 전망」, ≪세종정책연구≫, 제6권 2호. 세종연구소.

장공자, 2009. 「북한의 대중협상전략과 우리의 대응전략」, ≪통일전략≫, 제9권 제2호. 한국통일전략학회.

조동준, 2004. 「자주의 자가당착: 한반도 국제관계에서 나타난 안보모순과 동맹모순」, ≪국제정치논총≫, 제44집 3호. 한국국제정치학회.

조동호, 2010. 「통일비용 논의의 바람직한 접근」, ≪JPI 정책포럼≫, 2010-9. 제주평화연구원.

조명철, 2010.4.1. 「북한의 대중국 경제의존 실태와 함의」, 『제21회 한반도 평화 포럼 자료집』. 한반도 평화연구원.

조영남, 2009. 『21세기 중국의 동맹정책: 변화와 지속』. 동아시아연구원.

최명해, 2009. 『중국·북한 동맹관계: 불편한 동거의 역사』. 서울: 오름.

_____, 2010. 「북한의 대중의존과 중국의 대북 영향력 평가」, ≪주요국제문제분 석≫, 2010-15. 외교안보연구원.

_____, 2010. 「중국의 대북 정책: 변화와 지속」, ≪JPI 정책포럼≫, 2010-22. 제주 평화연구원.

_____, 2010. 「중국의 대북한정책: 과거, 현재, 그리고 미래」, 『한반도 군비통제』, 국방부 군비통제자료 47.

黃遵憲, 1880. 『私擬朝鮮策略』.

Blumenthal, Dan and Friedberg, Aaron, 2009. "An American Strategy for Asia," *A report of the Asia Strategy Working Group*, American Enterprise Institute, January: 1~34.

Brzezinski, Zbigniew and Mearsheimer, John J., 2005. "Clash of the Titans," *Foreign Policy*, January 5: 46~51.

Brzezinski, Zbigniew, 1997. *The Grand Chessboard: American Primacy and Its Geostrategic Imperatives*. Perseus Books Group.

Bush, Richard C., 2009. "China-Japan Tensions, 1995~2006. Why They Happened, What To Do," *Policy Paper*, No.16. The Brookings Institution, June: 1~35.

Cha, Victor D., 2000. "Abandonment, Entrapment, and Neoclassical Realism in Asia: The United States, Japan, and Korea," *International studies Quarterly*, Vol.44: 261~291.

Christensen, Thomas J. and Snyder, Jack, 1990. "Chain gangs and passed bucks: Predicting alliance patterns in multipolarity," *International Organization*, Vol. 44, No.2: 137~163.

Cossa, Ralph A., Glosserman, Brad, McDevitt, Michael A., Patel, Nirav, Przystup, James, and Roberts, Brad, 2009. "The United States and the Asia-Pacific

Region: Security Strategy for the Obama Administration," *Pacific Forum CSIS*, February.

Dittmer, Lowell, 1981. "The Strategic Triangle: An Elementary Game-Theoretical Analysis," *World Politics*, Vol.33, No.4, July: 485~515.

_____, 2001. "The Sino-Russian Strategic Partnership," *Journal of Contemporary China*, Vol.10, No.28: 399~413.

Eberstadt, Nicholas, Ellings, Richard J., Friedberg, Aaron L., Griffin, Christopher, Kamphausen, Roy D., and Tanner, Travis, 2007. "A World without the U.S.-ROK Alliance: Thinking about 'Alternative Futures'," Conference Report. The National Bureau of Asian Research, October: 1~28.

Economy, Elizabeth and Oksenberg, Michel eds., 1999. *China Join the World: Progress and Prospects*. New York: Council in Foreign Relations Book.

Gilpin, Robert, 1981. *War and Change in World Politics*. Cambridge: Cambridge University Press.

Hahm, Chaibong, 2008. "South Korea's Miraculous Democracy," *Journal of Democracy*, Vol.19, No.3, July: 128~142.

Ikenberry, G. John, 2010. "From Hegemony to the Balance of Power?: Six Theses on American Grand Strategy toward East Asia," paper on A Special Conference with Global Eminent Scholars at Kyung Hee University, July 23.

International Crisis Group, 2009. "Shades of Red: China's Debate over North Korea," *Asia Report*, No.179, November.

Johnston, Alastair Iain, 2003. "Is China a Status Quo Power?," *International Security*, Vol.27, No.4: 5~56.

Kaplan, Robert D., 2010. "The Geography of Chinese Power," *Foreign Affairs*, Vol.89 Issue 3, May/June: 22~41.

Keohane, Robert O., 1971. "The Big Influence of Small Allies," *Foreign Policy*, Vol.2: 161~182.

Kim, Samuel S., 1994. *China and the World: Chinese Foreign Relations in the Post-Cold War Era*. Oxford: Westview Press.

Kim, Woosang, 1992. "Power Transitions and Great Power War from Westphalia to

Waterloo," *World Politics*, Vol.45: 153~172.

Klingner, Bruce, 2010. "New Leaders, Old Dangers: What North Korea Succession Means for the U.S.," *Backgrounder*, No.2397, April. The Heritage Foundation.

Lanteigne, Marc, 2009. *Chinese Foreign Policy: An Introduction*. New York: Routledge.

Larson, Deborah Welch and Shevchenko, Alexei, 2010. "Status Seekers: Chinese and Russian Responses to U.S. Primacy," *International Security*, Vol.34, No.4, Spring: 63~95.

Layne, Christopher, 1993. "The Unipolar Illusion: Why New Great Power Will Rise," *International Security*, Vol.17, No.4, Spring: 5~51.

Matsumura, Masahiro, 2008. *The Japanese State Identity as a Grand strategic Imperative*. The Brookings Institution Center for Northeast Asian Policy Studies.

Modelski, George, 1978. "The Long Cycle of Global Politics and the Nation State," *Comparative Studies in Society and History*, Vol.20.

Nanto, Dick K., and Chanlett-Avery, Emma, 2009. "North Korea: Economic Leverage and Policy Analysis," *CRS Report for Congress*. Congressional Research Service, August: 1~61

Niksch, Larry A., 2010. "North Korea's Nuclear Weapons Development and Diplomacy," *CRS Report For Congress*. Congressional Research Service, January: 1~30.

Organski, A. F. K. and Kugler Jacek, 1980. *The War Ledger*. Chicago: University of Chicago Press.

Organski, A. F. K., 1968. *World Politics*. New York: Alfred A. Knopf.

Pang, Zhongying, 2009. *The Six-Party Process, Regional Security Mechanism, and China-U.S. Cooperation: Toward a Regional Security Mechanism for a New Northeast Asia?*. The Brookings Institution Center for Northeast Asian Policy Studies.

Patel, Nirav and Ford, Lindsey, 2009. "The future of the U.S.-ROK alliance: global perspectives," *The Korean Journal of Defense Analysis*, Vol.21, No.4, December: 401~416.

Robinson, Thomas W. and Shambaugh, David ed., 1994. *Chinese Foreign Policy: Theory and Practice*. New York: Oxford University Press.

Ross, Robert S., 2009. "China's Naval Nationalism: Source, Prospects, and the U.S. Response," *International Security*, Vol.34, No.2, Fall: 46~81.

Schweller, Randall L., 1993. "Tripolarity and the Second World War," *International studies Quaterly*, Vol.37: 73~103.

Snyder, Glenn H., 1984. "The Security Dilemma in Alliance Politics," *World Politics*, Vol.36, No.4: 461~495.

_____, 1997. *Alliance Politics*. Cornell University Press.

Snyder, Scott, 2010. "Kim Jong-il's Successor Dilemmas," *The Washington Quarterly*, Vol.33, No.1: 35~46.

Sweeney, Kevin and Fritz, Paul, 2004. "Jumping on the Bandwagon: An Interest-Based Explanation for Great Power Alliances," *The Journal of Politics*, Vol.66, No.2, May: 428~449.

Thompson, William R., 1988. *On Global War*. Columbia: University of South Carolina Press.

Walt, Stephen M., 1985. "Alliance Formation and the Balance of World Power," *International Security*, Vol.9, No.4: 3~43.

_____, 1987. *The Origins of alliances*. Cornell University Press.

_____, 1997. "Why alliances Endure or Collapse," *Survival*, Vol.39, No.1: 156~179.

Waltz, Kenneth, 1979. *Theory of International Politics*. Reading: Addison Wesley.

Wang, Yuan-Kang, 2006. *China's Grand Strategy and U.S. Primacy: Is China Balancing American Power?*. The Brookings Institution Center for Northeast Asian Policy Studies.

Wu, Xinbo, 2005. "The End of the Silver Lining: A Chinese View of the U.S.-Japanese Alliance," *The Washington Quarterly*, Winter 2005-06: 119~130.

You, Ji, 2001. "China and North Korea: a fragile relationship of strategic convenience," *Journal of Contemporary China*, Vol.10, No.28: 387~398.

지은이 _ **김동성**

서울대학교 인문대학 독어독문학과 졸업
미국 University of Maryland at College Park 정치학 박사
현(現) 경기개발연구원 통일동북아연구센터장

한울아카데미 1350
한반도 동맹구조와 한국의 신대외전략

ⓒ 김동성, 2011

지은이 _ 김동성
엮은곳 _ 경기개발연구원
펴낸이 _ 김종수
펴낸곳 _ 도서출판 한울

편집 _ 김현대 · 이소현

초판 1쇄 인쇄 _ 2011년 4월 22일
초판 1쇄 발행 _ 2011년 5월 4일

주소(본사) _ 413-756 경기도 파주시 교하읍 문발리 535-7 302
    (서울사무소) _ 121-801 서울시 마포구 공덕동 105-90 서울빌딩 1층
전화 _ 영업 02-326-0095, 편집 031-955-0606(본사)/02-336-6183(서울)
팩스 _ 02-333-7543
홈페이지 _ www.hanulbooks.co.kr
등록 _ 1980년 3월 13일, 제406-2003-051호

Printed in Korea.
ISBN 978-89-460-5350-2 93340

* 책값은 겉표지에 표시되어 있습니다.